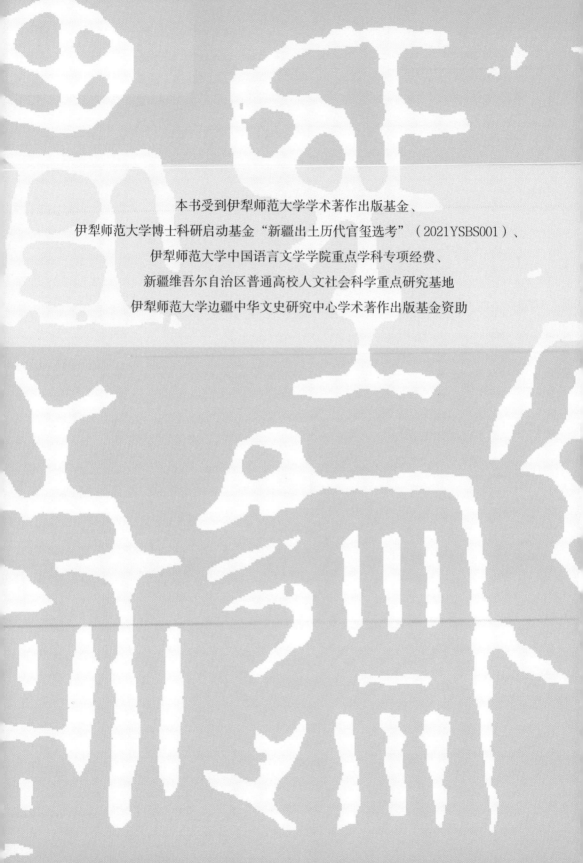

本书受到伊犁师范大学学术著作出版基金、
伊犁师范大学博士科研启动基金"新疆出土历代官玺选考"（2021YSBS001）、
伊犁师范大学中国语言文学学院重点学科专项经费、
新疆维吾尔自治区普通高校人文社会科学重点研究基地
伊犁师范大学边疆中华文史研究中心学术著作出版基金资助

李文亮——著

古璽文字释研

社会科学文献出版社
SOCIAL SCIENCES ACADEMIC PRESS (CHINA)

第一章　图版

《双剑誃古器物图录》著录"安阳三玺"

第二章 图版

① 敀（局）鈢
《玺典》3216

② 郎均（局）閍
（门）《玺典》3488

③ 尚徇（局）玺
《玺汇》0328

④ 左正鈢
《玺汇》3737

⑤ 司马敀（局）
鈢《玺典》3215

⑥ 司马敀（局）
鈢《玺典》3223

⑦ 司马敀（局）
鈢《玺典》3224

⑧ 司马敀（局）
鈢《玺典》3225

⑨ 司马敀（局）
鈢《玺典》3226

⑩ 司马敀（局）
鈢《汇考》36

⑪ 左司马徇（局）
《玺典》3231

⑫ 左司马徇（局）
《玺典》3232

⑬ 左司马徇（局）
《玺典》3233

⑭ 左闻（门）敀
（局）鈢《玺汇》0285

⑮ 左司马敀（局）
《玺典》3230

⑯ 右司马敀（局）
《玺典》3227

⑰ 右司马敀（局）
《玺典》3228

⑱ 司马闻（门）敀
（局）《玺典》3221

⑲ 呈敀（局）
《玺典》3220

⑳ 鈷闻敀（局）
鈢《玺典》3234

㉑鞞乡右敀（局）
《玺典》3217

㉒詥訊敀（局）
鉨《玺典》3219

㉓戩□左敀（局）
《玺典》3218

㉔左司马闻（门）
珣（局）信鉨
《玺典》3222

㉕▨右敀珣
（局）亳釜
《陶汇》3.17

㉖敚陵右司马敀（局）
鉨《玺典》3229

㉗右里敀（局）鉨
《集成》10367

㉘右司工珣（局）
《玺典》3860

㉙工珣（？局）
《新季木》0884

㉚王孙陈棱右敀
（局）珣（局）亳區
《陶汇》3.16

㉛王孙□棱▨珣（局）
亳區《陶录》2.9.4

㉜左敀（局）
《陶汇》3.742

㉝王卒左敀（局）城
圖橭里五《陶录》
2.301.1

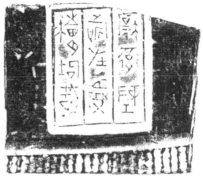

㉞左匋徒汤敀（局）
国《陶汇》4.27

㉟左里敀（局）
《玺典》3298

㊱□衡（乡）陈惭左敀橢埍釜
《新陶录》0353

㊲内郭陈齎叄立事左里敀
（局）亳豆《陶录》2.3.2

㊳匋华门陈棱再鄅麀埍（局）
亳釜鋚《陶录》2.7.2

㊴昌櫥陈固南左里敀（局）
亳區《陶录》2.5.4

㊵王孙陈棱立事岁左里敀
（局）亳區《陶录》2.8.3

㊶华门陈棱再左里敀（局）
亳釜《陶录》2.10.1

㊷陈棱再立事左里敀（局）
亳釜《陶录》2.11.1

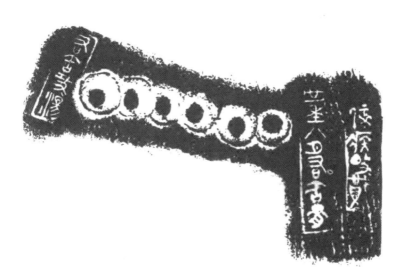

㊸廿一年八月右匋胥／徐疾敀（局）貧／右匋攻汤《陶汇》4.2

㊹十六年四月右匋胥／徐敊敀（局）貧／右匋攻徒《陶汇》4.6

第三章　图版

① 日庚都萃车马《玺汇》0293

② 日庚都王勺鍴
《玺典》3929

③ 庚都右司马
《玺汇》0059

④ 庚都户（尉）
《玺汇》0117

⑤ 庚都右司肆鍴
日本私人藏

⑥ 苣日庚
《玺汇》2280

⑦ 繁日辛
《玺汇》3042

⑧ 乘马章
《玺汇》4008

⑨ 乘马鼂（章）
《玺汇》4009

⑩ 乐鼂（章）
新见玺

第四章　图版

① 盘水—山金—贞鍴
（瑞）《玺汇》0363

② 肇洰
《玺汇》2508

③ 鋗绐
《玺汇》3094

④ 趙朱
《玺汇》3313

⑤ 韩城朝
《玺汇》4065

⑥ 眀忧邦
《玺汇》0329

⑦ 沟城
《玺汇》0359

⑧ 事朝
新见玺

⑨ 輪頭
新见玺

⑩ 阳州左邑右溇（长）
司马《玺汇》0046

⑪ 邻（句）罜（渎）五（伍）
溇（长）□《玺汇》0353

第五章 图版

① 昜（阳）都邑聖迦（鞠）盐之鉨《玺汇》0198

② 迦（鞠）盐之鉨
《玺汇》0199

③ 迦（鞠）盐之鉨
《玺汇》0200

④ 迦（鞠）盐之鉨
《玺汇》0201

⑤ 迦（鞠）盐之鉨
《玺汇》0202

⑥縣巷迵（鞠）盐金鉁《玺汇》0322

⑨须久或丘立盐旂《玺汇》0294

⑦迵（鞠）盐之鉁《吉玺》1

⑧匀（趵）右攻（工）帀（师）《玺汇》0148

第六章 图版

① 甫（浮）昜（阳）鲁（渔）
币（师）鉨《玺汇》0158

② 郪（涿）鲁（渔）币（师）
鉨《玺汇》0159

③ 毛邨
《玺汇》3247

④ 鱼巺客鉨
《玺汇》0161

⑤ 甫（浮）昜（阳）都
右司马《玺汇》0060

⑥ 甫（浮）昜（阳）
都封人《玺汇》0192

⑦ 郪（涿）都司徒
《玺汇》0010

⑧ 郪（涿）都虞《古
玺通论》图204 玺

⑨鈳（箕）闻（门）罒（罗）
罖（网）《玺汇》0312

⑩郕（夜）罒（罗）罖
（网）鉨《玺汇》0265

⑪□箸罒（罗）鉨
《玺汇》0273

⑫邪门罒（罗）罖
（网）《玺汇》0334

⑬武弝（强）罒（罗）罖
（网）玺《玺汇》0336

⑭武平罒（罗）罖（网）
《玺典》3368

⑮邪门罒（罗）罖（网）《玺汇》0334

⑯田帀（师）罒（罗）罖
（网）《古玉印精萃》第7页

序

　　文亮的博士学位论文《古玺文异释研究》即将由社会科学文献出版社出版，作为他的导师，我由衷地感到高兴。文亮要我给他的书写个序言，我虽然在古玺文研究上乏善可陈，不过也是一步一步陪着文亮完成了他的论文，有一些话也想在这里说一说。

　　那是2014年的冬季，我第一次见到文亮。那时我还承担着国家社科基金重大项目"西北地区戏曲歌谣语言文化研究"，文亮见我时带来了他写的有关新疆杂话的文章，我感觉他的研究可以作为我课题的进一步延展。不过跟他聊过之后，又有点担心。他本科是数学专业的，虽然我招学生时并不排斥其他专业，甚至还感觉交叉学科也有其优势，但是我对接收他来读博还是有点信心不足。当时给他开了一些书目，让他回去复习。一年之后，他报名参加了2016年的博士入学考试。由于已经取得一些学术成果，按照申请考核制的要求，他可以直接参加面试。那一年他顺利入学，博士的研究计划仍是新疆杂话语言文化研究。在博士论文开题时，也是按照这个题目进行汇报的。但开题后一个学期，大概是2018年下半年，他找我谈要换博士论文选题的事。我听取了他的详细陈述后，欣然同意了。他准备做的题目就是《古玺文异释研究》。文亮做古玺印研究有自己的优势，他本来擅长篆刻，有丰富的篆刻实践经验，在理论方面也有深厚的积累，当时已经是中国书法家协会会员、西域印社秘书长。他计划对战国时期的一些有争议的玺印进行专门研究，提出自己的新见。

虽然同意了他关于玺印的选题，但我还是有些担心。一则是读博时间已经过去了一半，能否用余下的时间完成论文？二则我对玺印研究也不熟悉，虽然我自己的博士学位论文做的是战国东方五国文字的构形系统研究，但博士毕业后便没有进一步深入了。不过，文亮很能吃苦，在重新调整论文选题后，开足马力，进展迅速。他如期完成了论文，预答辩之后又进行了细致的修改，最终顺利通过了外审，参加答辩，并如期毕业。

现在，这篇学位论文经过修改后，即将付梓。我感觉文亮的这一论著有以下几个优点。

第一，论文选题具有新意，且很有难度。古文字考释是难度极大的工作，而在古文字考释中玺印的考证就更难。一是玺印类文字属于专门用途文字，字形写法独特；二是这类文字多涉及古代职官、地理、人名等，往往比较生僻，也有很多不确定的因素；三是玺印文字由于语境有限，难以确认所指。文亮不畏艰难，选取了争议特别大的战国古玺印文字加以考释，提出新见，其选题具有挑战性和创新性。古玺文是战国文字的重要一支，古玺文研究中，若诸多学者对同一玺文形、音、义认识不一，先后形成了若干种不同释解，即所谓"异释"。异释集中的地方，往往"前人之述备矣"，想要提出与众不同的新见解，或者在若干种不同说法中论定一种，一锤定音地结束争议，谈何容易！但这正是学术研究的价值和意义之所在，也是最能激发年轻学者研究潜能之所在。

第二，研究态度严谨求实，研究方法科学有效。文亮的论著，讨论对象多属"异释纷见的难题"，作者如果没有足够的证据，就实事求是地指出，如释《玺汇》0293玺"日庚都萃车马"之"日庚都"的地理位置时，就阙疑待考。这体现了"不轻信，不强求"的学术原则。为了解决异释问题，作者综合运用"二重证据法""字形比较法""偏旁分析法""横纵向对比法"等传统考释方法，同时专注于异释玺文之焦点问题，探索新的释解思路，如"异中求同（同中求异）""形同义通者作为构件互作""简省（繁化）对比同理推释""相讹反证""字内（外）综合互证"等，展现出作者在文字理论方面的良好素养和学术研究方面的扎实功力。

第三，文亮的这部论著整体而言质量较高。其中既有对学术史的回顾，又有作者的翔实讨论。作者主要选择了异释较多的五组战国古玺文，一一展开论述：第二章讨论的是战国古玺文及古文资料中"局"字的考释，第三章从"日名制"视角讨论相关古玺文的考释，第四章讨论"盘水山金贞鍴"等相关玺文的考释，第五章讨论从"勹"部相关古玺文的考释，第六章讨论"浮阳渔师鉨"等相关玺文的考释。作者知难而进，在尊重前贤的基础上形成了自己的一些新释新见，结论大多令人信服，如战国习见的"敀、竘、均、徇""日庚都萃车马"等，众说纷纭，作者能充分探讨，提出"敀"读"局"、"日庚"出自"日名制"等观点，颇显功力。

文亮的论著，部分结论或可进一步商榷，在个别字形分析上，或欠缺有力的字证，或认识不够充分，这都有待今后进一步探索和完善。希望文亮以此为契机，在学术上取得更大进步。

李学勤

于陕西师范大学

2023 年 8 月 5 日

凡 例

1. 本书所言之"同文"，是指若干古玺文为同一个字（词）。如《玺汇》0670玺"🬀"、0962玺"🬀"、1732玺"🬀"、2275玺"🬀"、2875玺"🬀"等均是"旱"。

2. 图版部分为本书各章所论主要玺印，论述需要引证的玺印等资料在相应章第一次出现时随文以"图版某"列出。所列玺印图版一般为原大，未知尺寸者及陶文等除外。

3. 书中除言及齐国、燕国、楚国、三晋（韩国、赵国、魏国）等称谓外，亦采用通行之"分域"法，称齐系、燕系、楚系、晋系、秦系等。

4. 行文一般用简体字，涉及引文或论述需要时保留繁体、异体字形。

5. 一般常用典籍，行文中只标书名、篇名、卷册等，如《周礼·掌节》；常用字书，行文中只标明书名、部首、韵部等，如《说文·足部》《广韵·觉韵》。常用字书、谱录等，行文中使用简称，书后附"引书简称表"，如罗福颐《古玺汇编》，径称《玺汇》。

目　录

绪 论

古玺文，系指战国时期齐、燕、楚、三晋等东土国家玺印上著录的文字。[①]

异释，顾名思义，即不同之解释。概而言之，可分三种情况。一者，隶定不同，分歧在字形方面。二者，隶定相同，然声读不同；或隶定不同，声读亦不同。此一层面分歧在字音、字义、字源、字用等方面。三者，对于玺文所涉之地域系分、官私之别、官吏官名、执掌职责、地望所在等认识存在分歧。故而，我们所谓"异释"大凡如此，具体所指，唯有就印论印，因印而言。

我们的研究对象为：战国时期齐国、燕国、楚国、三晋等古玺中，于印文考释之隶定、声读、字（词）义等方面存有"异释"者。能归为"异释"一类的，往往都属难啃的"硬骨头"。或许也是因为有难解之谜，学者们都乐于致力解决，一些印久经讨论甚至成为大家耳熟能详的"名印"，其典型意义自然不言而喻。这类印文，有的难在形之繁复古奥或过于简洁；有的虽易于隶定，但苦于无法疏通文义。凡此种种，实际上都说明了"异释"玺文的独特性，于其分类择取讨论，本身或也具备某种研究方法论层面的探索价值。故而，我们将所论异释玺文大致分为四类：其一，玺文构形古奥，因众家认识不同导致异释纷纭者，如《玺汇》0198玺"▨"、0199玺"▨"、0200玺"▨"、0201玺"▨"、0202玺"▨"、0322玺"▨"等同文；其二，构形简单，属

---

① 关于"古玺文"、"古玺印"、"古玺"及"秦印"等概念辨析，详见本书第一章。

常见字，然众家于音、形、义方面存有分歧者，如玺文、陶文习见之"敀""迿""均""徇"等；其三，构形或特殊或简单，与已识字相较不易辨识者，如《玺汇》0158 玺"🦋"、0161 玺"🌾"，以及 0312 玺"🔯""🦌"，等等；其四，构形明确，隶定和音读均无较大分歧，然不易读通玺文者，如《玺汇》0293 玺"日庚都萃车马"之"日庚"等。盖此四类"异释"组成本书"异释研究"的主体内容，涉及古玺百余方，关及陶文、简文等其他战国古文字资料百余条。

本书研究材料以《古玺汇编》《古玺印图典》为主，兼及其他新出材料和少量未公开资料。

一　古玺文研究概述

以 1925 年王国维先生首肯"古玺文"为"六国文字"为准，"古玺文"方启正名研究之始。故而，我们以 20 世纪 30 年代为界，分前、后两个阶段，[①]简要介绍古玺文之界定、著录、综论、考释、分域、构形等研究情况。

（一）20 世纪 30 年代以前

古玺文研究之时代上限当以能目及古玺实物（或印蜕）并能"初识

---

① 关于古玺研究之阶段划分，也有学者分为两段：一，晚清至 20 世纪 70 年代末；二，20 世纪 80 年代至今。如，肖毅先生《古玺分域研究》第一章第一节"古玺研究简史"主此划分法，又刘建峰《战国玺印文字构形分域研究》亦以 20 世纪 70 年代为界划分前、后两段。也有分为三段者：一，20 世纪 30 年代以前；二，20 世纪 30 年代至 70 年代；三，20 世纪 80 年代至今。如，田炜《古玺探研》首章第一节"古玺研究概述"主此划分法。显见，分为三段者，仅是将两段法之首段以 20 世纪 30 年代为界又分为二，实际上并无二致。大略言之，20 世纪 30 年代以前实质上尚处于对古玺之"认识断代"与古玺之"确认"阶段。我们以两段法为是，但以 20 世纪 30 年代为界，并将"古玺""古玺文"的界定等内容置于第一章讨论，详后。参见肖毅《古玺文分域研究》，崇文书局，2018，第 1~18 页；刘建峰《战国玺印文字构形分域研究》，博士学位论文，山东大学，2012，第 6~9 页；田炜《古玺探研》，华东师范大学出版社，2010，第 1~12 页。

其面目"进而予以研究为准。虽早至宋代已有谱录专收玺印，^①然历史使然，其时于古玺之断代、文字等均无所知。以此计之，能据以古玺实物及玺印文字发论者，肇始于明代学者朱简：

> 余谓上古印为佩服之章，故极小。汉、晋官印大仅方寸，私印不逮其半。所见出土铜印，璞极小而文极圆劲，有识、有不识者，先秦以上印也；璞稍大而文方简者，汉、晋印也；璞渐大而方圆不类，文则柔软无骨，元印也；大过寸余，而文或盘屈、或奇诡者，定是明印。^②

其于崇祯二年（1629）成书之《印经》直言"所见出土铜印"，借以玺印文字"圆劲""方简""柔软""盘屈"等辨识玺印时代；又谓"印字古无定体，文随代迁，字唯便用，余故曰印字是随代便用之俗书。试尝考之，周、秦以上用古文，与鼎彝款识等相类"，^③可知其已见不少"出土铜印"，且遍及数代。可贵的是，朱简已尝试将"印字"（玺文）与"鼎彝款识"（金文）进行纵向对比，如先秦印文"圆劲"、"周秦用古文相类于鼎彝款识"等论断，颇有见地。

至清代，乾隆五十二年（1787），程瑶田作《〈看篆楼古铜印谱〉序》，其据大量所见之"铜章"，考释了"玺"字形义，并释得"私玺"二字。同治年间，陈介祺因辑《十钟山房印举》，探讨过诸多古玺文，其论多见于是时与王懿荣、吴大澂、吴云、潘祖荫、鲍康子等往来手札

---

① 古代玺印谱录出现之上限时间问题，亦无定说。一说起于唐代，《旧唐书》载韦述"玺谱之类"，《新唐书·艺文志》载有徐景《玉玺正录》、姚察《传国玺》等，实物今皆不见。又传我国最早之印谱乃宋官修《宣和印谱》，今已佚。又曰明万历二十四年来行学校摹《宣和集古印史》凡八卷是其传，然学者多疑是书乃"托名"之作，今亦无从考据。又曰杨克一（有误为"晁克一"）《集古印格》较之《宣和印谱》更早，惜亦不传。现可见最早的古玺印谱录，即顾从德（汝修）之《集古印谱》。参见韩天衡《九百年印谱史漫说》，《中国书法》2016 年第 16 期；小鹿（周晓陆）编著《古代玺印》，中国书店，1998，第 103~116 页。

② 朱简：《印经》，韩天衡编订《历代印学论文选》上册，西泠印社，1999，第 140 页。

③ 朱简：《〈印品〉发凡》，韩天衡编订《历代印学论文选》下册，第 454 页。

中。① 为后人所称者，乃同治十三年（1874）陈氏致吴云札言："朱文铜玺似六国文字。"② 此虽游移言之"似"，然已继朱简、程瑶田之后又精进了一步。行辈稍晚于陈氏而亦属同代之吴大澂，于光绪九年（1883）作《说文古籀补》（又1898年重订刊行），录有古玺文570余，且多有考释，今天看来"有些古玺文字的释读不无可商之处，但大多数还是正确的，尤其为古玺文字的系统整理奠定了基础"。③ 嗣后，丁佛言所编《说文古籀补补》（简称《二补》，1924）刊行，乃吴书续补之作，照其体例亦收录了不少古玺文，一些释字见解独到。

此一阶段，真正"凿破混沌"者，为海宁王国维先生。④ 1925年前后，由观堂首肯"古玺文"乃东土六国文字，是说见其《桐乡徐氏印谱序》。据罗福颐先生多文介绍，此系王国维据其《古玺文字征》未刊稿文，又参以鼎彝铭文、古陶文、币文、《石经》古文、《说文》古文等合而互较，"同之者十有八九"，始发其论："然则兵器、陶器、玺印、货币四者，正今日研究六国文字之唯一材料，尤为重要，实与甲骨、彝器同。"⑤ 至此，"古玺文乃六国文字"被广泛认可，同时古玺文正式成为战国文字研究的主要内容之一。

（二）20世纪30年代至今

吴大澂《说文古籀补》首先收录"古玺文"，实有首创之功。⑥ 继丁佛言《二补》后，1935年强运开辑《说文古籀三补》印行，该书亦收有不少古玺文。而首创专门收录古玺文者，乃1930年印行之罗福颐先

---

① 参见陈介祺《秦前文字之语》，陈继揆整理，齐鲁书社，1991。
② 故宫博物院编《古玺汇编》，文物出版社，1981，第2页。
③ 曹锦炎：《古玺通论（修订本）》，浙江大学出版社，2017，第29页。
④ 李学勤先生说："王国维曾长期从文献和文字学角度探讨晚清以来学者热衷讨论的'古文'问题，他研究《说文》的古文、籀文，写出了名文《史籀篇疏证序》《战国时秦用籀文六国用古文说》《桐乡徐氏印谱序》等，揭示战国文字西土、东土的区分，反驳许书古文为汉人伪造之论，实有凿破混沌之功。"李学勤：《战国文字编序》，汤余惠主编《战国文字编》，福建人民出版社，2001，第2页。
⑤ 王国维：《观堂集林（附别集）》（上），中华书局，1959，第298~304页。
⑥ 有如罗福颐先生云："吴大澂作《说文古籀补》，亦收录玺文，是为古玺文字有著录之始。"参见罗福颐《近百年来对古玺印研究之发展》，西泠印社，1982，第4页。

生《古玺文字征》。该书共收古玺文 1279 字，其中确认可识者 629 字（见于《说文》者 419 字），附录不识者 650 余字，较之吴氏《说文古籀补》所收多一倍有余，乃继吴氏之后近半个世纪时间里对于古玺文研究成果的一次汇集，功不可没。该书"标志着对古玺文字认识的不断深入，学者们已把它作为一个独立的课题"，[①] 或谓"标志着古玺研究已经发展到成熟阶段"。[②] 此后，古玺文相关研究成果日渐丰富，涉及综论和通论、考释和著录、分域和构形等方方面面，简述如下。

1. 综论和通论

古玺印较之其他古文资料而言，有其特殊性，除印面内容外，尚有质料、形制、纽式等区别。一方面，就印面内容而言，可分文字、肖形两大类；再据以文字，又涉及时代、分域、构形、官私属性等；另一方面，就玺印质料（铜、玉、骨、金、银、玛瑙、水晶、石、木等）、形制（方、长方、圆、椭圆、条形、菱形、曲尺、心形等）、纽式（鼻、瓦、坛、柱、亭、兽等）等来看，又可分门别述，不一而足。故大凡综论、通论性之著作，多以此数方面为主要内容，然又不限于此。以下简要介绍相关成果。

1934 年陈邦福先生《古玺发微》刊行，属早期通论性著作，其以"类别""玺式""纽式""辨质""余说"为次论之。[③] 1935~1937 年，王献唐先生撰成《五镫精舍印话》，后于 1985 年由齐鲁书社出版，内容涉及玺文考释、印史、时代、字体、形制、印文格式等，不足之处是体例略显杂乱。1963 年罗福颐、王人聪先生合著《印章概述》出版，[④] 1965 年安滕更生转译为日文，由二玄社于东京印行。1981 年罗福颐先生出版《古玺印概论》，[⑤] 该书在《印章概述》的基础上，新增了部分内容，共计十四章，整体上更为系统，涉及古玺印之书体名称、名称变迁、纽制、物质、传世品的类别（由来）、时代考证、印谱等。2010 年出版的《古

① 肖毅：《古玺文分域研究》，第 2 页。
② 曹锦炎：《古玺通论（修订本）》，第 30 页。
③ 按《古玺发微》乃石印自刊本，未署出版年月；殆以陈邦福先生当"同时"石印之《汉魏木简义证》落款"辛未七月著稿 甲戌三月斠印"计之，民国甲戌，即 1934 年。
④ 罗福颐、王人聪：《印章概述》，生活·读书·新知三联书店，1963。
⑤ 罗福颐：《古玺印概论》，文物出版社，1981。

玺印考略》增加了一些图版，文字内容依旧。^①另，1982 年罗福颐先生《近百年来对古玺印研究之发展》由西泠印社印行，主要介绍了"对战国古玺之认识和发展"等，可视为对古玺印研究的阶段性总结。

1976 年林素清先生的学位论文《先秦古玺文字研究》涉及玺印的起源、著录和研究、文字特色等，于"合文符"及一些古文字的具体考释皆有讨论。^②1980 年马国权先生发表《古玺文字初探》，于古玺文字的样式与体式、结构等均有论述。^③

1996 年曹锦炎先生《古玺通论》印行，上编名曰"古玺与古玺文字"，内容包括古玺的时代、认识和研究、形制分类、构形、地域特色等，属通论性质；下编是具体的分域考述。该书语言精练、内容全面，具有较高的学术价值，乃古玺文研究必备书籍之一。^④2002 年又出版《古代玺印》。^⑤2017 年修订再版《古玺通论》，增加了不少官玺印蜕，根据新出的简文资料改易了个别释文，首章"古玺的时代"对古玺起源问题亦有修正。

1997 年文物出版社印行叶其峰先生《古玺印与古玺印鉴定》，内容涉及战国官玺、国别及其相关问题。2003 年同氏《古玺印通论》出版，其中上编属古玺部分，内容包括古玺的形制、官玺、氏名玺（分域）、成语玺和肖形玺等。^⑥1998 年周晓陆先生出版《古代玺印》，除古玺相关内容外，第二部分文末列有明清以来至 20 世纪末主要印谱目录。1999 年沙孟海先生《印学史》印行，其中上编为玺印研究部分，属通史性著作，内容比较明晰。^⑦

2002 年肖毅先生完成博士学位论文《古玺文字研究》，内容涉及古文字之形体、语辞、考释、地域差异和职官、姓氏、成语分域整理等。

---

① 据罗随祖先生《古玺印考略跋》，是书名称由罗福颐先生于 1979 年前既已更定。详见罗福颐《古玺印考略》，罗随祖重订，紫禁城出版社，2010。
② 林素清：《先秦古玺文字研究》，硕士学位论文，台湾大学，1976。
③ 马国权：《古玺文字初探》，中国古文字研究会第三届年会，1980。
④ 曹锦炎：《古玺通论》，上海书画出版社，1996。
⑤ 曹锦炎：《古代玺印》，文物出版社，2002。
⑥ 叶其峰：《古玺印通论》，紫禁城出版社，2003。
⑦ 沙孟海：《印学史》，西泠印社，1987。

2017 年肖毅先生编著《古玺读本》，虽曰"读本"，实有不少学术创见，并吸收了许多最新研究成果。①

另外还有一些论著，亦与古玺文相关。如 1984 年李学勤先生的《东周与秦代文明》；② 1987 年高明先生的《中国古文字学通论》③；1988 年陈世辉、汤余惠先生的《古文字学概要》，④ 陈炜湛、唐钰明先生的《古文字学纲要》；⑤ 1989 年何琳仪先生的《战国文字通论》，及其 2003 年、2017 年之订补本；⑥ 2001 年后晓荣先生等编著《中国玺印真伪鉴别》；⑦ 2002 年董珊先生的博士学位论文《战国题铭与工官制度》；⑧ 2005 年肖晓晖的《古玺文新鉴》；⑨ 等等。

2. 考释和著录

古玺文的考释和著录是密切相关的，考释玺文必须凭借著录之印蜕，而著录释文又必仰赖玺文之考释。⑩ 正因如此，考释、著录历来为学者所重。相关论著，或重于著录，或重于考释，或又兼及其他，加之数量众多，在此，我们只择以考释为主者，简略述之。

1929 年和 1930 年黄宾虹先生发表《古鉥用于匋器文字》《陶铄文字合证》两文，⑪ 以古玺文和陶文互较，并收录不少图版，印证了古玺文和陶文互为表里之关系，为学界所称颂。1958 年黄宾虹先生遗著《宾虹草堂玺印释文》由吴朴堂先生整理交付西泠印社出版，⑫ 乃现代

① 萧毅（肖毅）:《古玺读本》，凤凰出版社，2017。
② 李学勤:《东周与秦代文明》，文物出版社，1984。
③ 高明:《中国古文字学通论》，文物出版社，1987。
④ 陈世辉、汤余惠:《古文字学概要》，吉林大学出版社，1988。
⑤ 陈炜湛、唐钰明:《古文字学纲要》，中山大学出版社，1988。
⑥ 何琳仪:《战国文字通论》，中华书局，1989；《战国文字通论（订补）》，江苏教育出版社，2003；《战国文字通论（订补）》，上海古籍出版社，2017。本书所引订补本均出自上海古籍出版社 2017 年版。
⑦ 后晓荣、丁鹏勃、渭父编著《中国玺印真伪鉴别》，安徽科学技术出版社，2001。
⑧ 董珊:《战国题铭与工官制度》，博士学位论文，北京大学，2002。
⑨ 肖晓晖:《古玺文新鉴》，世界图书出版公司，2005。
⑩ 早期著录抑或有不著释文者，然近世以来著录皆重释文，如《古玺汇编》。
⑪ 黄宾虹:《古鉥用于匋器文字》，《艺观》1929 年第 3 期，又见《黄宾虹文集·金石编》，上海书画出版社，1999，第 346~347 页；《陶铄文字合证》，神光书社，1930，又见《黄宾虹金石篆印丛编》，人民美术出版社，1998，第 147~196 页。
⑫ 黄宾虹:《宾虹草堂玺印释文》，西泠印社，1958。

首部以考释古玺印文为主的著作。其中"古玺（官、私玺）""白文小玺""朱文小玺"等部分均属古玺文考释范畴，而且"他对若干玺文的释读颇为精审""是十分难能可贵的"。[①] 如其释"▨▨□都司徒"（后入《玺汇》，编号0018）首字作"黍"，是字与仲戲父盘铭文"▨"同文，吴荣光、于省吾、杨树达、何琳仪等先生均释盘铭为"黍"，可见宾虹先生所释甚确。1995年《黄宾虹古玺印释文选》发行，是书乃曹锦炎先生据浙江省博物馆藏黄先生手稿择要整理而成。[②]

1981年罗福颐先生主编之《古玺汇编》《古玺文编》相继出版，二书互为表里，珠联璧合。《玺汇》属古玺汇录之集大成者，[③] 为研究者所必备，其释文乃罗福颐先生多年研究成果之结晶，亦在某种程度上反映了是时已有研究成果之主体面貌。《玺文》是按《说文》体例编排的一部古玺文字书，在《古玺文字征》基础上增补而成，共收字头2773个，其中正编收字1432个、合文31个、附录收字1310个，其于古玺文汇集体量恐至今无能出其右者。二书出版以后，极大地方便了学者的研究，[④] 为推动古玺文整体研究水平的提升奠定了基础。学者围绕《玺汇》《玺文》释文之隶定、音读以及古玺分类等问题予以研究、订补，不断有成果陆续问世。如，吴振武先生于1983年发表《〈古玺汇编〉释文订补及分类修订》，[⑤] 次年完成其博士学位论文《〈古玺文编〉校订》，[⑥] 前者为玺文考释之具体结果，后者乃相关释读之详细阐述，其内容涉及

① 曹锦炎:《古玺通论》，第21~22页。

② 曹锦炎主编《黄宾虹古玺印释文选》，上海书画出版社，1995。

③ 《玺汇》所录玺印编号数为5708，施谢捷先生结合裘锡圭先生所论，指出《玺汇》至少有36方玺重出，另有1方玺三见（2378、2379、4570），恐复著录。暂以此计之，则《玺汇》当收古玺印5670方。参见施谢捷《古玺汇考》，博士学位论文，安徽大学，2006。

④ 裘锡圭先生曾有言，大意即以往一般人意欲研究玺印文字相当困难，系因著录玺文的书籍多是古收藏家所辑之印谱，此类谱录多为原玺钤印，又因为战国古玺经历两千多年残蚀，极其脆弱，每钤盖一次即损一次，故原钤谱录印数非常有限（至多20部左右），亦很少公开发行；即使公开刊行，经年历月，多为珍本、孤本，"穷书生是不敢问津的"（参见裘锡圭《裘锡圭学术文化随笔》，中国青年出版社，1999，第57页）。是以《古玺文编》之出版实予学者以极大方便。

⑤ 吴振武:《〈古玺汇编〉释文订补及分类修订》，常宗豪主编《古文字学论集（初编）》，香港：香港中文大学出版社，1983，第485~535页。

⑥ 吴振武:《〈古玺文编〉校订》，博士学位论文，吉林大学，1984。

玺文释解几数百事，另于古玺相关之职官、地理、姓氏等均有深入探讨，是古玺文研究的重要成果之一。2010 年人民美术出版社以《〈古玺文编〉校订》为题将其合并出版，后者为正文，前者列于附录。① 此后，林素清先生②、施谢捷先生③、肖毅先生④等的相关论著，于玺文释读亦有诸多发现。其中，施谢捷先生于 2006 年完成其博士学位论文《古玺汇考》，内容涉及古玺的分域、分类及印谱和论著目录等，惜只见"官玺汇考"等部分内容；正文每印胪列释文、国别、现藏、著录、说明（汇集旧释、作者考释、出土地等）五项，为古玺文多角度研究提供了便利，于诸玺文之严格隶定、考释等，多有精彩之论。

1986 年汤余惠先生发表《论战国文字形体研究中的几个问题》，考释了诸多玺文，并按楚、齐、燕三国给出新的释文和分类。⑤ 1979 年，朱德熙先生释出玺文中的"者"和"都"字，"都"字于玺文习见，故其文影响甚大。⑥ 1993 年汤余惠先生《战国铭文选》出版，其中第四部分是玺印、第五部分是陶文。⑦1993~1994 年康殷先生和任兆凤女士主编《印典》（全 4 册）印行，其依字编次，每字下列含有该字的所有印蜕并附释文，首以字形"古、近、正、变"为序，次以晚周、秦、西汉、东汉等排列，亦收有大量古玺文字。该书 2002 年由中国友谊出版公司再版。⑧1998 年何琳仪先生出版《战国古文字典》，该书融古玺文

① 吴振武：《〈古玺文编〉校订》，人民美术出版社，2010。
② 林素清：《〈古玺文编〉补正》，《金祥恒教授逝世周年纪念论文集》，1990，未刊，第 99~121 页。
③ 施谢捷：《〈古玺汇编〉释文校订》（1994 年修订稿），《印林》1995 年第 5 期，第 49~55 页；《〈古玺汇编〉释文校订》（1996 年修订稿），广东炎黄文化研究会等编《容庚先生百年诞辰纪念文集（古文字研究专号）》，广东人民出版社，1998，第 644~651 页；《谈〈古玺汇编〉存在的几个问题》，《出土文献与古文字研究》第 1 辑，复旦大学出版社，2006。
④ 肖毅：《〈古玺汇编〉释文订补（摘录）》，硕士学位论文，武汉大学，1998。
⑤ 汤余惠：《论战国文字形体研究中的几个问题》，《古文字研究》第 15 辑，中华书局，1986，第 9~100 页。
⑥ 朱德熙：《战国陶文和玺印文字中的"者"字》，《古文字研究》第 1 辑，中华书局，1979，第 116~120 页。
⑦ 汤余惠：《战国铭文选》，吉林大学出版社，1993。
⑧ 康殷、任兆凤：《印典》（全 4 册），国际文化出版公司，1993；《印典》（全 4 册），中国友谊出版公司，2002。

在内的各类战国文字为一炉，以字表为主，兼及字义、词义考释，其间涉及大量古玺文音、形、义的相关内容，实乃一部重要著作。① 2001 年汤余惠先生主编《战国文字编》印行，收录了诸多古玺文。② 2008 年田炜完成博士学位论文《古玺探研》，2010 年由华东师范大学出版社出版，对诸多官私古玺印文及古玺字词进行了考释。③ 2010 年陈继揆先生遗著《十钟山房印举考释》出版，其间亦有不少古玺文考释内容，可资参看。④ 2016 年徐畅先生编著的《古玺印图典》出版，是书主要分"商周篇""战国篇""补遗篇"，"战国篇"按秦、楚、齐、燕、三晋五系编排，共收古玺（含秦印）9470 方，其中主要为古玺、古陶印迹、封泥，兼及少量朱砂印迹、火烙印迹等，每系再别以公玺、私玺、成语玺列之，每印均著释文，间或附以简短说明，释文基本能结合以往研究成果给出。其引用印谱 170 余种，上迄《顾氏集古印谱》，下至出版前夕，尤其是《玺汇》以后所出印谱，可作为古玺谱录书目参看。综合而言，该书是目前继《玺汇》之后又一集大成者。⑤ 2017 年黄德宽、徐在国先生编著的《战国文字字形表》出版，其中收录大量古玺文，并按秦、楚、三晋、齐、燕五系列出。⑥ 2021 年白于蓝主编《先秦玺印陶文货币石玉文字汇纂》出版，该书对先秦时代的玺印、陶、货币和石玉（石刻、盟书、玉铭和玉版等）四种古文字材料及相关研究成果进行整理，按照《说文》体例，编撰"文字编"，⑦ 为学者研究古玺文，尤其是横向与其他战国文字互较提供了便利。⑧

---

① 何琳仪：《战国古文字典》，中华书局，1998。
② 汤余惠主编《战国文字编》。
③ 田炜：《古玺探研》，博士学位论文，中山大学，2008；后出版同名专著《古玺探研》。
④ 陈继揆：《十钟山房印举考释》，陈进整理，天津人民美术出版社，2018。
⑤ 徐畅编著《古玺印图典》，天津人民美术出版社，2016。
⑥ 黄德宽主编，徐在国副主编《战国文字字形表》（全 3 册），上海古籍出版社，2017。
⑦ 白于蓝主编《先秦玺印陶文货币石玉文字汇纂》，福建人民出版社，2021。
⑧ 除以上所述，其他相关成果亦多，如 1949~1980 年的相关研究成果及著录，可参看王人聪《新出历代玺印集录》，香港中文大学文物馆专刊之二，1982；《新出历代玺印集释》，香港中文大学文物馆专刊之三，1987。2018 年以前的成果，亦可参看肖毅《古玺文分域研究》之"古玺研究简史"部分。

3. 分域和构形

1959 年李学勤先生发表《战国题铭概述》，开分域研究之先河。[①] 1980 年裘锡圭先生著文考释了古玺文中齐、燕、三晋的"市"字，裘先生以"市"字为例拨开战国各国间"文字异形"之迷雾，堪为分域考释单字之典范。[②] 此后分域研究日渐兴盛，至今已经比较成熟，成果也较丰富。如，1989 年何琳仪先生《战国文字通论》于各系古玺文字均有论及；1992 年董珊先生发表《战国古玺文字分国偏旁表谱》，依照分域整理了诸多玺文偏旁，[③] 其博士学位论文《战国题铭与工官制度》亦涉及各系玺印的相关考释等；2001 年庄新兴《战国玺印分域编》论及各系玺文偏旁部首之地域性特点；[④] 2002 年文炳淳的博士学位论文《战国楚玺文字研究》对楚系玺文加以考释，并分析了其文字构形特征等；[⑤] 2004 年肖毅先生的《楚系古玺研究》，探讨楚玺字形、铭辞、形制等，同时加以考释。[⑥]

2005 年陈光田完成博士学位论文《战国古玺分域集释》，以齐、燕、楚、晋、秦五系进行分类，于每系按照官、私、吉语格言进行分类讨论，内容兼及各系文字风格的地区特点等。2009 年经修订以《战国玺印分域研究》为名出版。[⑦] 2005 年朱疆的博士学位论文《古玺文字量化研究及相关问题》，以《玺汇》著录的古玺文字为研究范围，从字频、构形类别、特殊书写等方面展开统计和分析，在玺文构形量化分析方面较有新意。[⑧] 同样以《玺汇》为基础材料讨论玺文构形特征的还有 2011 年林君的硕士学位论文《〈古玺汇编〉文字构形研究》。[⑨]

① 李学勤:《战国题铭概述（上）》,《文物》1959 年第 7 期;《战国题铭概述（中）》,《文物》1959 年第 8 期;《战国题铭概述（下）》,《文物》1959 年第 9 期。
② 裘锡圭:《战国文字中的"市"》,《考古学报》1980 年第 3 期。
③ 董珊:《战国古玺文字分国偏旁表谱》,中国古文字研究会第九届年会,1992。
④ 庄新兴:《战国玺印分域编》,上海书店出版社,2001。
⑤ 文炳淳:《战国楚玺文字研究》,博士学位论文,台湾大学,2002。
⑥ 肖毅:《楚系古玺研究》,博士后出站报告,武汉大学,2004。
⑦ 陈光田:《战国古玺分域集释》,博士学位论文,厦门大学,2005;《战国玺印分域研究》,岳麓书社,2009。
⑧ 朱疆:《古玺文字量化研究及相关问题》,博士学位论文,华东师范大学,2005。
⑨ 林君:《〈古玺汇编〉文字构形研究》,硕士学位论文,厦门大学,2011。

2012 年刘建峰的博士学位论文《战国玺印文字构形分域研究》在对战国古玺文分系统计、分类研究的基础上，重点论述了玺文构形的地域特征及其成因。① 单就三晋玺文构形特点等进行讨论的，有 2015 年陈聪的硕士学位论文《晋系玺印文字构形研究》。② 2018 年肖毅《古玺文分域研究》出版，乃其博士学位论文《古玺文字研究》部分内容的修订版。该书包括古玺之研究简史、字形、合文、铭辞、分域例举、分域考释等诸多内容，是目前古玺文分域研究方面的一部力作。③

近年来，各系玺文集释类成果亦比较集中。2017 年邱传亮出版《楚官玺集释》，分上下编六大册，集释楚官玺 394 方。④ 另有安徽大学三篇硕士学位论文分就三晋、燕、齐官玺进行了集释。⑤ 此见，除秦印未有集释外，其他四系官玺集释业已初见成果，当然，各本所论玺印有些还可斟酌。

以上所述以著作和学位论文为主，其他如期刊论文等成果还有很多。仅 20 世纪 30 年代以来有关玺文考证、考释方面的论文目及所见足有 300 篇以上，恕不一一举述。此一领域，除前所揭，黄盛璋、石志廉、王辉、李家浩、刘钊、赵平安、徐在国等先生亦多有建树。

综上可见，古玺文研究上可以追溯到明代著名学者朱简，下至今日方兴未艾，尤其自 20 世纪 70 年代以来，整体上得到了长足发展，相关通论、著录日渐增多，在考释、分域、构形等诸多方面均有较大之进步。但亦有不少方面需要继续努力，仅就古玺文考释方面而言，正如肖毅先生所言："古玺文字中未识的字还有一定比例，有些常见的字还存在较大的分歧，有些几成定论的玺印有必要重新认识。"⑥

---

① 刘建峰：《战国玺印文字构形分域研究》，博士学位论文，山东大学，2012。
② 陈聪：《晋系玺印文字构形研究》，硕士学位论文，河北大学，2015。
③ 肖毅：《古玺文分域研究》。
④ 邱传亮：《楚官玺集释》，学苑出版社，2017。
⑤ 孟丽娟：《三晋官玺集释》，硕士学位论文，安徽大学，2014；刘笛：《燕官玺集释》，硕士学位论文，安徽大学，2015；朱晓寒：《齐官玺集释》，硕士学位论文，安徽大学，2015。
⑥ 肖毅：《古玺文分域研究》，第 17~18 页。

二 研究意义

古玺文字是战国文字的重要一支，虽刻录在狭小的印面上，玺印形体与钟鼎彝器相较实属"小件"，然无碍其"方寸之间，大千世界"之美誉。王国维先生曾谓"玺印一类，其文字制度尤为精整，其数亦较富"。① 其不仅存世量可观，且内容多见官吏名、官署名、职事名、地名、人名、成语等信息，不仅可以补证文献之阙佚、讹误，亦为研究上古社会之文字演变、官制沿革、地理区域、姓氏流变、民俗文化、价值取向、典章制度、经济税收、艺术审美等提供了可靠的资料。

如上所述，自 20 世纪 30 年代至今，经历届学人的不断努力，有关古玺文之考释、分域、构形等诸多方面的成果不断涌现，古玺文研究业已发展为相对成熟之学科。但是，其中亦有不少仍需努力之处，诸如玺印起源和古玺、古玺文之概念等，众家认识尚有分歧，需进一步梳理；就古玺文考释而言，犹存一定比例之未识字，已识字中亦有不少"异释"字，对一些玺文仍有重新认识之必要。所谓古玺文异释，即众家对某一玺文形、音、义方面存在多种解释，其本质即认识差异，每一释说都代表着一种已识字与未识字在认识方面的可能性。"异释玺文"不得破解，除古文字某些研究无以展开外，政治、经济、文化等诸多方面研究亦不得"可靠史料"。由此，本书以问题为导向，以古玺文"异释"为切入点，找寻所选疑难玺文与已识字在认识方面的可能性，汇集旧释，探求新解，是为写作之初衷。

"异释"越是集中的地方，越是矛盾的焦点，往往一个"异释"得以突破，一系相干玺印皆得其解，此间有若密码之"破译"。不同的释读将产生不同的导向，如第五章我们考释《玺汇》0198"易都邑聖邎盐之鈢"，旧释有铸罍（叶其峰）、告盟（何琳仪）、徙甿（葛英会）、誓盟（曾宪通）、徙盐（赵平安）、寻湤盟（王恩田）、伺选矿（李家浩、刘洪涛）等说，可见不同的释解对玺印的功用解读大不相同。我们汇释新解为"麹盐"，与旧释亦不同。虽说玺文的真实面目只有一个，然因释解者对玺文音、形、义之认识不同，会产生许多不同的解读。事实上对异释玺文的研

① 王国维：《观堂集林（附别集）》（上），第 303 页。

究，其意义也正在于此；对其解读虽然不同，但都是以求真为唯一目的。

既然古玺文"异释"是存在的，就必须客观看待，进而研究。对以往旧释进行梳理汇集，也是在寻找最接近事实的答案。对于古玺实物而言，其自身不会变，玺文本身及其当时之功用亦不会变，只是时间的流逝让其变得陌生了。我们对异释玺文尝试新解，亦属于拨开迷雾消除陌生的接次努力，只有尽可能地还原其本来面目，才有可能展现其真正的作用与价值。古玺印本就是古代社会的产物，印文是得见其真实面目的钥匙，换句话说，古玺文研究的价值也存在于其本身之外。

三 研究方法和思路

为便于展开讨论，了解我们将要做的工作，有必要将研究方法及研究思路简要介绍一下。

地下文物与地上文献互证，乃古玺文考释之重要方法。此为陈直先生、于省吾先生等"新证派"所倡导，本书所论亦遵此而行。

类同归纳，本是逻辑学、数学等学科常用的基本方法之一。我们将其引入古玺文考释，即以个例之古玺文异释为突破口得出新释，借此总结"异释"之"症结"，依"个例"所得方法或理论而归纳以求得一类，继而考释验证之。即正文之中一章之内前半部分属"考释实践并理论提炼"，后半部分属"理论归类再考释应用予以验证"，可以联系互证。另外，我们所说的"类"，主要体现在后文的章节分布里，即一章是为一类；每章所辖之"节"，其主体内容必是一类。如，第三章"'日名制'视域下相关古玺文汇考"所考玺印，其释读前提皆系"日名制"而起；又第五章"从'勹'部相关古玺文异释汇考"，其所考古玺文皆从"勹"。

"异释"研究，即首将某玺文之"异释"集而聚之，然后加以考释，其目的即在"比较"和"演绎"。"比较"者，焦点在于"异中求同"。即将众家于某一玺文给出的种种不同之释解相较，要么其中之一可从，要么均不可从，要么于此"异"中亦有一定程度之"共同倾向"；继而推理之。也就是说我们的新释，要么从某一释（或继申之），要么与旧释相关性不大，要么符合其"异中求同"之"共同倾向"。此一思路方法，反观亦是我们研究过程中的具体考释途径和逻辑判断标准。如我们释《玺汇》0293 玺"日庚"，既从前贤之隶定，又加以"申说"（系其源于"日名制"）；释《玺汇》0158、0159 玺"🐛""🐛"为"鲁"，则与旧释关系不大；释玺文、陶文贯见之"敀、夠、均、徇"皆读"局"，即符合"异中求同"所见一定程度之"共同倾向"。

纵观本书所论，大凡有个总原则，即"不轻信，不强求"。

对于编辑古汉语大型辞书，裘锡圭先生就如何对待"不同于传统说法之新说"，曾指出"一方面，当不可'轻率采用无确凿根据之新说'；另则，勿'忽略或拒绝采用有确凿根据之新说'"。① 先生之言，推及本书所论之"异释"，依然适用。即，于前贤"释说"以尊重为前提：一则，不盲目信从，囿于某些"旧说"；二则，不强求训解"有确凿根据之成说"。"不轻信"者，方或有所进益；"不强求"者，以免臆测武断。正如王国维先生所言："自来释古器者，欲求无一字之不识，无一义之不通，而穿凿附会之说以生。"② 又王辉先生曾言及王国维、于省吾先生之"阙疑精神"可贵，并补充说："但是实际做研究时又往往难以把握是'度'，只有实践过了以后，才会有此肺腑之言。"③

胡适先生曾说："凡是做学问，做研究，真正的动机都是求某种问题某种困难的解决；所以动机是困难，而目的是解决困难。"④ 我们的选题，即决定了我们是奔着"异释"这个问题、这个困难来的，目的虽然在于"异释"问题之解决，但亦要遵从"不强求"的原则。故而，本书所论之"古玺文"，实属能有所突破者言之。具体思路，有如下几点。

一者，不预设理论构架，以玺文考释为宗。

---

① 裘锡圭:《谈谈编纂古汉语大型辞书时如何对待不同于传统说法的新说》,《辞书研究》2019 年第 3 期。
② 参见王国维《观堂集林（附别集）》（上），第 294 页。王国维先生此谓之"无一字不识，无一义之不通"者，其针对者当是高水平之文字家，非我辈如是，然先生所言实则是一种"阙疑精神"，有若朱歧祥先生面告（2019 年 4 月于西安市）曰："具备阙疑精神。念兹在兹，常存一单纯的求真精神。苟无充分证据，经再三思量后宁可从缺。"
③ 2019 年 12 月 17 日，王辉先生在陕西师范大学人文社会科学高等研究院主讲"研究古文字通假的必要性及应遵循的原则"讲座时言及。参见王辉《古文字通假字典》，中华书局，2008，自序，第 12 页。
④ 胡适:《习惯重于方法：胡适谈读书治学》，当代中国出版社，2013，第 73 页。

二者，运用"新材料"。前贤时彦"释说"之贡献自有历史评说，然无疑，其时或也有"时代所限"，或也有"囿于所见"。今日之材料，自是古玺文研究最富时，亦可谓"以新证之"正当时。此即构成我们的思路之一——"基于已有知识进行假设，基于新的文献加以求证"。①

三者，重视"旧材料"。是乃今日之"旧材料"，于旧时亦为"新材料"，梳理有关前贤旧说以获启示，当有如"牛羊反刍"。再者，不可以为"旧材料"中就无多"新发现"，宋元时代已见"古玺"著录，然直至晚清以后才对这些"旧材料"重新整理并有所发现，此即是启示。

本书在内容安排方面，首先，汇集前贤相关释说，曰之为"旧释"，一方面带有集释性质，另一方面即在此间觅得某种"差异"或"共性"之启示。其次，即是"汇考"研究，此中除依照上揭之研究方法外，总以"形、音、义"结合为统摄，隶定字形纵向上关照甲骨文、金文乃至小篆，横向上除玺文各系角度对照外，亦兼及陶文、简文、币文、石玉文字等；是时，结合文献由义较考字形，以玺文文义读通为准，②一般遵循先形而后音的顺序。再者，依照前揭之"比较演绎法"，或申说，或新解，或合某种之"共同倾向"，方得于某玺文之正解。最后，借由异释汇考之过程与认识，结合前贤理论总结，梳理归纳相关方法、理论启示，继而反思不足之处。下将本书以下各章内容概而述之，亦可由此参见我们的论证思路，如下。

第一章。为有的放矢，廓清研究对象，首章主要谈论三个问题：古玺印起源；古玺、古玺文之认识和概念；"玺"字之认识和释解。

第二章。战国古文习见之"敀、敘、均、徇"，就其释读，言人人殊，尤以"敀"字为最，异释达二十余说。本书新释"敀、敘、均、徇"皆读"局"。由此，遍及齐、燕、楚之百余条玺文、陶文、简文辞例皆可读通；同时，亦得证官署曰"局"者，战国既置，此将原以为北

---

① 此为南京师范大学李葆嘉先生面告（2019年3月于西安市）之方法表述，其精神亦即胡适先生谓之"大胆假设，小心求证"。

② 朱歧祥先生谓："释字不先由字形看，由成词、上下文看。文字的记录，是要表达语言。唯有通读上下文，才是正确考释的基本经验。"此由朱歧祥先生面告（2019年4月于西安市）。

齐始设官署"局"之时间提前至战国。

第三章。玺林鸿宝"日庚都萃车马"玺，百余年来关其论者汗牛充栋，尤其"日庚"二字释说纷纭，本书借以"日名制"解之，遂得释解。同理推及"日辛""旱"，又得释一干玺印。"日庚""日辛""旱"联系互证，不仅得释诸多玺文，且将"旦、昌""章、曧"等之同源理据研究更向前推进一步。

第四章。古玺文中有一类构形看似"简单"者，然异释众多。如《玺汇》0312 玺末二字"⊡""⊡"；0363 玺首二字"⊡""⊡"。本书得释：0312 玺二字隶"罒罭"，读为"罗网"，即《周礼》夏官之"罗氏"，掌"网狩和禁捕"等事；继而相关同文玺印以及甲骨文"⊡""⊡"、金文"⊡""⊡"、玺文"⊡""⊡"、陶文"⊡""⊡""⊡"等均得而释。0363 玺二字隶"洰岙"，读"盘水"（"盘山水"之简称），继以"⊡、谷""⊡、⊡""⊡、⊡"对比论之，亦得释相关玺印若干。

第五章。古玺文中有一类构形古奥者，异释众多。如《玺汇》0198"⊡"、0199"⊡"、0200"⊡"、0201"⊡"、0202"⊡"、0322"⊡"、0148"⊡"，《吉玺》1"⊡"。我们认为此诸玺文所从"⊡、⊡、⊡、⊡、⊡、⊡、⊡"皆为"勹"，0198 玺等同文隶作"逦"，释"麹"，即0200 等同文玺释"麹盐之玺"；0322 玺释"鄾巷麹盐金玺"，麹、盐、金者，为历代"官府"重点管控之行业，并言称之，统一制玺而管理征税，自古如此。0148 玺"⊡"隶作"匋"，即"趵""跑"之初文。

第六章。古玺文中另有一类，构形特殊，是谓难解，如《玺汇》0158"⊡"、0159"⊡"、0161"⊡"。旧释基本认可此三形同文，对其上部多隶作"⊡"；对其下部之"异"，或以不同隶定体示之，或以"装饰部件"解之。我们立足玺文"形"际关系，释此同文为"鲁（鱼）"，以三形均为"鱼"之整体象形，下部象"鱼尾"，其"异"正是"鱼"孳乳为"鲁"之痕迹，非"装饰部件"。借此相关玺印皆得而释。

余论。本书对"异释"玺文予以商量，并尝试新解时，也稍有心得，故此部分论述在异中求同（同中求异）、形同义通者作为构件互作、简省（繁化）对比同理推释、相诋反证、字内（外）综合互证等考释方法层面探索出的一些新认识。

第一章　古玺（文）及“玺”之识之释

古玺，一般指秦以前之玺印，主要是战国遗物。然而对古玺相关问题的认识尚有分歧：一者，古玺印起源问题；二者，古玺、古玺文的认识和概念问题；三者，“玺”字的认识和释解问题。这些问题，向来聚讼不一，我们也在回顾相关论点的基础上谈些愚浅的看法。

第一节　古玺印的起源

古玺印之起源，即“玺印”之上限断代问题，素有争议。

据文献所载，玺印起源很早。如《后汉书·祭祀志》谓“三王”（即三代）时“始有印玺”；汉纬书《春秋运斗枢》言黄帝时，有玺章曰“天王符玺”；《春秋合诚图》载“凤凰负图授尧”，是图“其章曰‘天赤帝符玺’”；又《汲冢周书》曰夏桀有玺。于此数说，历代学人多解以“臆造推测之言”，多未采信。

一　旧说简述

对于实物论及玺印起源问题，分歧之焦点开始集中在黄濬《邺中片羽》和于省吾先生《双剑誃古器物图录》所刊布的三方“奇文玺”（又称“安阳三玺”，见图版）上。[①] 相传三玺出于安阳殷墟，因得于古董

---

① 《邺中片羽》于1935年、1937年之初集、二集均录有此三玺；于先生之《双剑誃古器物图录》著录，海城于氏初版，1940年影印本。

商，故多有学者质疑，然持肯定意见者多。如徐中舒先生据《邺中片羽》所录认为"商代已有铜质玺印"，于省吾先生于《图录》亦主其为"商"物。胡厚宣先生将其收入《殷墟发掘》图版。董作宾先生谓是三玺为安阳出土"大致可信"，又谓"古玺中多象形图画字，亦可能为商玺"。林素清先生以为董说可信，其云："这三枚的文字和商代铜器铭文极相似，其背面的纽形也与近年妇好墓所出的殷代铜镜背纽十分接近，因此这三件器物无疑应是'商代物'。"①黄盛璋先生以为其中两方为"殷商遗物"，一方则晚于殷商。②裘锡圭先生亦主"商已有玺印"说。③李学勤先生 1992 年著文将是三玺与商周器铭文对比研究后，以为"确实是商末之物"；又 2001 年撰文认为，"商至春秋玺印皆是印模"之说对于"'亚'字形二印是适用的"，然对于其中之"田字格"玺则不适用，并释其玺文为"刊旬抑直（埴）"，再次确认了"商晚期确已有玺印"。④徐畅先生两次撰文主商有玺印说，以为"商王氏族首领已开始使用玺印"，⑤并在 2016 年版的《古玺印图典》中首列"商周玺印（含春秋玺印）"，计 30 余方，其中"安阳三玺"在此列之首。黄惇先生亦主"殷商时期已使用印章"。⑥

　　针对以上学者之观点，学界亦有不同看法。如罗福颐、王人聪先生《印章概述》即谓三玺可能是"古代铸铜器铭文用的母范，未必是玺印"，"印章可能最早起源于春秋，到战国时代已经普遍使用"，他们以

---

① 董作宾、林素清之说。详见林素清《华夏之美：篆刻》，台北：幼狮文化事业公司，1986，第 2~3 页。
② 黄盛璋：《我国印章的起源及其用途》，《中国文物报》1988 年 4 月 15 日。
③ 裘先生以为"安阳三玺"中"亚形玺"（先生释"亚离"）玺文风格合商代文字，曰"玺印似乎早在商代就已经产生了"；然，又以为"安阳三玺"其中之"田字格玺"属"秦或秦汉之际的巴蜀玺"。详见裘锡圭《浅谈玺印文字的研究》，《中国文物报》1989 年 1 月 20 日，第 3 版。后收入《裘锡圭学术文化随笔》，第 56~64 页。
④ 李学勤：《中国玺印的起源》，《中国文物报》1992 年 7 月 26 日；《试说传出殷墟的田字格玺》，《中国书法》2001 年第 12 期。
⑤ 徐畅：《商代玺印考证》，全国首届书学研讨会，1986；徐畅：《商晚三玺的再探讨》，《中国书法》2012 年第 11 期。
⑥ 黄惇先生只言"现在的实物证明"，未言是三玺。黄先生亦认为，古人（劳动者）所用之"陶拍、戳子"，其使用与印章相合，言其或就是"产生印章的重要源头之一"。参见黄惇《中国历代印风总序》，徐畅主编《先秦印风》，重庆出版社，2011。

为需考虑"社会历史条件",即玺印乃春秋战国时期政治、经济、社会制度等变革之产物。^①王人聪先生说:"主张商代和西周已出现玺印的说法,是很难成立的。"^②

马国权先生以为三玺"可能就是铸造铜器时所用的铭文的模子,或其试制品"。^③高明先生以为三玺若"确为真品,可能为某种器物上的附属装置,恐非玺印"。^④更有甚者,如金夷、潘江先生认为是三玺乃"战国"形制,"殷商"字符,论定为"赝品"。^⑤

除以上所谈玺印起源殷商说之外,也有不少学者主张春秋以降说。如马衡先生《谈刻印》据诸典籍所载,谓"古印之起源,约当春秋战国之世"。^⑥罗福颐先生《古玺印考略》谓:"传世古玺印是比较复杂,今需分析出它时代,必以考古发掘品为主,传世品则从文字上书体纽制参校文献,更以发掘品为佐证……此类官玺(战国官玺)中,或有春秋时遗物,今日尚无科学证明。"^⑦可见罗先生主"春秋"说,并谓对传世古玺时代认定需佐以"考古发掘"。史树青先生据"'夏虚都'三玺",撰有两文主张"玺印起源于春秋"。^⑧后黄盛璋先生有文《所谓"夏虚都"三玺与夏都问题》,认为史先生所言三玺皆为"战国燕玺",并谓"春秋印还无人敢于确指"。^⑨沙孟海先生大致赞同罗福颐先生将"印章"使用与"社会经济、铁工具、手工业和商业发展"联系在一起而论的意见,并以为春秋时代"印章"作为"转徙或存放之凭证,必然已经通行",今存大量之古玺中的一部分恐为春秋之物;至战国时代,印章被大量

① 罗福颐、王人聪:《印章概述》,第 2~3 页。
② 王人聪:《中国玺印的发展》,《古玺印与古文字论集》,香港:香港中文大学文物馆,2000,第 5~25 页。
③ 详见马国权《古玺文字初探》,中国古文字研究会第三届年会,1980。
④ 高明:《中国古文字学通论》,第 576 页。
⑤ 金夷、潘江:《再论中国玺印的起源——兼说所谓商玺的真伪》,《考古与文物》1996 年第 1 期。
⑥ 马衡:《谈刻印》,《说文月刊》(第 4 卷合刊本·考古类),1944 年,第 29~34 页。
⑦ 罗福颐:《古玺印考略》,罗随祖重订,第 79 页。
⑧ 史树青:《从"夏虚都"三玺谈夏朝的都城》,《光明日报》1978 年 2 月 10 日;史树青:《"夏虚都"三玺考释》,《河南文博通讯》1978 年第 2 期。
⑨ 黄盛璋:《所谓"夏虚都"三玺与夏都问题》,《中原文物》1980 年第 3 期。

使用且得到全面发展。^①钱君匋、叶璐渊先生以为玺印出现于"春秋后期"，其功能是为了"商业上交流货物之凭证"。^②叶其峰先生《古玺印与古玺印鉴定》以为古玺印于"春秋战国时代出现并广泛使用"。^③

石志廉先生以为玺印的制作、形成与铜器铸造关系密切，古玺之"肖形印"上迄商代，盛行于战国两汉时期，有的"肖形印"，其铸造工艺同铜器之失蜡铸造法，有的印面"凹"入很深，只有用泥或蜡打进去，才能看到其全貌和具体纹饰。^④林素清先生亦以为"玺印的产生及其用于封泥的方法，很可能都是受到器物泥范的启示而演变成功的"。^⑤

就印章而论，亦有认为起源更早者，如刘江先生以为"萌芽于原始社会，滥觞于夏，形成与应用于殷"，并用大量陶文图案等说明"陶印文、铜印范"等与印章之起源关系，且谓"印章是从夏、商青铜器制造中的图画、纹饰、文字的铜模，以及制陶工艺中的几何纹印陶与有铭文的陶拍与印模，以及甲骨卜辞的契刻等过程中，不断实践、总结、改进、应用而逐步形成的"。^⑥同此说者，再如林乾良先生等以为，"中国的印"，可追溯到距今四千年至七千年之"新石器"时代的"陶拍"，即于"印纹陶上按捺出花纹的印模"。^⑦

主张商代即有玺印之一力证，即商周铜器上唤作"族徽"的铭文。如吴明先生就曾列举了不少商代青铜器上的"亚"形铭文，他说"亚形'古玺'印在铭文最后，这和后代使用印章的目的相同。从发掘出的青铜器'铭文'来分析，虽然是由一方内一字或几字来铸成的，实际上其铭文是先契刻成玺模，然后由玺模打就者。据此余以为这些带有'亚'字铭文的青铜器，是研究我国古玺起源问题的极其重要的第一手资料，也是目前印证商代'古玺'的一个非常显著的实例。这些都足以说明我国商代晚期可能已有传播较多的'古玺'，为文化性质不同的地区人民

①　沙孟海：《印学史》，西泠印社，1999，第3~5页。
②　钱君匋、叶璐渊：《中国鈢印源流》，香港：上海书局，1974。
③　叶其峰：《古玺印与古玺印鉴定》，文物出版社，1997，第1页。
④　石志廉：《谈谈我国古代的肖形印》，《文物》1986年第4期。
⑤　林素清：《华夏之美：篆刻》，第3~4页。
⑥　刘江：《中国印章艺术史》，西泠印社出版社，2005，第19~31页。
⑦　林乾良、孙喆：《世界印文化概说》，浙江古籍出版社，2006，第94页。

所采用"。^①吴明先生所言"亚"形铭文在文末，据现有大量器物看，或不尽然，然其"署名地位"性质者或如其说。据王长丰先生统计，商周铜器铭文总数约 16000 件，其中带有"族徽"铭文者约 8000 件，^②多达半数。赵超先生以为，商周的大量铭文所见"族徽"，既然作为氏族、部族乃至家族的"标记"，或亦可能用于"书契""贸易交换""关市税收"等，即其"应具有玺印之作用"，抑或"产生单独制作之玺印"；"一些族徽金文"或"源于陶器文字"，进而反映出可能"金文乃至玺印与陶器文字同出一源"。^③

二 玺印的起源时限

以下大致梳理一下关于古玺印起源的相关讨论。

就玺印起源时间而言，一者"原始社会、新石器时代说"，理据是"印文陶""陶拍"等；二者"主殷商产生说"，理据是"安阳三玺""铜模""族徽"等；三者"春秋以降说"，理据是将玺印与社会经济、政治制度等沿革发展，乃至宗教联系而论，^④并认为现存战国古玺中有部分乃"春秋物"，如陈邦怀^⑤、李学勤^⑥、王国华^⑦、曹锦炎^⑧、徐畅^⑨等先生都曾试图进行区分。"春秋以降说"实际上是涵盖了"战国说"的，或者说主

---

① 吴明：《古玺起源的社会因素及其考辨》，油印单行本。
② 王长丰：《殷周金文族徽研究》（上），上海古籍出版社，2015，第 2 页。
③ 赵超：《族徽金文与玺印起源》，《书法研究》2017 年第 3 期。
④ 潘振中推论玺印起源于宗教。参见潘振中《试论我国印章起源于宗教》，《中国文物报》1998 年 7 月 22 日。
⑤ 陈邦怀先生于《〈周叔弢先生捐献玺印选〉序》中认定是书所录"王兵戎器"之印文"无一不合于古文籀文，与战国文字迥乎不同，而与春秋之秦公毁及秦猎碣文（石鼓文）血脉相通，今定为春秋之秦制"。详见天津市艺术博物馆编《周叔弢先生捐献玺印选》，天津人民美术出版社，1984，序页，第 7 页。
⑥ 李学勤先生于《天津市艺术博物馆藏古玺印选·序》肯定了上揭陈邦怀先生之说，并进一步确认曰："无论如何，从纹饰、字体来看，这（'王兵戎器'玺）确是唯一能够推定的春秋古玺。"详见天津市艺术博物馆《天津市艺术博物馆藏古玺印选》，文物出版社，1997，第 1~6 页。
⑦ 王国华：《春秋时代两玉玺》，《书法》1980 年第 6 期。
⑧ 曹锦炎：《释三方春秋时代的古玺》，《西泠艺报》1993 年 2 月 25 日，第 4 版。
⑨ 《先秦玺印》有专设"商代玺印"（编号 1~10）、"西周玺印"（编号 11~26）、"春秋玺印"（编号 27~65）等类。参见徐畅主编《先秦玺印》，荣宝斋出版社，2003。

张“战国说”者大都承认上限可达春秋。这样说来，看似合理，实则不然，正如曹锦炎、吴明、肖晓晖①、刘建峰等先生皆注意到的一个重要问题：众家论述“玺印”起源时的“所指”是不一样的。即学者不仅使用了诸如“玺印”“古印”“古玺印”“印章”等不同概念，而且所用概念内涵、外延亦不同。为了说明这个问题，我们先来看几个代表性的定义。

罗福颐、王人聪先生：

"印章"这个名辞是现代一般的称谓，有时又称为图章。但在战国时期，印章都叫做“钵”，到秦始皇统一六国后，他规定“玺”字为皇帝专用，一般官私印都称做“印”。在漫长的封建社会中，多半沿袭的用着，所以今天我们概述古印的名称，应当称它做“玺印”，因为“玺”是秦以前的遗物，印就是秦以后古印的通称了。

玺印，是古代人们在社会生活和交往过程中，一种作为凭信的工具。②

《玺汇》编辑说明：

古玺是指秦以前的官私玺印。

李学勤先生：

古玺是指秦统一以前的官私玺印。③

曹锦炎先生：

古玺印，是古代人们用以昭明信用的凭证。④

---

① 肖晓晖：《古玺文新鉴》，第7~14页。
② 罗福颐、王人聪：《印章概述》，第1~2页。
③ 参见曹锦炎《古玺通论》，序页，第3页。
④ 曹锦炎：《古玺通论》，第1页。

林素清先生：

> 玺印又称印章或图章，直到今天，还是我们日常生活中作为凭信
的一种工具。①

叶其峰先生：

> 古玺印是古玺（先秦印章）、秦汉印章、隋至清官私印章的总
称。②

从以上概念，即可看出，诸家对"古玺""古玺印""印章"概念的内涵和外延认识是不一致的。如，罗福颐先生所言之"玺印"系指"古印"，包括秦以前之"玺"和秦以后之"印"，但前提是"古代"之"印"；而林素清先生所言之"玺印"，谓"又称印章或图章"，当包括"古代"和"今日"的印章。综合看来，诸家对"印章"概念的认识差异，导致分歧。前贤所论主要涵盖三个问题："印章"如何界定？印章起源于何时？"印章""古玺印""古玺"的关系是什么？

学者多认为"印章是凭信的工具"。这一说法只是陈述了印章的一种功能并非科学之界定。如"符节"，亦为约定好的"某种图案""某种标记"，同样可作为"凭信之工具"。③此"图案""标记"者，亦如商周金文之"族徽"，至后世或如宋元之"花押印"（又称为"署押印"），④除其

---

① 林素清：《华夏之美：篆刻》，第2页。
② 叶其峰：《古玺印与古玺印鉴定》，第1页。
③ 正如王人聪先生指出，诸如"符节"一类的信物，虽具有凭信功能，然无法实施"文字复印"，先生此论可从；然，其以为"打印陶器花纹的印模以及铸造铜器铭文的字模，虽然它们可以复制花纹或文字，但并不具有凭信的作用"。我们以为，此说当分视之，陶器印模，若是以"美"为目的之装饰花纹，可认为不具有凭信功能；若是代表类似后世"落款"性质的纹样，即可视作与铜器"字模"一样具有"署名"之"凭证"功能，如此视其为"玺印"亦无不可。详见王人聪《中国玺印的发展》，《古玺印与古文字论集》，第6页。
④ "花押印"乃有意将文字（或图案）图形化，作为个人之"取信工具"，此风一直延续至后世，如明崇祯帝、清雍正帝皆有自己的专用押印，民间的写本文书上更有大量应用。

"美"之特质外，既具有不识文字者之"普遍流通性"，又具有"署"之"昭信"功能。如此者，殆从某种意义上讲，商周铭文"族徽"或即是宋元"画押印"乃至"凭信工具"之滥觞，至《礼记·月令》"物勒工名，以考其诚"，只能说是"印章"抑压于器物已发展至相当成熟之阶段了。

反观之，前贤所论某些"印章"又非"取信工具"。近世以来新石器时代陶器多有出土，其纹饰多由"陶拍"拍打或压印"印模"而成，不少学者主张说它们与"印章"产生有关。[①]如刘江先生谓："这种独立的圆形或方形的陶拍，犹如一方圆形或方形的图纹印章，只不过不像今天钤印在纸帛上，而是压印在半干湿的陶坯上。印章钤印的性质与功能，或正产生于此。"[②]此处需注意的是，刘江先生用的词是"印章"，然无论是新石器时代早期的篮纹、绳纹、粗绳纹、箆点纹、弧线纹、方格纹等，还是晚期的大方格纹、圆圈纹、椭圆窝纹、曲折纹、水波纹、竹编纹等，其根本性质均是以"美"为目的的"装饰性"纹饰。要之，上揭印章乃"凭信工具"，而这些"陶拍""印模"的本质是"装饰"。曹锦炎先生云："尽管陶、石质小印解决了玺印的技术前提，可以看作玺印的前身，但它终究不是后来表示信用意义的器物。所以我们还不能说中国的新石器时代就已经产生玺印了。"[③]

叶其峰先生于《古玺印通论》主张"古玺印的起源可追溯到商周时期"，并列举了著名的"安阳三玺"和故宫博物院"三肖形玺"，以为此"六种商周时期的器物已有古玺印的基本功能和特征，但它不具备'信'的性质，因而还不能称之为'印章'"。叶先生将其称为"商周的复印工具"（用于复印文字或花纹），相对而言的"古玺印"则是古时人们社会交往的凭证，"信"是古玺印的本质，然不泛指印章的本质。[④]

孙慰祖先生以为："玺印作为凭信的功能是后起的，这一点，与世界其他区域早期印章的性质相同。我认为这是问题的一个关键，即中国古

---

① 此类印制纹饰的陶质"印模"，曾在福建长汀新石器时代遗址中一次性发现18个；另外徐州高皇庙亦有出土。详见那志良《鉥印通释》，台北：台湾商务印书馆，1970，第6~7页。

② 刘江：《中国印章艺术史》，第20页。

③ 曹锦炎：《古代玺印》，第3页。

④ 叶其峰：《古玺印通论》，紫禁城出版社，2003，第1~2页。

玺印在早期是一种工具性印模，后来相当长时期内它又承载了作为官私凭信的功能。"①商周铜器铭文"族徽"，无疑是与"印模"相表里的，这就如现存的古玺与封泥（陶文印迹）之关系，若此类者如"亚"形"族徽"，"将其施用于器物，实际上已经具有标识权属的作用了，从这种意义上看，其性质和用途跟后世的官、私玺印十分相似"。②故此，"族徽"之"署名"，③既有标记"所有者"权属之作用，当然亦有标记"制作者"之可能，那么即可视为"凭信工具"。其已具备"信"之本质，又同"印章"之抑压"复印"功能，外貌各异，以此论之，既符合叶其峰先生所言之"古玺印"三要素，④亦符合王人聪先生于"玺印"之定义"具有复制印文功能的一种凭证信物"。⑤

诸如对"族徽"等是否具有"凭信"功能的认识不同，自然会导致对"印章""古玺印"等界定的差异。古玺印，印面内容可分为"文字印"和"图案印"（肖形印）两大类，就昭示"凭信"这一本质而言，"文字印"强于"图案印"。

或系由此，一如前揭，李学勤先生认定"安阳三玺"之一的"田字格"玺为"文字玺"并给出释文，借此再次确认了"商晚期确已有玺印"说。故诸问题的焦点并不在"信"之认识，而在于"文字"及"文字内容"，这或许也是王长丰先生将"族徽"都以"文字"来看待的缘由之一。

近年来，据考古发掘新进展，已发现商代有文字印。如《考古》2012年第12期公布的中国社会科学院考古研究所于殷墟发掘新出土的三方青铜玺印（见图1-1），一方为兽面阳文肖形印（编号98水利局T2F1∶1），另两方为"文字玺"，一者印文"舌"（编号M103），另者印文并排二"几"字（编号H77∶1）。同期公布了中国社会科学院考古研

---

① 孙慰祖:《孙慰祖论印文稿》，上海书店出版社，1999，导言，第3页。
② 田炜:《古玺探研》，第43页。
③ 如王长丰先生以为"族徽主要包含方国、族、（姓）氏、私名"等内容。见王长丰《殷周金文族徽研究》（上），第2页。
④ 叶其峰先生以为"古玺印有别于其他器物的基本特征在于：特异的外部形态，可复印文图的内在功能，人们交往凭证的社会属性"。叶其峰:《古玺印通论》，第1~2页。
⑤ 王人聪:《中国玺印的发展》，《古玺印与古文字论集》，第5~25页。

究所于 2008~2010 年在殷墟刘家庄北地发掘商代陶窑的发掘情况，① 发掘
的陶质工具，可确认为"陶拍"的有 32 件，其中 12 件已残，少数顶部
有"绳纹"和"弦纹"；值得注意的是，其中有 13 件"陶拍"其柄部
刻划有"铭文"或"图形符号"，如编号 2010AGDDIIH188：1 陶拍铭文
"◈（羊）"（见图 1-1）。对此，曹锦炎先生谓："21 世纪殷墟最新的考
古发现，更进一步补充和证实了中国至迟在商代的殷墟时期已经出现并
开始使用青铜玺印。可以说，中国古代玺印的起源问题已经得到圆满的
解决。"②

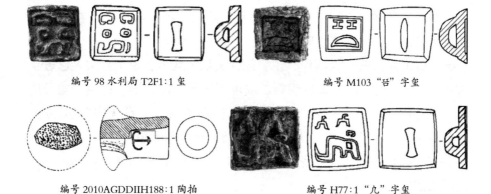

编号 98 水利局 T2F1：1 玺 　　　　　　　　　　编号 M103"品"字玺

编号 2010AGDDIIH188：1 陶拍 　　　　　　编号 H77：1"九"字玺

图 1-1　考古发现商代文字印

资料来源：详见何毓灵、岳占伟《论殷墟出土的三枚青铜印章及相关问题》，《考古》
2012 年第 12 期；中国社会科学院考古研究所安阳工作队《河南安阳市殷墟王裕口村南地
2009 年发掘简报》，《考古》2012 年第 12 期；中国社会科学院考古研究所安阳工作队《河南
安阳市殷墟刘家庄北地 2010~2011 年发掘简报》，《考古》2012 年第 12 期。

鉴上，我们以为新石器时期用于制造印文陶的"陶拍""印模"等，
如果没有更多"文字"性质的证明，只能言其为以美为目的之"印章类
似物"。"印章"的概念大于"古玺印"，"古玺印"的概念又大于"古
玺"。据商周青铜器铭文"族徽""铜模"，以及已发掘出土的殷商"铜
玺"等来看，到目前为止，玺印起源于商代基本可以确定。

———————————

① 岳占伟、岳洪彬、何毓灵：《河南安阳市殷墟刘家庄北地制陶作坊遗址的发掘》，《考古》
2012 年第 12 期。

② 曹锦炎：《古玺通论（修订本）》，第 17 页。

第二节 "古玺""古玺文"之认识和概念

本节我们拟谈两个问题：一者，对"古玺"和"古玺文"的认识过程；二者，"古玺""古玺文"的概念。

一 "古玺""古玺文"之认识

对于古玺的认识，大致可分为两个阶段：第一阶段，当在晚清以前；第二阶段，自晚清以降。

了解宋元以前古人所识，主要仰赖文献记载。有说早自宋人已著录古玺，[①] 然时代所囿，未曾识得，或可谓宋元以前，于"古玺"盖无所知。至元代人，如吾丘衍《学古编》（1300）仍主"三代无印""若战国时苏秦六印，制度未闻"，其观点总略乃"秦以前无玺印"，对典籍所见《周礼》"揭而玺之"、《史记》"苏秦六印"、《淮南子》"将军之印"，其皆不采信。

当然，吾氏说之外，亦有持不同意见者，如同时代人俞希鲁自述阅《学古篇》后，于《杨氏集古印谱》序谓："三代未尝无印……苏秦之所佩，殆亦周之遗制。"[②] 俞说并未引起重视，反而吾氏之说于后世影响更大。明隆庆六年（1572），[③] 顾从德《集古印谱》仍以"秦汉小玺"冠于首（见图1-2），并于玺下注曰文彭定其为"秦玺无疑"。文彭，曾任南京国子监博士，被公认为明清流派印之开山鼻祖，亦指"汉印"[④] 为"秦印"；且是谱已将百余方"古玺"列于文末"未识私印"类，足见元、

---

① 如黄伯思《博古图说》、王俅《啸堂集古录》、薛尚功《历代钟鼎彝器款识法帖》及宋徽宗敕撰、王黼主编《宣和博古图》等。
② 俞希鲁：《杨氏集古印谱序》，韩天衡编订《历代印学论文选》下册，第422~423页。
③ 罗福颐先生《印谱考》定顾氏《集古印谱》出于隆庆五年（1571），韩天衡先生考为隆庆六年。参见韩天衡《九百年印谱史漫说》，《中国书法》2016年第16期。
④ 罗福颐先生谓是书"秦汉小玺"乃"汉人殉葬印"，此说或可商，然其为汉印无疑。见罗福颐《近百年来对古玺印研究之发展》，第3页。

明时代"尚不知有古玺"。

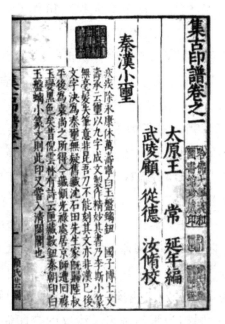

图 1-2 顾从德《集古印谱》卷首

同元代俞氏之说者，明代亦有，如甘旸于其印学论著《印章集说》（1598）中即专列"三代印"条目，并申明"或谓三代无印，非也"，然其并未以已可见之古玺（印蜕或实物）证之，其根据依然是文献记述。明代朱简发前人之未发，在《印经》谓："所见出土铜印，璞极小而文极圆劲，有识、有不识者，先秦以上印也。"[①] 他能由玺印形体之大小，文字风格之圆劲、方简、盘屈等别以先秦、汉晋、元、明之断代，可谓"二重相证"，难能可贵。朱简所论，亦难免有其局限，如其所谓"璞极小"者，盖系若三晋小玺一类，于燕、齐之体大者，则亦无所知。

朱简所论，在此后并未引起广泛重视。明末至清前期，总体还是以"最古为秦"说为是，如周亮工《印人传》谓徐子固"仿古小秦印章"较朱简外不能多让，周言之"小秦印"即朱简所谓"先秦以上印"，此见周氏并未采信朱说，此或可代表时人之总体倾向。周氏之后，有如吴

---

① 朱简：《印经》，韩天衡编订《历代印学论文选》上册，第 140 页。

观均之《稽古斋印谱》（1684）、程从龙之《师意斋秦汉印谱》（1738），其于古玺之识，依旧模糊。直至清人程瑶田作《〈看篆楼古铜印谱〉序》（1787）释得"私玺"二字才有改观。

程瑶田《〈看篆楼古铜印谱〉序》识得"坏""鈢"即"玺"，并释解出"私玺"，可谓意义非凡。正如田炜所言："程瑶田正确释出'玺'字，对古玺时代的认定以及古玺的进一步研究都具有重要意义。而且程瑶田据蔡邕《独断》指出'玺为古者尊卑共之，秦汉以来，惟至尊称玺'，说明他已经认识到'王氏之玺'和'私玺'等玺是先秦之物。"[1]《看篆楼古铜印谱》乃原印钤盖成谱，自优于摹刻印成谱者，程氏借以释出"私玺"，指出《说文》所言者"非"，蔡邕《独断》"尊卑共之"乃不易之论。程瑶田真正开启以二重证据法研究古玺的时代。

至道光以降，随着金石古玺印等大量出土，时人对先秦文字的考释水平不断提升，于"古玺""古玺文"等的认识亦更趋明晰。正如王献唐先生《五镫精舍印话》云："古印一科，至道光以后，始为精进。"道光八年（1828），徐同柏为张廷济辑《清仪阁古印偶存》区分出古玺，列于"古文印"类目；同治元年（1862），吴式芬编《双虞壶斋印存》，正式标而名之"古玺"一类，将其列于秦、汉印之前。同治十一年（1872），陈簠斋（介祺）辑《十钟山房印举》，亦列出"古玺"类目，虽其分类标准尚不一致，[2]但基本能分出玺印时代，已然与今差异无多。[3]他说："朱文铜玺似六国文字，玉印似六国书法，近两周者。"[4]此外，同时期高庆龄《齐鲁古印攈》、郭申堂《续齐鲁古印攈》、吴大澂《十六

---

[1] 田炜：《古玺探研》，第6页。

[2] 如该书前三类目为"古玺、官印、周秦"，显见其分类标准有异。从其所录玺印观之，"官印"当指"汉官印"，"周秦"当指"秦印"和少许西汉初年印，然将"官印"置于"周秦"前，大为不妥。又如"周秦"类首录之"维天母□"玺（《玺典》3369），是乃"齐玺"，此见其认识依然有模糊之处，然时之所限，亦无多苛求。

[3] 值得一提的是，陈介祺本人曾自述"古文相较"及"互证"之法，如其于同治十三年（1874）五月二十六日致潘祖荫札云："字古于汉即秦，古于秦即周末，古于周即夏商，彝器与印皆然。"又八月十七日致吴云札云："宋以来止知有秦印，不复知有三代。今以钟鼎通之乃定，已于《印举》中首举之。"参见陈介祺《秦前文字之语》，陈继揆整理，第22、255页。

[4] 参见《簠斋尺牍》，转引自罗福颐《近百年来对古玺印研究之发展》，第4页。

金符斋印存》、吴云《二百兰亭斋古铜印存》等，亦能区分“古玺”一类。在《齐鲁古印攈》刊出之际，王懿荣于光绪七年（1881）《〈齐鲁古印攈〉序》中云：“玺之具官名者是周、秦之际，如司徒、司马、司工、司成之属，半皆周官。”[①]同为是书作序之潘祖荫，进一步肯定了是说。至此，在元、明、清三代学人持续五百余年[②]的漫长努力下，“古玺文”之研究才真正开始。嗣后之半个多世纪，“古玺文”研究日趋进步：1883 年，吴大澂首次将古玺文著录于书（《说文古籀补》）；1930 年，罗福颐先生首次将古玺文专录成书（《古玺文字征》）；1925 年，王国维先生始“凿破混沌”，肯定古玺文是战国东土六国文字。

二 “古玺”“古玺文”之概念

如上所言，于“古玺”之认识虽已明晰，然近世以来，于其范围界定亦未完全达成一致意见。如前引：

> 古玺是指秦以前的官私玺印。（罗福颐）
> 古玺是指秦统一以前的官私玺印。（李学勤）[③]
> 古玺（先秦印章）。（叶其峰）

以上所举三例，可见大家认识基本一致，分歧焦点在于“秦印”：一般将秦统一以前之玺印谓之“秦国印”，将秦享世十五年间的玺印谓之“秦代印”，合而谓之“秦印”，[④]分歧即在是否将“秦印”列入古玺。

---

① 王懿荣：《〈齐鲁古印攈〉序》，《王文敏公遗集》卷四，《续修四库全书》第 1565 册，上海古籍出版社，2002，第 170 页。

② 韩天衡先生于《历代印学论文选》下册推定《杨氏集古印谱》约成书于 1338 年，此即俞希鲁《杨氏集古印谱》序当作于是年前，于俞氏首提“三代未尝无印”说起算，止于 1881 年王懿荣、潘祖荫《齐鲁古印攈》序之，已五百余年（第 422 页）。

③ 李学勤先生又谓：“后世的印章，秦以前通称为玺，到秦始皇才规定只有天子称玺，所以战国时期的印都应该叫做古玺。”此见，李先生所言“古玺”包括“秦国印”，仅是不含“秦代印”而已。详见李学勤《古文字学初阶》，中华书局，2013，第 62 页。

④ 关于“秦印”的时限，李学勤先生曾据《珍秦斋古印展》所用“秦印”一词，云：“所说秦印自然不限于短促的秦代，而可上至战国的秦，下及于汉初。”参见天津市艺术博物馆编《天津市艺术博物馆藏古玺印选》，序，第 1~6 页。

大体有三种情况。

第一类，不列"秦印"。肇始者即《玺汇》，如裘锡圭先生就曾指出《玺汇》其间有"秦印"阑入（3232号），并曰"一般所说的古玺不包括秦统一以前的秦国玺印"。[①] 又施谢捷先生《古玺汇考》结合前人研究以为《玺汇》至少录入非古玺79方（其中76方为"秦印"，2方"汉印"，1方"巴蜀印"），并谓"我们所说的玺印，主要指战国时期秦国以外东方国家的官私玺印"。[②]

第二类，主张列"秦印"。如曹锦炎先生于《古玺通论》即主将"秦印"统合于"古玺"，[③] 并将"官玺"列以"楚、齐、燕、三晋、秦"进行分国考述。

第三类，使用"古玺印""战国玺印"等概念，将秦、齐、燕、楚、晋并列论之。如徐畅先生《古玺印图典》用"古玺印"概念，分"秦系、楚系、齐系、燕系、三晋系"五域编列。[④] 使用"战国玺印"概念者，如庄新兴先生《战国玺印分域编》以"燕系、齐系、楚系、晋系、秦系"为目编次。[⑤] 另，陈光田先生《战国玺印分域研究》于"齐、燕、楚、晋"谓"古玺"，并列之"秦"曰"秦系印章"；[⑥] 刘建峰《战国玺印文字构形分域研究》分"齐、燕、晋、楚、秦"进行字例分域对比。[⑦] 使用"战国玺印"的概念，或许因东土六国多称古玺印为"玺"而秦多称"印"，实则并非尽然，如秦封泥"皇帝信壐"（《玺典》0039）、秦印"长邵君玺"（《玺典》0041）、"欣壐"（《玺典》0217）、"私鉩"

---

① 裘锡圭：《浅谈玺印文字的研究》，《中国文物报》1989年1月30日，第3版；裘锡圭：《学术文化随笔》，第57页。

② 施谢捷：《古玺汇考》，博士学位论文，安徽大学，2006，第13~14、2页。

③ 曹锦炎：《古玺通论》，第10页；曹锦炎：《古玺通论（修订本）》，第21页。

④ 是书第一编为"商周玺印（含春秋玺印）"，后之第二编至第五编为秦、楚、齐、燕、三晋五系，每系又以公、私、成语（印）玺之顺序编排。

⑤ 庄新兴：《战国玺印分域编》。

⑥ 陈光田使用"战国玺印"的概念，其界定为"一般是指先秦时期的印章"，地区上"包括东方六国的古玺和秦印"。殆其所言之"古玺"仅为"东方六国玺印"，与"秦印"统合而称为"战国玺印"。盖以为"秦与东方六国古玺相比，地方特色十分明显，秦官印一般称'印'而不再称'玺'"。且，其亦认为秦之范围，既包括"秦国印"，也包括"秦代印"（其谓"秦王朝印"）。参见陈光田《战国玺印分域研究》，第1、324页。

⑦ 刘建峰：《战国玺印文字构形分域研究》，博士学位论文，山东大学，2012。

（《玺汇》4623、《玺典》0048）^①等，足见秦印亦曰"玺"，且后三方极可能为战国时期之"秦国印"，系因秦代唯"天子独称玺"。再者，"战国玺印"之"战国"时限亦将"秦代印"排除在外，此也不妥。

诸家使用古玺、秦印以及分系（域）等概念，其根本在于"文字"。主"古玺"不含"秦印"者，焦点在"六国古文"和"秦篆"有别，^②即东方六国古玺印上著录的文字是"古文"，"秦印"上著录的文字是"秦篆"。主"古玺"包含"秦印"者，即时间上先秦、战国都是包括"秦国印"的；又秦以前亦包括"秦代印"。综合看来，"文字"的分歧，实质上是"古玺文"和"秦篆"不同；时间上，"东方六国古玺"与"秦国印"无法分割，加之秦统一后仅仅享国十五年，此间之"秦代印"整体风格与"秦国印"实难以截然区分。^③故我们基本赞同将"秦印"归入"古玺"的主张，但在概念上尚需界定。试揭如次。

古玺印，系指清以前各类玺印（官、私、成语、肖形等）的总称。

古玺，系指秦以前的玺印。主要指战国时期齐、燕、楚、三晋等东土国家之玺印和秦印（秦国印、秦代印），或有殷商、春秋玺印亦在此中。^④

古玺文，系指战国时期齐、燕、楚、三晋等东土国家玺印上著录之文字。^⑤

---

① 朱疆以为"4623玺或为秦物，时间当在秦统一六国之前"，王东明、徐畅先生亦主其为"秦印"。我们以为或非是，暂从，待考。参见徐畅编著《古玺印图典》，第6页；朱疆《古玺文字量化研究及相关问题》，上海人民出版社，2010，第20页。

② 王国维先生首肯之战国文字分东土、西土两系，"秦篆"即"西土系"，六国古玺文即"东土系"。李学勤先生也说："'西土系'也就是秦国习用的字体，独成一格，已成定论。'东土系'即六国古文，现在我们虽然能分得更细一些，在某些场合下鉴定文字的国别，但总的来说，仍是与秦对立的一系。"引文见李学勤《东周与秦代文明》，第280页。

③ 如此认识者众。判别"秦国印"和"秦代印"，其根本之处当是"印文"，正如王辉先生云"（秦统一前后）文字风格不可能有大的差异"。详见王辉《秦印探述》，《文博》1990年第5期。

④ 肖毅先生于《古玺读本》谓："一般认为，古玺是指秦以前的玺印，在这一点上似乎没有太大的争议。"见萧毅《古玺读本》，第1页。

⑤ 此亦是肖毅先生所主，其谓"古玺是指秦以前的玺印（秦印较为特殊，可延及汉初）"，其著《古玺文分域研究》用"古玺文"命名，分域涉及"燕、齐、楚、晋"，即可见其"古玺文"之所指。参见肖毅《古玺文分域研究》，第18页。

第三节 "玺"字之释

蔡邕《独断》谓:"玺者印也,印者信也。"《说文·土部》:"壐,王者印也。所以主土。从土爾声。壐,籀文从玉。"许说"玺"为王者所用所称,[①]就大量古玺(官玺、私玺)可见,秦以前无论王者、官员、平民用印皆可称"玺",[②]非王专用。论来,即于"玺"字之识之释,亦是一个循序渐进的过程。

一 前贤释"玺"简述

典籍所见除《左传》襄公二十九年,《国语·齐语》"玺书"、[③]《周礼·地官·司市》"凡通货贿以'玺节'出入之"、《周礼·地官·掌节》"货贿用'玺节'"等均可见"玺"字,然如前所述,元代如吾丘衍等于此般记载,未予采信。

自清乾嘉时期始,程瑶田《〈看篆楼古铜印谱〉序》识得"坏""鈢"即"玺",并言及"ᛏ坏""ᛒ介""▽介"者,皆"私玺"。

[①] 卫宏《汉旧仪》云:"秦以前民皆佩绶,以金、玉、银、铜、犀、象为方寸玺,各服所好。汉以来,天子独称玺,又以玉,群臣莫敢用也。"下引蔡邕《独断》言"秦以来天子独称玺",按蔡说是。再者,两周唯有天子称王,诸侯按爵位;春秋以降,周天子地位下降,诸侯则有称王者。秦以后天子称"皇帝"。故许慎所言"王者",实难确定。

[②] 蔡邕《独断》云:"玺者印也,印者信也。……古者尊卑共之。《月令》曰:'固封玺。'《春秋左氏传》曰:'鲁襄公在楚,季武子使公冶问玺书,追而与之。'此诸侯大夫印称玺者也。……秦以来天子独以印称玺。"

[③] 是曰:"襄公在楚,季武子取卞,使季冶逆追而予之玺书。"韦注云:"玺,印也。古者大夫之印,亦称玺。玺书,印封书也。"罗福颐、王人聪先生于《印章概述》谓"玺书就是用印章封发的官署文书"(第3页)。此所谓"印封书",申言之,即带有官玺"封泥"的文书。"封泥"者,如王辉先生《中国封泥大系·序》云:"古人简牍文书、物品囊箧常加绳捆扎,在结绳处施以泥团,并在其上捺按玺印,谓之封泥。封泥是玺印的使用形式,其作用在于保密和凭信。封泥之名,来源甚早,《后汉书·百官志三》'受宫令一人,六百石',本注:'主御笔纸墨及尚书财用诸物及封泥。'"又,2018年11月所出之《中国封泥大系》首列"战国封泥"242枚之数,且未加叠封泥之数,此间或亦有"春秋"之物,此均可知春秋战国时期用玺于"封泥"为其主要功用之一。参任红雨主编《中国封泥大系》,西泠印社出版社,2018。

且云"《说文》'壐'从土，曰'王者印也，所以主土。'然则本从土，以玉为之则从玉，以金为之或又从金也"，又以为"玺"从土乃"从封省也"，"'玺'但用'尒'者，古文省也"。[①]程氏于"玺"之从土、从玉、从金之释，是难能可贵的。1881年，潘祖荫《〈齐鲁古印攈〉序》，谓："自三代至秦皆曰鉨，鉨即玺字，从金尔声。玺，有土者之印。古者诸侯亦曰玺，不独天子，《左传》'玺书，追而予之'，是也。"[②]可见程氏之说，已为学者接受。

此后沈兼士先生以"壐"从"爾"之声训入手，对《说文》从爾音之字加以分析，得"从爾得声者，有释为止义之可能性"。以为"爾"之语根为"尒"，通于"尼"，尼声字亦可"训止"（名"泥"亦由"尼止"之性），即"壐之得名，源于古代封物之制"，"以玺抑埴"而"制止之使辄不得开露耳"。[③]沈先生释训之路径大致是：壐从爾声，从爾声者有止义，继爾借尒声，尒、尼音相近，义"止"同，是乃可通，是此壐、坽音同，壐从爾有止义，遂成其"玺"之得名源于"封物之制"说。王人聪先生赓续沈先生之说，以为"爾、尔"同，"壐、坽"同，"壐（小篆）、坽（古玺文）"从土系由"玺印用于封泥"，玺印铜铸故"鉨"从金，玺印玉质故籀文"壐"从玉。[④]

马叙伦先生谓："古'壐'字多作'鉨'，其右方'木'字即'爾'字，然形状至夥，又多六国时书。"[⑤]

陈邦怀先生谓："考古鉨之鉨字，当是壐之初字，而非壐之或文。《说文解字》壐字从玉、龥声，龥从尒声，龥尒同声，此为鉨谐尒声之证，鉨从金与壐从玉同意，《说文解字》'钮，印鼻也，从金，丑声。

① 刘熙《释名·释书契》云："印，信也，所以封物以为验也。"可见程瑶田从刘说。参见程瑶田《〈看篆楼古铜印谱〉序》，韩天衡编订《历代印学论文选》下册，第569~571页。
② 潘祖荫：《〈齐鲁古印攈〉序》，韩天衡编订《历代印学论文选》下册，第620页。
③ 沈兼士：《右文说在训诂学上之沿革及其推阐》，《庆祝蔡元培先生六十五岁论文集》，国立中央研究院，1933，第781~783页。
④ 参见王人聪《释玺》，《故宫博物院院刊》1995年第S1期，第187~188页。
⑤ 马叙伦：《说文解字六书疏证》（三），上海书店出版社，1985，第275页。

玭，古文钮，从玉。'可证也。"①

何琳仪先生谓："'壐'（坏）从土，取义其印于泥土。《淮南子·齐俗训》'若壐之抑（印）埴'，是其确证。'玺'从玉，表明其质料为玉石。'鉨'从金，表明其质料为铜。"②

曹锦炎先生认为"壐"的本字乃"尒""木"，后演变为"尔"，再演变为"爾"；由"尒""木"增加偏旁土、金而成"坏""鉨"；由"爾"增加土旁而成"壐"；"壐"字从玉旁大约始于汉代。③

二 申说释"玺"

众家所说，"鉨"字先有"朮""朮""尒""朮""朩"等形，其构形本意暂不明。马国权先生以为"尒"之上部象玺的"钮（柄）侧面"形，下部象玺按捺呈现之形（纹样），④亦可参考。可以经由上述诸形乃"鉨"之初文，后增"土""金""玉"，作"坏""壐""鉨""壐"。以此便知，程瑶田言"'玺'但用'尒'者，古文省"之说，非是。此外，前贤释"玺"之说法，其相同点和不同点大致可归列如下。

第一，相同点。

"尔、尒"从土，作"坏、壐"系因用于土（抑埴、封泥等）；作"鉨"从金，系质料为金；作"壐"从玉，系质料为玉。此间，成字顺序，按曹锦炎先生观点，殆为：尔（尒）→坏（鉨）→壐→壐（大约始于汉代）。

第二，不同点。

程瑶田先生，以为"从'土'乃'从封省'"。

沈兼士先生，以音、义互训求得"爾、尒"与"尼"皆有"止"义，遂认为"玺"之得名源于"封物之制"，且名"泥"亦由"尼止"之性。殆沈先生之释概言之，即"玺"之音、义皆源于"封泥"。

---

① 陈邦怀：《〈周叔弢先生捐献玺印选〉序》，天津市艺术博物馆编《周叔弢先生捐献玺印选》，第4~5页。

② 何琳仪：《战国文字通论（订补）》，第38页。

③ 参见曹锦炎《古玺通论》，第2~4页；曹锦炎《古玺通论（修订本）》，第3~6页。

④ 详见马国权《古玺文字初探》，中国古文字研究会第三届年会，1980。

　　王人聪先生，将沈兼士先生之释申说之，殆以为"爾、尔""壐、坏"，实为一字，"玺"之功用盖在"制止开露，防止开拆"。

　　陈邦怀先生，"鈢"是"壐"之初字，非"壐"之或文。

　　要之，沈兼士先生和王人聪先生以"爾、尔、尼"求证"壐"源于"封泥"之"止"义；而程瑶田直以"坏"从"土"乃"从封省"解之。合曹锦炎、王人聪、陈邦怀诸先生之看法，则"尔（尔）、坏（鈢）、壐、壐"皆为一字，非是"或文"。

　　朱疆据《玺汇》统计发现，"鈢"字共出现 474 次，按构形类别可分为 12 种（见表 1-1）。此 12 种，可归为四大类：一者，从"金"者，包括 鈢（0348）、鈢（2562）、鈢（0292）、鈢（0158）、鈢（0064），此间字频 322 个，占比 68.2%，其中又以"鈢（0348）"者最众，占比 62.9%；二者，从"土"者，包括 坏（0341）、坏（4616）、坏（4252）、坏（0199）、坏（5253），此间字频 56 个，占比 11.9%；三者，单作"尔"者，包括 尔（0169），字频 83 个，占比 17.6%；四者，既从"金"又从"玉"者，包括 鈢（4623），仅此一见。是此可见，战国古玺中之"玺"字，从金作"鈢"者最众，单作"尔"者次之，从"土"作"坏"者再次之。从文字发展角度看，"鈢"字后起，"尔""坏"较早。

表 1-1 《玺汇》所见"玺"字构形类别及字用分布情况

构形类别	该类字频	官玺	姓名私玺	成语和单字玺	印类歧
鈢（0348）	297	158	130	6	3
尔（0169）	83	1	5	77	0
坏（0341）	30	1	8	21	0
鈢（2562）	21	14	5	2	0
坏（4616）	21	1	3	17	0
坏（4252）	3	0	0	3	0
鈢（0292）	2	2	0	0	0
鈢（0158）	1	1	0	0	0

续表

构形类别	该类字频	官玺	姓名私玺	成语和单字玺	印类歧
𰀷（0064）	1	1	0	0	0
𰀷（0199）	1	1	0	0	0
𰀷（5253）	1	0	0	1	0
𰀷（4623）	1	0	0	1	0
字形模糊	10	2	8	0	0
字频总计	472	182	159	128	3

资料来源：朱疆：《古玺文字量化研究及相关问题》，第 93 页。

按"玺"从玉作"璽"、从金作"鉨"，系因其质料为玉、为铜所至；而或言其从"土"作"坰""壐"者，系由"用于土"，其说或不尽然，从"土"亦当系由"质料"而起。古玺质料主要有铜、玉、陶三种，陶即"土"，这就印证了"尔（尒）"加"金""玉""土"形成三个异体字分别反映玺印三种质料的说法。再者，当以"陶"质者为最古，虽三种质料中以"铜"质者最众（如上揭其占总比 68.2%），然凡铜印无论其"铸"成或"凿"成，必经历"铸"之环节，[①] 而在浇铸之前当先制"印坯"、"印范"或曰"印模"，此"坯""范""模"自无出"陶""土"之属，[②] 故而，除质料"玉"外，凡质料为"铜""陶"者，其成形之初或最终质料皆与"土"有关。概言之，我们以为，释"坰、壐"从土，缘由有二：一是玺印质料，二是玺印功用是压于土上。

另外，曹锦炎先生言："据《汉旧仪》记载，'皇帝六玺，皆白玉

[①] 黄宾虹《虹庐藏印·弁言》："古昔陶冶，抑埴方圆，制作彝器，具有模范，圣创巧述宜莫先于治印，阳款阴识，皆由此出。"又唐兰先生以为，春秋以后，远在商朝就有之铜器上的母范，变成了小玺（即玺印文字产生了）。于此，我们所思与唐兰先生言之由铜器母范演变为玺印不类，我们意欲表明的是，玺印虽小，然其生成原理当与大型青铜鼎彝之铸造工艺并无二致，即铸造鼎彝必先制"母范"（陶），后方浇铸以成器。故，玺印亦应有陶土之类的"母范"，此当为"坰"字从土的原因之一。参见唐兰《中国文字学》，上海古籍出版社，1979，第 151 页。

[②] 或最早之陶"印模"即是铸印所用"印范"之滥觞。

螭虎钮'，汉承秦制，可见皇帝的六玺专用玉制作。以玉为六玺后，才会出现从'玉'旁之'玺'字。……确切的说，玺字写作从'玉'旁的'璽'，应该是东汉初年的事。另外，东汉许慎的《说文解字》一书中，玺字的本篆也还是从'土'。只是籀文从'玉'，也可作为旁证。"①曹先生之说尚可商榷，其实玉玺在战国时期已发现不少，如晋系"春安君""襄平君"②"䣠（长）𦉈（信）君"③等，战国古玉印数量仅次于"铜"玺，至秦世规定皇帝玺印称"玺"，是将质料用"玉"者之地位推向极致，加之秦汉以前漫长的崇玉、尚玉、用玉之历史积淀，方出现"玺"字，时间当在秦统一前后。如《玺汇》4623 玺作"𨭖"，朱疆隶作"鉩"，徐畅先生隶作"鈢"，其同时从"金"，或许反映出"玺"字的异体出现情况。故"璽"字出现，有早至秦代的可能性。

综合来看，"玺"之成字顺序当是尔（尒）→坾（鉩）→璽（鉩、鈢）→璽（大约始于汉代，亦有早至秦代之可能性）。

是此，亦可给出封泥的定义："封泥"者，或谓之"印封""玺封"，即用玺按压以封缄而制止（物品或文书）不开露之泥坨。④

---

① 曹锦炎：《古玺通论（修订本）》，第 4~6 页。
② 韩天衡、孙慰祖编订《古玉印精萃》，上海书店出版社，1989，第 1 页。
③ 吴砚君编著《倚石山房藏战国古玺》，西泠印社出版社，2019，第 1 页。
④ 《周礼·职金》"揭而玺之"，郑注："玺者，印也。既揭书揃其数量，又以印封之。"《淮南子·时则训》"固封玺"，高注："封玺，印封也。"

第二章 战国古玺文及古文资料 中的"局"字考

战国古玺文、陶文（齐、燕）、简文（楚）中屡见"敂""敠""均""徇"等字，其用法普遍。然百余年来，对其训释，众说纷纭，迄无定论。我们不揣孤陋，尝试解之。考得"局、敠、均、徇"同源，均读为"局"；"敂（迫）局"同义连文，省称曰"敂"或"局"，[①]就"敂"而言除个别楚简文用"迫""伯"之义外，其他玺文、陶文、简文中均有"曹局"义，系因"敂局"可同义换读，故以示"曹局"义之"敂"，读"局"。借此，一则遍及齐、燕、楚之百余条文例皆可读通；二则可证官署曰"局"者肇始于战国，后世若北齐之"尚谋局"者，是其因袭，称曰"局"，今亦用之。以下详述。

第一节 敂、敠、均、徇相关之古文资料

战国古文习见之"敂""敠""均""徇"，就其释读，相互牵缠，异释众多，尤以"敂"字为最，言人人殊，有如李学勤先生谓："'敂'字

---

① 当然，从"敂、敠、均、徇"可以单独出现而言，抑或不是"省称"，暂阙疑。

释众说纷纭，总在音、形、义方面有所不合，迄无定论。"①此乃李先生于 20 世纪 90 年代初所言，虽此后又有新释，但依然未得确解。我们尝试解之，就教于方家。

为叙述方便，下将古文资料中所见诸字，隶作"敁""竘""均""徇"来讨论。有关古文资料按齐、燕、楚分列，如表 2-1。

表 2-1 敁、竘、均、徇相关之古文资料一览

齐系	
1. 敁鉌《玺典》3216（图版①）	18. 輏乡右敁《玺典》3217（图版㉑）
2. 工均（?）□《新季木》0884（图版㉙）	19. 鄸□左敁《玺典》3218（图版㉓）
3. 均闅酆《玺典》3488（图版②）	20. 王敁橎里得《陶录》2.301.4/305.1~307.1
4. 尚徇鉌《玺汇》0328（图版③）	21. 王敁橎里□《陶录》2.307.2
5. 司马敁鉌《玺典》3215/23~26（图版⑤~⑨）、《汇考》36（图版⑩）	22. 王敁橎□得《陶录》2.307.3
6. 左司马敁《玺典》3230（图版⑮）、8733	23. ☒敁圝橎里㠯《陶录》2.297.2
7. 左司马竘《玺典》3231~3233（图版⑪~⑬）	24. 左敁《陶汇》3.742（图版㉜）
8. 右司马敁《玺典》3227、3228（图版⑯~⑰）	25. 右敁□衢（乡）尚毕里季㠯《玺典》9331
9. 右司马竘《篆全》1.23	26. ☒左敁□圝橎里㠯《陶录》2.297.1
10. 敳陵右司马敁鉌《玺典》3229（图版㉖）	27. 陈棱左敁亳區《陶汇》3.14
11. 右司工均《玺典》3860（图版㉘）	28. 南宫左敁《陶录》2.23.3
12. 㠯敁《玺典》3220（图版⑲）	29. 王卒左敁城圝橎里㠯《陶录》2.293.1~2.296.4、《新陶录》0395~0402
13. 諂訊敁鉌《玺典》3219（图版㉒）	30. 王卒左敁城圝橎☒《陶录》2.297.3
14. 司马闻敁《玺典》3221（图版⑱）	31. 王卒左敁☒《陶录》2.297.4
15. 左司马闻竘信鉌《玺典》3222（图版㉔）	32. 王卒左敁城圝橎里土《陶录》2.298.1~4
16. 左闻敁鉌《玺汇》0285（图版⑭）	33. 王卒左敁城圝橎里□《陶录》2.299.3
17. 㞣闻敁鉌《玺典》3234（图版⑳）	34. 王卒左敁城圝橎里田《陶录》2.299.2

① 李学勤：《燕齐陶文丛论》，《上海博物馆集刊》第 6 期，上海古籍出版社，1992，第 170~173 页。

齐系	
35. 王☐敀☐檽里☐《陶录》2.299.4	58. 内郭陈齋叁立事左里敀亳區《陶录》2.3.3
36. 王卒左敀城圈☑《新陶录》0404~0405	59. 内郭陈齋叁立事☐里敀亳☐《陶录》2.3.4
37. 王卒左敀☑五《陶录》2.302.3	60. 王孙陈棱右敀均亳區《陶汇》3.16（图版 ㉚）
38. 王卒左敀城圈檽里定《玺典》9334	61. 王孙陈棱再左里敀亳區《陶录》2.8.1
39. 王卒左敀昌里人五《陶录》2.304.1a~b.3.4	62. 王孙陈棱立事岁左里敀亳區《陶录》2.8.3（图版 ㊵）
40. 王卒左敀昌里攴《玺典》9335	63. 王孙陈☐再左☐敀☑《陶录》2.9.2
41. 王卒左敀城圈檽里五《陶录》2.300.1~3/ 301.1（图版 ㉝）~3/302.1、《新陶录》0400~0402	64. 王孙☐棱☑均亳區《陶录》2.9.4（图版 ㉛）
42. 王卒左敀☐圈北里五《陶录》2.300.4/ 302.4/ 303.1~4、《新陶录》0406~0412	65. 疤者陈得再左里敀亳豆《新陶录》0330-1
43. ☐衙（乡）陈愶左敀檽均釜《新陶录》0353（图版 ㊱）	66. 閭门陈☐叁立事☐里敀亳☐☐《新陶录》0341
44. ☐鉤所为甸☐《新陶录》1244	67. 句华门陈棱再鄙廪均亳釜鋻《陶录》2.7.2（图版 ㊳）
45. ☑右敀均亳釜《陶汇》3.17（图版 ㉕）	68. 华门☐棱再左☐敀亳☐《陶录》2.9.1
46. 左里敀《玺典》3298（图版 ㉟）	69. 华门☐棱再☑敀亳☑《陶录》2.9.3
47. 右里敀鋻《玺典》3265	70. 华门陈棱叁左里敀亳豆《玺典》3294
48. 右里敀鋻（量）《集成》10366~7（图版 ㉗）	71. 华门陈棱再左里敀亳釜《陶录》2.10.1（图版 ㊶）、《新陶录》0336/0345
49. ☑狀☑左里敀《陶录》2.24.1	72. 华门陈棱再左里敀亳區《陶录》2.10.3
50. 昌橢陈固南左里敀亳區《陶录》2.5.4（图版 ㊴）~2.6.1	73. 华☑棱再☑敀亳☐《新陶录》0343
51. 昌橢陈固南右敀亳釜《新陶录》0350	74. ☐门陈☐再左里敀亳區《陶录》2.11.2
52. ☐齐☐固南左里敀亳區《陶录》2.6.2	75. 平门内☐左里敀亳《陶汇》3.34
53. ☑固南左里敀亳釜《陶录》2.6.4	76. 平门内☐齋左☑敀亳☐《陶录》2.5.1
54. 陈棱再立事左里敀亳釜《陶录》2.11.1（图版 ㊷）	77. 平门内陈齋左里敀亳區《新陶录》0352

续表

55. 陈棱□敀亳□《陶录》2.11.3	78. 右敀□衢（乡）尚毕里季踞《新陶录》0386
56. 内郭陈⍁叁立事⍁里敀□《陶录》2.3.1	79. 右敀□衢（乡）尚毕里季踞《新陶录》0387
57. 内郭陈齎叁立事左里敀亳豆《陶录》2.3.2（图版㊲）	80. 陈棱再立事左里敀亳釜《新陶录》0344
81. 昌櫅陈固南⍁敀亳區 / 右敀□衢（乡）尚毕里季踞《新陶录》0349	82. 昌櫅陈固南左里敀亳區《新陶录》0348
燕系	
83. 十六年四月右匋肀 / 倈散敀貣 / 右匋攻徒《陶汇》4.6（图版㊹）	93. 廿二年八月⍁ / 倈疾敀《陶汇》4.5
84. 十六年十月左匋肀 / □駿敀鏊 / 右匋攻剸《陶汇》4.11	94. 廿二年□月左匋肀 / 左匋倈汤敀国《陶汇》4.14
85. 十七年八月右匋肀 / 倈旓敀貣《陶汇》4.15	95. 廿三年三月右匋肀 / 左匋倈汤敀《陶汇》4.17
86. 十七年十月左匋肀 / 左匋倈畄敀□《陶汇》4.16	96. 左匋倈昜敀国 / 左匋肀□足器鍴 / 左匋攻散《陶汇》4.7
87. 十八年十二月右匋肀 / 倈散敀貣《陶汇》4.3	97. 左匋肀□足器鍴 / 左匋倈汤敀国 / 右匋攻□《陶汇》4.31
88. 十九年二月右匋肀 / 倈散敀貣《陶汇》4.32	98. ⍁年四月右匋肀 / 倈散敀貣 / 右匋攻徒《陶汇》4.19
89. 廿一年八月右匋肀 / 倈疾敀貣 / 右匋攻汤《陶汇》4.2（图版㊸）	99. ⍁肀□足器鍴 / 倈汤敀国《陶汇》4.21
90. 廿一年八月右⍁ / 倈疾敀⍁《陶汇》4.12	100. 左匋倈汤敀国《陶汇》4.27（图版㉞）
91. 廿一年⍁ / 倈疾敀貣《陶汇》4.4	101. ⍁二年十一月左匋肀 / ⍁匋倈汤敀国《陶汇》4.30
92. 廿二年正月左匋肀 / 左匋攻散 / 左匋攻倈汤敀国《陶汇》4.1	
楚系	
102. 君夫人之敀怆《包》简 142/143	105. 鲁敀之⍁《仰》简 25.18
103. 敓敀以不逆《上博・容》简 8	106. 为敀斀牛《郭・穷》简 7
104. 夫敀邦甚《上博・季》简 11	107. 长敀《玺典》8661

第二节　敀、㲃、均、徇相关之异释旧说

本节先将敀、㲃、均、徇之旧释情况分述如下，然后再一一考之。

一　齐系、燕系"敀"之旧释

（一）释"敀"说

释"敀"者最众。始见于吴大澂致陈簠斋札，其云："'敀'即《说文》引《周书》'常敀常任'之'敀'，瓦文'王卒左敀'，钵文'右敀'，'左敀''右敀'当系军中官名。"[1]此释，从者众。丁佛言释"敀"。[2]顾廷龙《古匋文香录》（三·三）释"敀"。罗福颐先生于《玺汇》"司马敀钵"等释"敀"。高明先生读"敀"为"伯"，谓"王卒左伯代表官吏的名称"，[3]并以为，诸多旧释，唯吴大澂释"敀"可信。

李学勤先生读"伯""搏"。起先，李先生于《战国题铭概述（上）》读"伯"，义同《说文》。[4]后易之，以为当读"搏"（或"瓶"），义应系陶工之长。于陶文"敀、均"连文，若"右敀均亳釜"者，李先生以为"'均'字疑读为'㲃'"，又"'敀均'是'敀'的繁称，即制陶的工匠"。[5]

郑超先生引裘锡圭先生谓，疑"敀"非《说文》之"敀"，读"校"，义"军营"。[6]李零先生亦读"伯"，以为是燕系"'左（右）陶垂某'

---

① 吴大澂：《吴愙斋尺牍》，商务印书馆，1938；吴大澂：《吴大澂书信四种》，陆德富、张晓川整理，凤凰出版社，2016，第57~58页。

② 丁佛言：《说文古籀补补》，中华书局，1988，第15页。

③ 高明：《从临淄陶文看衢里制陶业》，《古文字研究》第19辑，中华书局，1992，第304~312页；高明：《高明学术论集》，上海古籍出版社，2013，第354~367页。

④ 李学勤：《战国题铭概述（上）》，《文物》1959年第7期。

⑤ 李学勤：《燕齐陶文丛论》，《上海博物馆集刊》第6期，第170~173页。

⑥ 郑超：《齐国文字初探》，硕士学位论文，中国社会科学院研究生院，1984，第45~46页。

（似是主管制陶的工师）之助手"。① 董珊先生读为"辅"，以为燕陶之
"伯"，相当于秦兵题铭之"丞"（工师的副手）。② 燕陶"故"，王爱民
读"拍"。③

（二）释"殴（廄）"说

是字，朱德熙先生释"殴"，并谓："见于齐国玺印和陶文中的
'殴'字大都借为'廄'字。"且分三类。一则，各类官厩，如："'辖
衢右殴（廄）、襄侠左殴（廄）等'是邑厩；'左里廄、右里廄鍫'是
里的廄；'司马殴（廄）鍊、右司马殴（廄）、左司马殴（廄）'是军殴
（廄）；'司马门廄'是宫廷警卫的廄；'左闻廄'大概也是乘马卫戍部队
的廄；'南宫廄'是宫廷的廄。"二则，"廄量印"，谓："廄舍需要量器，
所以匋文里常有标记量器之属于某廄者。如'王孙陈棱立事岁左里殴
（廄）亳區'等。"三则，"工名印"，谓："记匋工名的匋文里有时指明
匋工属某廄，如'王卒左殴（廄）昌里人□'等。"④李家浩先生从朱德
熙先生释，并谓"'殴'是'簋'的古文"。⑤吴振武先生先主阙疑，⑥后
从朱德熙先生释。⑦释"殴"，又张振谦先生从之。⑧

于此释，高明先生持不同意见，其谓："此字释'敂'或释'敲'，
尚可研究，但绝非'殴'字。"⑨

孙敬明先生从朱德熙先生之隶定"殴"，读作"轨"。孙先生以为即
《管子·小匡》"五家以为轨，轨为之长"之"轨"，谓"殴"乃"轨长"

① 李零:《齐、燕、邾、滕陶文的分类与题铭格式——新编全本〈季木藏陶〉介绍》,《管子
学刊》1990 年第 1 期。
② 董珊:《战国题铭与工官制度》,博士学位论文,北京大学,2002,第 134~138 页。
③ 王爱民:《燕文字编》,硕士学位论文,吉林大学,2010,第 55 页。
④ 朱德熙:《战国文字中所见的有关廄的资料》,常宗豪主编《古文字学论集（初编）》,第
409~423 页。
⑤ 李家浩:《战国官印考释（两篇）》,《文物研究》1991 年第 7 期。
⑥ 如吴振武先生将《玺汇》0035、0036、0038、0040、0041、0043 同文旧释"敂"者均改
作"□"。参见吴振武《〈古玺汇编〉释文订补及分类修订》,常宗豪主编《古文字学论
集（初编）》,第 488 页。
⑦ 吴振武:《〈古玺文〉校订》,第 44 页。
⑧ 张振谦:《齐鲁文字编》,学苑出版社,2014,第 2466 页。
⑨ 高明:《说"鍫"及其相关问题》,《考古》1996 年第 3 期。

省。① 读"轨",何琳仪先生从之；② 徐在国先生亦从。③

黄圣松读为"徼",以为齐玺之"殴"即《史记》《汉书》之"徼"和"游徼",其似关塞之官署,亦为官吏之称,即负责地方"贼盗"之游徼,又负责量器之监造。④

孙刚以为"殴"读"尉",此类同于燕、晋用"尸"表示"尉"。⑤

（三）释"敲"说

曹锦炎先生以为陶文所见"敁"字"从卤从攴",释"敲",并以为,齐陶"敲"与量器相关,燕陶"敲"乃"属于陶尹（倕）辖下职官"。他说："'敲'是职司量器制造的机构,其职官也称'敲'。"曹先生认为"敲"即《周礼·冬官·考工记》之"㮚（栗）氏"。于玺文之"敲",曹先生云："隶属于左右司马,其性质是否同于陶文,不敢遑定。"⑥

方斌先生隶为"敁",读"栗",义从曹锦炎先生释。⑦

（四）隶作"敂"

仅有汤余惠先生隶定,未做详释。⑧

① 孙敬明：《齐陶新探》,《古文字研究》第 14 辑,中华书局,1986,第 221~246 页；孙敬明、李剑、张龙海：《临淄齐故城内外新发现的陶文》,《文物》1988 年第 2 期。
② 何琳仪提出："在齐陶文中'里'确实在'轨'前,如'华门陈棱参左里殴亳豆'……但也有'里'在'殴'后者,如'王卒左殴昌里攴',这类'王卒殴'可能是直接隶属于王室的'轨'并带有军事性质,故在'里'前。"参见何琳仪《古陶杂识》,《考古与文物》1992 年第 4 期。
③ 徐在国：《〈读古陶文记〉笺证》,《出土文献与传世典籍的诠释——纪念谭朴森先生逝世两周年国际学术研讨会论文集》,上海古籍出版社,2010,第 149~168 页。
④ 黄圣松：《东周齐国文字研究》,硕士学位论文,台湾政治大学,2002,第 428~429 页。
⑤ 孙刚：《东周齐系题铭研究》,博士学位论文,吉林大学,2012,第 269~281 页。
⑥ 曹锦炎：《释战国陶文中的"敲"》,《考古》1984 年第 1 期。
⑦ 故宫博物院编《你应该知道的 200 件官印》,紫禁城出版社,2008,第 18 页。
⑧ 汤余惠：《略论战国文字形体研究中的几个问题》,《古文字研究》第 15 辑,第 78 页。

二　"跔""均"之旧释

（一）释"台（司）"说①

上揭（9）玺之"跔"作""，其与《玺汇》4029玺""同文。吴振武先生释4029玺该字为"台（司）"，其谓："'台'字不见于后世字书，在金文中借为台、司、嗣等字。"并引朱德熙、裘锡圭先生说，以为该字"可能是在司字上加注声符台，也可能是在台字上加注声符司"。②

（二）释"节"说

曹锦炎先生《古玺通论》曰："齐玺除了称印为'鉨'外，或称'跔'，如'左司马跔'，'跔'字疑读为'节'。"③曹先生此释，殆因"跔"字位于印文末，如同"左司马鉨"之"鉨"字。

（三）释"匠"说

如上揭，李学勤先生即以为"'均'读'跔'，乃工匠"。

何琳仪先生亦认为（7）玺和封泥（15）之"跔"同文，隶作"刭"，并谓"从立从句省，齐器'刭'，工匠"。④

陈根远先生等云："'跔'亦有作'均'者，《说文》'一曰匠也'……《逸周书》跔匠也。"⑤

肖毅先生亦以为（7）玺和（9）玺同文，均释"跔"，并同"均"，"皆当读为'跔'，义为工匠"。⑥

（四）其他诸说

关于"跔"字，见陶文印迹（15）"左司马闻跔信鉨"，该字早在

---

① 吴振武：《〈古玺汇编〉释文订补及分类修订》，常宗豪主编《古文字学论集（初编）》，第520页。
② 吴振武：《〈古玺文编〉校订》，第286页。
③ 曹锦炎：《古玺通论》，第81页。
④ 何琳仪：《战国古文字典》，第344页。
⑤ 陈根远、陈洪：《新出齐"陈棱"釜陶文考》，《考古与文物》1995年第3期。
⑥ 肖毅：《古玺文分域研究》，第397~398页。

1930 年黄宾虹先生就曾论及，隶作"竝"，即从立从句，上下作。[①]

董珊先生释"司"，谓："刘钊先生曾释为'局'。"[②]

施谢捷先生亦认为（7）玺等同文，隶定作"竘"。[③]

马良民先生等以为，陶文所见"均"同"垢"，义"小"。[④]

陈光田先生释"敀"为"廄"，且认为"左司马竘"之"竘"为"（毁）廄"的变体。[⑤]

陆德富先生亦以为"均"同"垢"，然对"竘"训"匠师"曰"恐不确"，其意"竘、匠都应该训为'治'"；"竘匠"即"攻治之意"。[⑥]

三 "徇"之旧释

"徇"字仅见于《玺汇》0328 玺。该玺乃名印一方，现藏故宫博物院，曲尺形，鼻纽，2.5 厘米见方。[⑦]白文三字旧释"尚□玺"，第二字作"𢓜"，旧释如下。

丁佛言《二补》释"佋"，彭振贵先生从之。[⑧]

王献唐先生《五镫精舍印话》释"臧"。[⑨]

汤余惠先生释"徇"，归为齐系。[⑩]此释，曹锦炎先生《古玺通论》从之，作"徇（？）"。[⑪]

何琳仪先生释"佫"，亦谓齐印。[⑫]陈光田先生从之，曰："尚（掌）佫，地名，该玺为掌佫之邑的官署用玺，掌佫也可能为职官。"[⑬]

① 黄宾虹：《陶铄文字合证》；黄宾虹：《黄宾虹金石篆印丛编》，第 147~196 页。
② 董珊：《战国题铭与工官制度》，博士学位论文，北京大学，2002，第 128~134 页。
③ 施谢捷：《古玺汇考》，博士学位论文，安徽大学，2006，第 37~38 页。
④ 马良民、言家信：《山东邹平县苑城村出土陶文考释》，《文物》1994 年第 4 期。
⑤ 陈光田：《战国玺印分域研究》，第 37~38 页。
⑥ 陆德富：《齐国古玺陶文杂释二则》，《考古与文物》2016 年第 1 期。
⑦ 罗福颐主编《故宫博物院藏古玺印选》，文物出版社，1982，第 9 页。
⑧ 彭振贵：《古玺文辨释》，《衡阳师范学院学报》1993 年第 2 期。
⑨ 王献唐：《五镫精舍印话》，齐鲁书社，1985，第 233 页。
⑩ 汤余惠：《略论战国文字形体研究中的几个问题》，《古文字研究》第 15 辑，第 80 页。
⑪ 曹锦炎：《古玺通论》，第 80~81 页。
⑫ 何琳仪：《战国文字通论》，第 90 页。
⑬ 陈光田：《战国玺印分域研究》，第 51 页。

故宫博物院陈列部释"徇"。[1]

李家浩先生释"佫"，认为读"路"，古代"典""掌"同义，"掌路"的职掌当与"典路"相同，并谓："印文'尚（掌）佫（路）'当是《周礼》'典路'的异名。"[2]此释施谢捷[3]、孙刚[4]、肖毅[5]等均从之。吴晓懿先生将"尚路"列为齐官职名。[6]

刘建峰释"佫"，其虽认同"佫""佫"相通，然亦以为作"佫"者是，且认为"释作'尚路玺'，含义也比较牵强"。[7]

我们以为前贤旧释，当从汤余惠先生、曹锦炎先生释"徇"者，可信。

四　旧释略疏

以上相关旧释，虽有分歧，然亦有共同之处。

概言之，吴大澂、高明先生云"左敀"系"军中官名"；李学勤先生以为"均"读"徇"，"敀均"乃"敀"之繁称；郑超先生以为"敀"为"军营"；朱德熙先生以为"敀有'官敀''敀量''工名'之三印类"；孙敬明先生、何琳仪先生读"轨"，乃齐之基层行政机构；黄圣松读"徽"，言既为官署又为官名；孙刚读"尉"，亦官吏；曹锦炎先生言"敀"既为量器制造机构又为职官，且"徇"读"节"，义同"鈢"；陈根远、肖毅先生以为"徇"同"均"；陈光田先生以为"徇"为"（殷）廒"之变体。按诸字旧释之共同趋向，一者，"敀"可为军署、军吏，可为官署、官吏，可属中央，可在基层，除"本职"外，亦可监制陶品"量器"。二者，"均"同"徇"，"徇"可示"玺节"义，或以为"徇"为"敀"之变体，即"敀"亦可表"玺节"义。孙刚读"敀"作

① 故宫博物院陈列部编《故宫博物院历代艺术馆陈列品图目》，文物出版社，1991，第280页。

② 李家浩：《战国官印"尚路玺"考释》，《揖芬集——张政烺先生九十华诞纪念文集》，社会科学文献出版社，2002，第329~331页。

③ 施谢捷：《古玺汇考》，博士学位论文，安徽大学，2006，第33页。

④ 孙刚：《齐文字编》，硕士学位论文，吉林大学，2008，第40页。

⑤ 肖毅：《古玺文分域研究》，第394~395页。

⑥ 吴晓懿：《战国官名新探》，安徽师范大学出版社，2013，第31页。

⑦ 刘建峰：《战国玺印文字构形分域研究》，博士学位论文，山东大学，2012，第134~135页。

"尉"其用法亦似此义。三者,何琳仪先生释"徇"为官署玺,也可能为职官,于"徇"就其用法而言,我们以为当亦同"敁""钧"。此间,最可瞩目者,乃董珊先生介绍之刘钊先生读为"局"和李学勤先生谓"'敁均'是'敁'的繁称",此二说精辟。

第三节 敁、钧、均、徇相关问题汇考

为此,首先需考论敁、钧、均、徇之隶定,继而重疏其关系,再利用《说文》旧释及楚简文资料合而考之。

一 隶定以"敁""钧""均""徇"为是

"敁"字,各系代表性字形如下。

齐系:《玺汇》0035"畽"、0038"畻"、0041"畻"、0194"畻"、1285"畻";《陶录》2.3.4"畻"、2.5.1"畻"、2.5.4"畻"、2.6.2"畻"、2.8.3"畻"、2.9.1"畻"、2.10.1"畻"、2.11.1"畻"、2.11.3"畻"、2.293.1"畻"、2.295.4"畻"。

燕系:《陶汇》4.2"畻"、4.3"畻"、4.6"畻"、4.15"畻"、4.16"畻"、4.27"畻"、4.30"畻"。

楚系:《包》简142"畻"、《包》简143"畻"、《仰》简25.18"畻"、《郭·穷》简7"畻"、《上博·容》简8"畻"。

各系构形,虽左从"白"形略有差异(齐系上作横笔右出较著,燕、楚形近未有此横笔),然其从白从攴明确,故可隶作"敁"。许慜慧列为"待考",并以为各系"敁"字或可分释:若燕、楚系释"敁",齐系释"毁"。[1]我们以为,就字形微异而言,其释似也可能,但从该字

---

[1] 许慜慧:《古文字资料中的战国职官研究》,博士学位论文,复旦大学,2014,第275~282页。

在各系的用法及内容通读而言，恐不宜分系隶作二体。

"竘"字，《玺汇》0037、0039、5540 玺分别作"▨""▨""▨"，《玺典》3222 玺作"▨"，《篆全》1.23 玺作"▨"，《玺汇》4029 玺作"▨"。诸玺，从立从句省著，隶作"竘"者是。

"坸"字，《陶汇》3.16 作"▨"、3.17 作"▨"、9.25 作"▨"，《玺典》3860 玺作"▨"、3488 玺作"▨"，皆从土从句，即"坸"无疑。

"徇"字，《玺汇》0328 玺作"▨"，其异释众。汤余惠、曹锦炎先生释"徇"，殆有字形之所据，惜均未做详述；仅见曹锦炎先生将是字拆分并摹写作"▨"，其见颇是。今将原印是字所从"彳""句"拆分，即作"▨""▨"，若再去除尾部饰笔（齐玺文著饰笔习见），[1] 即"▨"。破除了玺文"彳""句"粘连的问题，即会发现在金文、陶文、简文中与其形近者不少。如"句"字，师器父鼎作"▨"（《集成》2727），陶文作"▨"（《陶征》9.56），秦简文作"▨"（《睡·为》简 50）、"▨"（《睡·日甲》简 129）。简文者，又从"句"之"笱"作"▨"（《睡·日甲》简 157 背），"驹"作"▨"（《睡·日乙》简 42），"狗"作"▨"（《睡·日乙》简 176），"枸"作"▨"（《睡·秦》简 135）。要之，玺文所从"句"字去其尾饰"▨"者，有金文、陶文形近者可较，加以秦系诸形佐资，又汉印文字（汉印"吕句"作"▨"、"笱去病"作"▨"[2]）亦可参之。即玺文"▨"，可隶定作"徇"。

二　释局、竘、坸、徇同源

"坸"，《玉篇·土部》："与垢同。""竘"，《说文·立部》："健也。一曰匠也。从立句声，读若龋。《逸周书》有竘匠。"系由此，前贤多训玺文、陶文之"竘"曰"匠"，抑或"治"。然此释待商榷。

"竘、坸"者，旧释多以为二者异体，可从。按马叙伦先生释"竘"，

① 齐系玺文之饰笔，颇为常见。汤余惠、曹锦炎等先生均有论及，如曹先生云："这种形式的饰笔，在齐国的铜器、陶器文字中较为多见，可作为判断齐玺的一条标准。"（《古玺通论》，第 81 页）如下文所论之 0198 玺等所从"勹"字尾饰，另如《玺汇》2202 玺"矸"字作"▨"，0272 玺"旬"字作"▨"，不备举。

② 罗福颐编《汉印文字征》，文物出版社，1978，卷三页 1。

谓："'健也'非本义，䞤从句得声，从句得声之字多有曲义，'䞤'盖与'跔'一字。"[1]又按王力先生谓："句（鉤、枸、軥、刣、笱、胊）、曲、局、踡，这些字都和曲义有关，声音相近或相同，故得同源。"[2]按"䞤、均、徇、局、跔、踡"同源，音相近，义皆与"曲"相关。《集韵·虞韵》："'跔'，《说文》'天寒足跔'，一曰'拘跔不伸'，或作踡、徇。"《正字通·足部》："徇，跔字之讹，旧注音衢，天寒足徇，一曰'不伸'义同跔。"《玉篇·足部》："踡，蜷踡。"《说文·足部》："跔，天寒足跔也。从足句声。""跔"者，桂馥《义证》谓："诸书作踡。"陆德明《释文》："局，本又作踡。"若此，马瑞辰谓："《说文》无'踡'字，口部：'局，促也。从口在尺下，复局之。'义与曲义近，古盖只作局。《说文》又曰：'跔，天寒足跔也。'跔与踡义相近。"[3]《诗·小雅·正月》"不敢不局"，《毛传》："局，曲也。"又《采绿》"予发曲局"，《毛传》："局，卷也。"《说文·句部》："句，曲也。"《释名·释言语》："曲，局也。"

凡此诸上，我们以为，玺文、陶文所见从句之"䞤、均、徇"者，与"局"同源，于玺文皆读"局"。

三　释"敀（迫）"

"敀"，《说文·支部》："迮也。从支白声。《周书》曰：'常敀常任。'博陌切。"《系传》："臣锴曰：'迮，犹切近也。今《尚书》常敀作伯。'"段注："迮，起也。敀者，起之也。与迫音义同。""敀"，《广韵·陌韵》："迫逼也。近也。急也。附也。"章太炎先生云："敀，与迫同，逼迫也。"[4]

《周书》所言，即《尚书·立政》"王左右常伯常任，准人、缀衣、虎贲"句。于此"常敀常任"之释，亦是众说纷纭。有专指某官者，若应劭《汉官仪》训常伯为"侍中"，多有从之。清人皮锡瑞对此有疑，曰："或疑常伯、常任明分二职，何以皆为侍中？不知《汉书·百官表》云：'侍中、中常侍，皆加官，亡员，多至数十人，得入禁中。'应劭注

① 马叙伦：《说文解字六书疏证》（六），第20页。
② 王力：《同源字典》，商务印书馆，1982，第183~184页。
③ 马瑞辰：《毛诗传笺通释》，中华书局，1989，第603页。
④ 章太炎讲授《章太炎说文解字授课笔记》，王宁主持整理，中华书局，2008，第141页。

曰：'入侍天子，故曰侍中。'考侍中在汉时分为左右曹，或又为散骑，或又为中常侍，后又合为散骑常侍，安知周成王时不分大小二职？"① 盖皮氏所疑常伯、常任分职（左右曹）且有大小之言者，可信。"常敀常任"，《伪传》训为"常所长事，常所委任，谓三公六卿"，乃确。此即曰"常敀常任"本当泛指王左右之"三公六卿"，后至汉世，亦可特指"侍中"，盖其常给事王之左右言之。再者，于"常敀常任"之释，另有两说可参：一者，顾颉刚先生说其皆是"跟随在周王的左右的机要大臣"；② 二者，章太炎先生云："伯，《说文》作敀，敀即'迫'字。常伯，常迫近者也。即《周礼》之太仆，参与军事密谋者。常任即《周礼》之司右。"③ 顾颉刚先生和章太炎先生之释"常伯常任"为周王近臣者，至确，然言其具是某官者，或可商。

如前所述，李学勤先生释"敀"读"伯"，曾举《管子·轻重戊》"令谓左右伯沐涂树之枝"和"令左司马伯公将白徒而铸钱于庄山"为例，以为此即"左右敀"，并说"左右敀可视为汉代左右部的前身"，且"左司马伯公"当同于诸"左（右）司马敀"玺之指。他还说："《轻重戊》所假设的铸钱的白徒就是器物题铭中属于左右敀的生产者。由于他们按照军事编制受征召，所以由司马管辖。"④ 于"左右伯"的问题，马非百先生曾说："案'敀'与'伯'通，见《说文》。由此可以得出以下结论。其一，此等左右伯均为王卒，即军队编制中的成员。其二，但既名曰'伯'，似又是军队中的官长，与普通一兵的身份微有不同。其三，此等王卒在战时是兵士，但同时又可以被使用于陶器生产。据此，左右

① 皮锡瑞：《今文尚书考证》，吴仰湘编，中华书局，2015，第 543 页。
② 顾颉刚先生云："这些官是经常跟随在周王的左右的。其中'缀衣'即后世的'尚衣'，掌管王的衣服，'虎贲'护卫王的安全，都只是近侍小官。还有上面三位，看下文说：'宅乃事，宅乃牧，宅乃准，兹惟后矣。'可以知道他们都是高级的官吏：'准'的意义是公平，'准人'当是司法的长官；'任'是执掌政务的长官，故云'事'；'伯'是管理民事的长官，故云'牧'。古籍简奥，它的意义固难确定，但这三个官必然是最高的行政长官。可能是王朝的司徒、司马、司空，也即是金文里的'三有事'。……勉强来说，'任人'即常任，'准夫'即准人，'牧'即常伯。'作三事'《诗经·雨无正》中的'三事大夫'，都是机要大臣。"参见顾颉刚、刘起釪《尚书校释译论》，中华书局，2005，第 1663 页。
③ 章太炎：《太炎先生尚书说》，诸祖耿整理，中华书局，2013，第 174~179 页。
④ 李学勤：《战国题铭概述（上）》，《文物》1959 年第 7 期。

伯既可以被使用于陶器生产，当然亦可以被使用于'沐涂树之枝'。可见此文所谓之左右伯，乃指此等王卒中的左右伯而言，与《王制》及《王莽传》中之左右伯实不可等同。……伯公、王邑，皆著者任意假托之人名"。① 关于《管子》中谈到的"伯公"问题，姜涛先生说："伯公：人名，齐国大臣，下文'王邑'同。"② 典籍言及"敀（伯）"者，又见《晏子春秋》云："公命柏遽巡国。"③ 于鬯《香草续校书》云："案此'命柏'与下文'令柏'同。下文云：'令柏巡氓家室不能御者予之金。'俞荫甫太史《诸子平议》以'柏'为官名，与'伯'通，引《管子·轻重丁篇》'左右伯'，谓此'伯'即'左右伯'也。又云：'其职即古之常伯'，'古之常伯犹汉之侍中，乃近臣也。'"④ 对于"左右伯"，黎翔凤先生注曰："张佩纶云：《周礼》'宫伯'，注：'伯，长也。'《国语》'司空视涂'，韦注：'司空，掌道路者。'则此'左右伯'，司空之属。"⑤ "左右伯"当属司马、司空辖，此与我们所列玺印所见（5~10）"左（右）司马敀"、（11）"右司工均"完全吻合。

马非百先生对"伯"的看法，姜涛先生对"伯公、王邑"的分析，可以与顾颉刚、章太炎两先生对于《尚书》"左右伯"即"迫近之臣"的意见相印证。这样说来，"左右常伯常任"为一句，即"左右常伯"⑥ "左右常任"言之，亦"左右"相对"常伯常任"而言，是指王之左右近臣（司马、司空）部属，非特指某官。故此《伪传》训"常所长事，常所委任"之释正有一玺可作资证，即上揭（107）玺"长敀"，又《玺典》8660玺"长邦"、8662玺"长卿"，此类吉语印皆寓意"常有所执掌"，堪为明证。要之，"长事"即"长其事、掌其事、司其职"，"左右常伯常任"即"左右近臣，常长（掌、司）其事，常司其职，常掌其任"之义，此正与《礼记·曲礼》"左右有局，各司其局"之"局"所用一致。

---

① 马非百：《管子轻重篇新诠》，中华书局，1979，第704、713页。
② 姜涛：《管子新注》，齐鲁书社，2009，第578页。
③ 或以为"柏遽"为人名，孙星衍《晏子春秋音义》曰："姓柏名遽。"（赵蔚芝：《晏子春秋注解》，齐鲁书社，2009，第15页）
④ 于鬯：《香草续校书》，中华书局，1963，第96页。
⑤ 黎翔凤：《管子校注》，梁运华整理，中华书局，2004，第1518页。
⑥ 如《隶释》卷一七《吉成侯州辅碑》云"处乎左右常伯之职"，是其证。

《礼记·曲礼》云："左右有局，各司其局。"郑玄注："局，部分也。"孔颖达《正义》："左右有局者，局，部分也。军之在左右各有部分，不相滥也。各司其局者，军行须监领故主帅部分，各有所司部分也。《尔雅》云：'局，分也。'郭云：'谓分部也。'"① 又《大戴礼记》谓："位以充局，局以观功。"孔广森《补注》："官有分职曰局。"② 清人洪颐煊曰："局，部分也。《曲礼》曰：'左右有局。'官各就其职，则事日起而有功。"③《左传》成公十六年："离局，奸也。"杜预注："远其部曲为离局。"《广韵·烛韵》曰："局，曹局。又分也。"可见"局"义即部分、部门。官职繁杂需分部管理。"司其局"即官分职治事而各司其职，亦如王文锦先生所说："就部分而言，左右各有专司，分别主管其局部职权。"④

可见，《尚书·立政》"王左右常伯常任"，"常伯常任"是相对于"王"而言。"王"乃总统帅，"常伯常任"泛指"三公六卿"等迫近之臣，皆由王予以委任，⑤ 执掌国之"部分"职权，即"各长（掌、司）其事，各司其职"。故"常伯"即"常掌其局"言之，"敀（伯）"者，局也。是此，再看李学勤先生谓"'敀均（局）'乃'敀'之繁称"，是说精辟。按"敀跔（局）"，即"迫局"或"局迫"，本乃同义连文，省称之，则曰"跔（局）"，抑或"敀（迫）"。详下疏。

四 释"敀（迫）跔（局）"

"局"，《说文·口部》："促也。从口在尺下，复局之。一曰博，所以行棋。象形。"章太炎先生认为"棋局"应是"局"之本义。他说："当以'一曰博所以行棋'之训为本义（《说文》正义非），非象形字，乃从尺口声（口在溪纽，局在群纽，音甚近）。从尺者，尺，方格也，棋局方格似尺也。引申之《尔雅·释言》'局，分也'。《左传》之'离

① 阮元校刻《十三经注疏·礼记正义》，中华书局，2009，第2706页。
② 孔广森：《大戴礼记补注》，王丰先点校，中华书局，2013，第175~176页。
③ 方向东：《大戴礼记汇校集解》，中华书局，2008，第953页。
④ 王文锦：《礼记译解》，中华书局，2016，第32页。
⑤ 如《尚书后案·周书·立政》云：三公，臣之尊者，知"常所长事"谓三公也；六卿分掌国事，王之所任，知"常所委任"谓之六卿。参见王鸣盛《尚书后案》，陈文和主编，中华书局，2010，第910页。

局，奸也'。谓离部位也，又部曲正作部局，亦部位之义；后人设局理事，亦有部位意。再引申为局促，亦谓有部位、范围也。"① 陆宗达、王宁两位先生认为"局"之本义为行棋，"棋盘是按照一定的规矩尺寸画成有组织的方格，从'尺'表示棋盘的规格，'口'是声符，'局'在屋韵，'口'在候韵，两韵对转。所以这是一个形声字"。② 战国秦简"局"作"局"（《睡·为》简1），"句"作"𠂤"（《睡·为》简50）、"𠂤"（《睡·日甲》简129）。陈英杰先生以为："局，形声兼会意字。从尸，从句，句亦声。《说文》其本义说解及字形分析均错。睡虎地秦简写法可纠其误。字之本义就是弯曲。……作棋盘、局面、局部、机关单位名称讲则是假借义。睡虎地秦简中作'棋盘'讲。"③

由上，一者，若"局"本义为"棋局"，"局"即（所在、掌、司）部位，即"各司其局"，亦即"常伯"之"常掌其局"，则"局""迫"在部局（分部、曹局）义项上同义。二者，若"局"本义为"弯曲"，引申为局促、狭小，《说文·人部》："促，迫也。"又《韵会》："促，迫也，近也，密也。"则"局""迫"在压迫、窘促、靠近等义项上同义。故而，无论"局"字本义如何，皆可印证"局""迫"同义，且"局迫""迫局"常同义连文作。如《楚辞·哀时命》云："置猿狖于棂槛兮，夫何以责其捷巧？"洪兴祖注："言猿狖当居高木茂林，见其才力，而置之棂槛之中，迫局之处，责其捷巧，非其理也。"④《后汉书·窦融传》："当今西州地执局迫。"如此者众，不备举。⑤

分析看来，上引《后汉书·窦融传》"地执局迫"之"局迫"和洪

<hr />

① 章太炎讲授《章太炎说文解字授课笔记》，王宁主持整理，第266页。
② 陆宗达、王宁：《训诂与训诂学》，山西教育出版社，1994，第170~173页。
③ 李学勤主编《字源》（上），天津古籍出版社，2012，第97~98页。
④ 王逸注，洪兴祖、朱熹补注《楚辞章句补注·楚辞集注》，夏剑钦、吴广平校点，岳麓书社，2013，第262页。
⑤ 汉代以降，文献亦多见"局迫""迫局"同义连文者，可资旁证。如宋苏轼《与谢民师推官书》"舟中局迫难写"，清李霨《初发都门》诗"六年束吏舍，所向困局迫"，又天僇生《孤臣碧血记》"马六派闻语，状甚局迫"；明朱荃宰《文通》语曰"或褊迫局促"，又《大明漳州府志》卷一三《学校》有句"门庭迫局"（于景祥、李贵银编著《中国历代碑志文话》下编，辽海出版社，2009，第403页；陈洪谟、周瑛修纂《大明漳州府志》，中华书局，2012，第246页）。

兴祖所云"迫局之处"之"迫局",是"局、迫"在迫促、局促义项上之同义连文。而我们所论古玺（45）"右敀（迫）均（局）亳釜"之"敀均"乃"迫、局"在部局（分部、曹局）义项上之同义连文,正如李学勤先生云"'敀均'乃'敀'之繁称",即省称之,则"均",抑或"敀（同义换读）"。

如上所疏,"敀"者,即"迫",义同"局",故而"迫局""局迫"常同义连文作。借此,玺文、陶文所见"敀、竘、均、徇"皆可得释,即隶为"敀、竘、均、徇"者,均读"局"。

五　释楚简文之"敀"

楚简文中"敀"字数见,于其释读,当分而言之。

（102）包山简:

简141/142:秦大夫忿之州里公周瘷,言于左尹与郯公赐……。瘷言曰:"甲辰之日,小人（简141）之州人君夫人之敀怆之窅一夫,遄趣至州巷,小人将敷之,夫自伤,小人安（焉）兽（守）之,以告。"

简143/144:鄝寀（域）廱敀𦤵（郯）君之州邑人黄钦,言于左尹与郯公赐……钦言曰:"鄙路尹憍执小人于君夫人之敀怆。甲辰之（简143）日,小人以怆之刀以解小人之桎。小人逃至州巷,州人将敷小人,小人信以刀自伤,州人安（焉）以小人告。"[1]

对于简142、143之"敀怆",陈絜先生谓:"'敀'字燕系陶文习见,然其含义学界多有争论,至今仍无定说。在此或为族名,或为职官名,但以族名的可能性大。"[2]又陈伟先生说原简文"'敀怆'下标'标有一点状符号'。这些符号显然只能理解为地名标识"。[3]简141~144之

① 湖北省荆沙铁路考古队编《包山楚简》,文物出版社,1991,第27、64~65页。
② 陈絜:《再论包山楚简"州"的性质和归属》,《中国古代社会高层论坛文集》,中华书局,2011,第261~283页。
③ 陈伟:《包山楚简初探》,武汉大学出版社,1996,第25页。

内容，大致意思是，秦大夫恕之州的里公周瘝，给"左尹"等官汇报说，犯人黄钦从"君夫人之敀怆"逃至其管辖地（秦大夫恕之州）州巷，其欲缚之，然黄自残，遂上报。而黄钦对"左尹"等官辩解说，鄙地之官（路尹）憍把他拘押在"君夫人之敀怆"，甲辰这天，他以"怆"之刀解了刑具，逃至周瘝之辖地，周瘝欲要拘他，遂自残，以致有此案。论来，简142、143"敀怆"连文，而简144只曰"怆"，可见"怆"乃"敀怆"之省。"敀怆"，整理组读作"帛仓"。①《说文·心部》："怆，伤也。从心仓声。"此知，简文用"怆"为"仓"。仓，《说文·仓部》："谷藏也。仓黄取而藏之，故谓之仓。"段注："谷臧者，谓谷所臧之处也……苍黄者，匆遽之意。刈获贵速也。"可见"仓"者，一则指谷臧之"仓库"，二则指仓促、急迫义，殆"敀仓"连言系二者皆有"急迫"之义，然于简文"仓"当系"仓库"义。"仓"者，本可指周官，《周礼·地官》"仓人掌粟入之藏"，又秦封泥亦见官"仓"者，若"泰仓""泰仓臣印""尚卧仓印"等。②简文"敀仓"，非地名而是职官之名；此"敀"犹"局"，"局仓"即"君夫人所掌之局仓"。

（103）《上博·容》简8：

> 于是乎始语尧天、地、人民之道。与之言正（政），敀（悦）柬（简）以行。与之言乐，敀（悦）和以长。与之言豊（礼），敀（悦）敀以不逆。尧乃敀（悦）。

于简文"敀"字，李零先生云："似可读为薄，薄有依附义。"③陈剑先生缀连简文时，以为"上博简《子羔》篇第5简正面云：'与之言礼，悦専'，'悦専'即'悦敀'。"④于此，刘乐贤先生以为"敀、専"二字

① 湖北省荆沙铁路考古队编《包山楚简》，第50页。

② 傅嘉仪：《秦封泥汇考》，上海书店出版社，2007，第63~65页。

③ 马承源主编《上海博物馆藏战国楚竹书》（二），上海古籍出版社，2001，第256页。

④ 陈剑：《上博简〈容成氏〉的拼合与编连问题小议》，原载简帛研究网，http://www.jianbo.sdu.edu.cn/info/1011/1266.htm，2003年1月9日；后收入《上博简〈容成氏〉的拼合与编连问题小议》，上海大学古代文明研究中心、清华大学思想文化研究所编《上博馆藏战国楚竹书研究续编》，上海书店出版社，2004。

应义同"详"，似可读"溥"或者"博"。① 黄锡全先生以为"悦敀"似可读"悦恔"或"悦怿"。② 苏建洲先生以为读"博"，广泛普遍义。③ 陈伟先生经由旧释，以为如"敀"可通"百""薄"，"敀、尃"似乃"喜悦一类意"。④ 又（104）《上博·季》简 11 原释文："窥佝，氏（是）古（故），夫敀（迫）邦甚，难民能多一矣。庚（康）子曰：'毋乃肥之昏也，是左（佐）虖（乎）？古（故）女（如）虐（吾）之足肥也。'"濮茅左先生以为"敀"乃"急附之意"。⑤ 陈伟先生以为此简"敀"，当同《郭·穷》简 7 "为敀斀牛"之"敀"，读为"伯"。伯有君长义。⑥

由上，我们以为《上博·容》简 8 文"敀"，以"迫"释即可。于"敚"之释亦众，如悦、说、脱等，或如罗新慧先生"径释'敚'为妥"。⑦ 故此，简文可释为"敚迫以不逆"，"敚迫"乃近义连文，句义大概是"因窘于某事而不"，此种体例汉信札及印中多见。⑧《上博·季》简 11 "敀邦"，当义"局邦"，殆"曹局邦国"义。

（105）《仰》简 25.18："鲁敀之▢。"《长沙楚墓》释"皎"，谓"鲁皎，人名"；⑨ 郭若愚先生读为"伯"，云"鲁伯乃捐赠者"，⑩ 亦人名。商

---

① 刘乐贤：《读上博简容成氏小札》，简帛研究网，http://www.jianbo.sdu.edu.cn/info/1011/1385.htm，2003 年 1 月 13 日。

② 黄锡全：《读上博简（二）札记（三）》，简帛研究网，http://www.jianbo.sdu.edu.cn/info/1011/1193.htm，2003 年 3 月 23 日。

③ 苏建洲：《上海博物馆藏战国楚竹书（二）校释》，博士学位论文，台湾师范大学，2003，第 142~143 页。

④ 陈伟：《竹书〈容成氏〉零识》，简帛网，http://www.bsm.org.cn/?chujian/4306.html，2005 年 11 月 13 日。

⑤ 马承源主编《上海博物馆藏战国楚竹书》（五），上海古籍出版社，2005，第 218~219 页。

⑥ 陈伟：《〈季康子问孔子〉零识（续）》，简帛网，http://www.bsm.org.cn/?chujian/4474.html，2006 年 3 月 2 日。

⑦ 罗新慧：《楚简"敚"字与"敚"祭试析》，《简牍学研究》第 4 辑，2004，第 3~6 页。

⑧ 如居延简 72.4 "临治迫职，不得至前，叩头叩头"，又 495.4A "初岁宜当奔走至前，迫有行塞者未敢去署，叩头请覆冐"，敦煌简 MC.163 "迫不得奉，逾想已而，新岁更庆，愿为羽觞永享礼"，汉印"三畏私记，宜身至前，迫事不闻，愿君自发封完印信""李安私记，宜身至前，迫事毋闻，唯君监发印信封完""左诩之印，宜身至前，迫事冉闻，愿君自发封完印信"。参见罗福颐编《汉印文字征》，卷二页 9、卷八页 12、卷十二页 1；范常喜《安徽天长纪庄汉墓书牍考释拾遗》，http://www.bsm.org.cn/show_article.php?id=910，2006 年 3 月 2 日。

⑨ 该书简号 26。参见湖南省博物馆、湖南省文物考古研究所编《长沙楚墓》上册，文物出版社，2000，第 424 页。

⑩ 郭若愚：《长沙仰天湖战国竹简文字的摹写和考释》，《上海博物馆集刊》第 3 期，1986 年。

承祚先生释"敀"。① 按此简"敀"字，当人名属，两周金文中曰"鲁伯"者习见。②

（106）《郭·穷》简7："为敀嚉牛。"裘锡圭先生释："'敀'读为'伯'；'嚉'读为'牧'。"③ 与简文内容近似者，如《韩诗外传》卷七"为秦伯牧牛"，《说苑·杂言》"伯氏牧羊"等，故前释多以"敀（伯）"为"秦伯（穆公）"抑或"伯氏"。于此，刘洪涛先生曾提出质疑，其大意是：伯之爵称乃泛指，虽言"秦伯、伯氏"乃"秦穆公"亦可，然据《说苑·臣术》所载，④ 他连秦国境内都不在，就无谈"为秦伯牧牛"了。故《韩诗外传》卷七、《说苑·杂言》对"敀"字的理解并不可信，"牧牛"可能相当于《周礼》之"牧人"，"敀"的意思应该相当于当牛马圈舍讲的厩。⑤ 刘洪涛先生所言"牧牛"相当于周官"牧人"可从，"敀"相当于"厩"当非是；然其以为"敀"乃官办机构较为可信。按此，"敀"实则"局"义，其即"为局牧牛"，"局"者，"牧牛"之"曹局"。

要之，楚简文所见之"敀"，按（102）（104）（106）其义"局"，官署也；（103）乃其"迫"之本义；（105）读为"伯"，用作人名。

第四节　释齐系、燕系之诸玺（陶文）

战国古玺官印，有官署印和官吏印两类，官吏印又可分为官名、职事两种。从其印文可知，官署者即机构名，如左府（《大系》198）、左

---

① 是书简号18。参见商承祚编著《战国楚竹简汇编》，齐鲁书社，1995，第53、67页。

② 如《集成》所录器皿曰"鲁伯"者，有鲁伯愈父盘（《集成》10114）、鲁伯愈父匜（《集成》10244）、鲁伯大父作季姬婧簋（《集成》3974）等。

③ 荆门市博物馆编《郭店楚墓竹简》，文物出版社，1998，第146页。

④ 《说苑·臣术》："贾人买百里奚以五羖羊之皮，使将车之秦。秦穆公观盐，见百里奚牛肥。"参见刘向著，向宗鲁校证《说苑校证》，中华书局，1987，第44页。

⑤ 刘洪涛：《郭店〈穷达以时〉所载百里奚事迹考》，http://www.bsm.org.cn/show_article.php?id=996，2009年2月28日。

稟之鉨（《玺汇》0227）、洵城（《玺汇》0359）、南门之鉨（《玺汇》0178）等；官吏者即职官名或职事名，官名者如司马、司徒、司工、春安君（《玺汇》0227）、大夫（《玺汇》0107）等，职事者如右攻（工）师（《玺汇》0149）、左发弩（《玺汇》0114）、计官（《玺汇》0139）等。官署、官吏抑或谓之公用、专用，如曹锦炎先生所云："署有官职名者，是为专用印，余皆为公用印。"[1]

秦官署印如"北宫""车府""中厩之印"等；官吏印如"北宫工丞""车府丞印""中厩丞印"等。汉承秦制，陈直先生曾指出："印文不称官名仅称官署之总名，为公用印章；称官名者为专用印。官署印者如汉代县级之'新丰之印''蓝田之印''武城之印'等为县令长丞尉所公用；官吏印者如'某某丞印'（高唐丞印）、'某某长印'（广汉长印）等为某官所专用。"[2]由上可见，我们所论诸玺（陶），多即"官署玺"，此制一脉相承。

如上一节所述，"敀、局"义同，"敀局"同义连文，或表"迫促、局促"义，或表"长其事，司其局"义，后者即"曹局"。我们所论齐系、燕系之"敀""�""均""徇"读若"局"者，多用此"曹局"义。

一　释"尚徇（局）玺"及相关泛称官署玺

官署曰"局"者，于春秋战国既已设置，除前述《礼记》等记载外，亦有齐"尚徇（局）玺"等可证，只是以前未释得此"局"字。

前贤释《玺汇》0328玺文"尚"，以为其义为"主"，通"掌""典"者，可从。如《孟子·滕文公上》："使益掌火。"赵岐注："掌，主也。"《周礼·天官·序官》："典妇功。"郑玄注："典，主也。"《尚书·尧典》："命汝典乐。""典"亦为"主"义。此外，"司"亦与"掌、典"同义。如《诗经·郑风·羔裘》："邦之司直。"《毛传》："司，主也。"《左传》僖公二十一年："实司大皞与有济之祀。"杜预注："司，主也。"古玺印习见之"司马""司徒""司空""司寇"，皆是职官，"司"本义

---

[1]　曹锦炎:《释战国陶文中的"敀"》,《考古》1984 年第 1 期。
[2]　陈直:《汉书新证》,天津人民出版社,1959,第 136 页。

均是"主管、职掌"。再若周官:天官之司会、司书、司裘,地官之司谏、司救、司市、司稽、司门、司关、司禄,春官之司干、司巫、司常、司尊彝、司几筵、司服,等等。正如《小尔雅》云:"周官四十有一司,司者,理其事也。"故此,我们以为,《玺汇》0328玺之"尚",亦同"司";"尚徇鉨",即"司局鉨",义乃司其分职之事。此玺正可与《礼记·曲礼》之"各司其局"相印证。

"尚局"者,其义为"司其局",然其作为曹局者当与"诸尚"官有关。李家浩先生以为周官"诸尚",若"尚书"等,"尚"之后均为名词。以此例之,我们今释"徇"读"局",亦是名词。周官曰"尚某"者,典籍所见若《韩非子·内储说下》:"僖侯浴,汤中有砾,僖侯曰:'尚浴免则有当代者乎?'""尚浴"即"尚某"官。晋玺三见"诸尚"官,如"左库尚岁"(《玺典》4828),"尚岁"当为负责管理农业生产的官;① 又"尚旟"(《玺典》4930、4931)二钮,掌旗之官。"诸尚"官,秦沿袭之,秦封泥官"尚浴""尚冠""尚卧"者十见,② "尚犬"(《玺典》7925)一见。《通典·职官》引《汉仪注》以为旧有五尚:"尚食、尚冠、尚衣、尚帐、尚席。"又曰:"秦置六尚,谓尚冠、尚衣、尚食、尚沐、尚席、尚书。"要之,我们所论之齐官印"尚局玺",是乃战国"诸尚"官署玺;再者,虽秦汉"尚某"有所不同,然官制承袭可定。

官署曰"局"者,秦汉以降更众。北齐门下省置尚食局、尚药局、城门局、符玺局、御府局、殿内局六局,太常寺太庙辖下有郊祠局、崇虚。隋内侍省置掖庭局、宫闱局、奚官局、内仆局、内府局。唐殿中省领尚食、尚药、尚衣、尚舍、尚乘、尚辇六局。宋元明时期,亦皆置各"局"署,名有小异,实则亦然。至清末内阁仍置制诰、叙官、统计、印铸四局,且称四局长官为"局长"。此见,曰"尚某局""尚某"者,历代并不尽同,既不窘于"六尚",又各有"曹局"。如秦之"诸尚",王伟先生说:"秦玺印封泥中所见'诸尚'类官职丰富而复杂,已大大超出文献记载的'六尚'范围。诸尚官各自有独立的府、仓等机

---

① 徐畅编著《古玺印图典》,第260页。
② 《秦封泥汇考》录有"尚浴"八品,尚冠、尚卧各一品。见傅嘉仪《秦封泥汇考》,第96~100页。

构，有些尚官分工细密，分为多个曹署。此外，从'尚浴'、'尚犬'等封泥存在着有无界格的区别来看，此类机构可能统一前即已设立。"①学界悉知，"界格"是判别"秦代印"的显著标志，②战国时期的"秦国印"与齐、燕等其他国家古玺一样多不著界格，如施谢捷先生指出阑入《玺汇》的秦国印"工师之印"（《玺汇》0151）、"咸郿里竭"（《玺汇》0182）等。此知，王伟先生所言秦玺所见诸尚独立之"府、仓"，即各曹署之"官署玺"；其据"尚浴""尚犬"等封泥有无界格而言诸官在统一前既设之论，亦可信。

同理推及，可能秦（乃至秦统一前）亦置"局"署并如此称谓。正有秦印一钮可资，其印文曰"闽佝"。③"闽"即"门"，何琳仪先生谓："从门，文为叠加的声符，门之繁文。"④"佝"者，《类篇·人部》曰"与'拘'同"，《集韵·侯韵》"拘，或作'句'，或作'佝'"，又"病偻，或从人"。《广韵·侯韵》"佝，偻佝"，又作"佝偻"，皆义"曲"。⑤是此，玺文"佝"者可读作"局"，"闽佝"即"门局"。释若无误：一者可证秦置官署"局"；二者此秦之"门局"亦可与齐之"左司马门局"等门局玺互证。

凡此诸上，一则，《玺汇》0328"尚佝（局）玺"乃齐之官署玺。二则，官玺曰"局"者，乃曹局之泛称，类同者在齐官玺中不少，如上揭（1）敀（局）鈢、（2）工均（局）□、（24）左敀（局）等。论来，古玺所用之时，官者以玺执事，用之者、见之者悉知其乃何曹局，亦知其职何事，然时隔两千余年，以至今日，只能称其为"泛称"官署玺。类同者，再如齐官"左正鈢"（《玺汇》3737，图版④），其官其职亦难确言，其形制与《玺汇》0328玺正同，均为"曲尺形"，可资较证。

"左正鈢"曾归于《玺汇》私玺类，第二字阙释；吴振武先生释

---

① 王伟：《秦玺印封泥职官地理研究》，中国社会科学出版社，2014，第157~158页。

② 但是"界格"非"秦代印"所首创，如前揭"安阳三玺"即有一方"田字玺"。

③ "闽佝"印详见许雄志编《秦印文字汇编》，河南美术出版社，2001，第157页。

④ 何琳仪：《战国古文字典》，第1263页。

⑤ 正如典籍所见，《淮南子·泰族训》"夫指拘之也，莫不事申也"，"拘"者，曲也；《荀子·宥坐》"裾拘必循其理"，杨倞注："拘，读为'钩'，曲也。"

"正"并认定其为官玺。[①]李家浩先生亦认为其为官玺,他说:"从印的文义来说,'正'古代有官长之义。《国语·楚语上》:'天子之贵也,唯其以公侯为官正。'韦昭注:'正,长也。'"[②]又撰文认为:官"正"分左、右,"正"应是《周礼·天官·宰夫》之有司"正"。[③]对此玺,陈光田先生和徐畅先生均有论及,陈光田先生以为:"左,当为地名;正,为官名。"[④]徐畅先生谓:"正,通征,征赋税,抽税,应是征税部门所用。"[⑤]如此,说"正"为"征",或谓官"正",且分左、右。按,"正"者,职官,说其为某特定之官,则需商榷。《周礼·天官·宰夫》"宰夫"言其职有八:"正(掌官法以治要)、师、司(掌官法以治目)、旅、府、史、胥、徒。"郑玄注曰:"正,辟于治官,则冢宰也。"《周礼正义》疏曰:"'一曰正,掌官法以治要'者,正与司皆掌官法者,长属咸有当官之法,正则总建之,司则分治之。"[⑥]于此"正"官,如孙诒让引王引之云:"宰夫掌叙群吏之治,正也,师也,司也,旅也,皆群吏之待征令者。正非必六官之长,师非必六官之贰,与大宰职所云建其正立其贰者不同。……《左传》有:卜正、工正、候正、校正、隧正、四乡正、马正、陶正、令正、五工正、九农正、贾正、车正、牧正、庖正,是官之小者亦得名为正也。《周官》以'正'名者,'党正'但为下大夫,《乡大夫职》谓之群吏。其他宫正、酒正,则以士为之。推而至于百官府,皆名有正。故《酒诰》称'庶士有正',《大雅》称'鞠哉庶正',不必六官之长而后为正也。"[⑦]王引之所言甚是,"正"非必六官之长,"官之小者亦得名为正"。可见,此"正"职数甚众,且官职可高可

---

① 吴先生从《上海博物馆藏印选》释。参见吴振武《〈古玺汇编〉释文订补及分类修订》,常宗豪主编《古文字学论集(初编)》,第518、528页;吴振武《〈古玺文编〉校订》,第334~335页。

② 李家浩:《战国官印"尚路玺"考释》,《揖芬集——张政烺先生九十华诞纪念文集》,第329~331页。

③ 李家浩:《谈战国官印中的"旗"》,《纪念徐中舒先生诞辰110周年国际学术研讨会论文集》,巴蜀书社,2010,第202~206页。

④ 陈光田:《战国玺印分域研究》,第50~51页。

⑤ 徐畅编著《古玺印图典》,第171页。

⑥ 孙诒让:《周礼正义》,王少华整理,中华书局,2015,第82页。

⑦ 孙诒让:《周礼正义》,第240页。

低，非专指某官。

故此，"左正鈋"无论是从形制（曲尺形），还是"正"字之释，尽同于"尚徇（局）玺"，或要问玺文之官"正""局"者，具是何官？具职何事？当皆不可确指，均是"泛称"之属。官署曰"局"者，有如前揭，一系相承；其泛称者，若单言"局"字，则不知所云，古今一理。殆此类古玺之职事，可能与门关征收税赋等有关，类如"已征""已检"之意，待考。

二 释诸司马、司工之官署玺

曹锦炎先生曾云"徇，可能是齐国玺印的别称"，[①]按徇读"局"知曹先生的直觉是对的。今释"局"者，官署，"司马之玺"乃官职印，而"司马局鈋"乃官署印，此与秦印"尚浴"指官，"尚浴府印"指官府同理。故此，前列之诸司马、司工玺可释为：（5）司马敀（局）鈋、（6）左司马敀（局）、（7）左司马徇（局）、（8）右司马敀（局）、（9）右司马徇（局）、（10）敝陵右司马敀（局）鈋[②]、（11）右司工均（局），此诸玺为官"司马、左司马、右司马、右司工"者各掌其"局"之官署玺。

需要提及的是，从诸司马、司工玺可见"敀""徇""均"之用法完全一致，此即回应了旧释如"徇"同"均"、"敀均"乃"均"之繁称、"徇"读为"节（用法同'玺'）"[③]等问题。再者，此诸玺得释，亦回应了旧释多言"敀、徇、均、徇"乃"司马、司空（工）"所辖部下之说；此知，并非所辖，实乃"司马、司空（工）"自身之曹局。

---

① 曹锦炎：《古玺通论》，第119页。

② 是玺首字，从李家浩先生释"敝"。详见李家浩《包山楚简"篮"字及其相关之字》，《第三届国际中国古文字学研讨会论文集》，1997，第555~578页。

③ 肖晓晖君亦曾论及"左司马徇"等，其言："（徇）并非玺印名称，而是某种官署机构或官职名称。齐国官玺常见的'⿱匚玉'类玺多与'徇'类玺格式相同，如'司马⿱匚玉玺'，而'敀'一般被解释为官职名或官署名。另外，《封泥汇编》录有一枚战国封泥，其文曰'左司马闻（门）徇信玺'，由此可看出'徇'并不是玺印自名。"今知，肖君所言大体乃是。详见肖晓晖《古玺文新鉴》，第23页。

三 释诸"门局"玺

齐官印有"某门局"玺,如(14)司马闻(门)敀(局)、(15)左司马闻(门)竘(局)信鉨、(16)左闻(门)敀(局)鉨、(17)甜闻(门)敀(局)鉨。典籍所见,齐置司马门官,若《列女传·齐钟离春》:"顿首司马门外……"《战国策·齐策六》:"齐王建入朝于秦,雍门司马前曰……"对此,裘锡圭先生云:"有了司马守门的制度以后,帝王的宫门就有了一个新的名称——司马门。"①是此四玺,乃司马门、左司马门、左门、甜门职事守门警卫者之官署玺。另有一玺,或亦可参,即前揭(3)"均閟郾"。何琳仪先生以为其乃私玺,"均閟"为复姓,人名"郾"。②我们以为,该玺为官玺,当释为"郾均(局)閟(门)"。"閟"字,又见《陶汇》3.406、3.407重文,何琳仪先生释作"塙閟不放",并谓"'塙閟',读'高间',齐都临淄城门"。③若依何先生释"閟"读"门";合以"均"读"局",则该玺即可读为"均(局)閟(门)不放",则此玺与以上诸玺,皆"门局"类之官玺。

按此"门局"之官,后世亦袭之,北齐、隋之门下省置"城门局",隋太子门下坊置"宫门局",南朝梁东宫置"门局",等等。

四 释诸基层"局"玺

诸"司马局""司空局"未言某地者,当是齐国中央军职之官署,相对而言其他"司局"和各地方当亦有"局"署,即(12)呈敀(局)、(13)詥訙敀(局)鉨、(18)輤乡右敀(局)、(19)敨□左敀(局)、(28)南宫左敀(局)。

(12)"呈"者,《集韵·屑韵》:"乃结切,音涅。同'埝'。塞也,下也。"如将释为"下局",则为某基层曹局;若释"塞局",则为"边塞"官署。"呈"者,朱德熙先生读"驲",④"驲局"即驿站。凡此三释,

① 裘锡圭:《"司马闻""闻司马"考》,《古文字论集》,中华书局,1992,第484~485页。
② 何琳仪:《战国古文字典》,第342、350页。
③ 何琳仪:《战国古文字典》,第583页。
④ 朱德熙、裘锡圭:《战国文字研究(六种)》,《考古学报》1972年第1期。

直观皆可，不好遽定。（28）朱德熙先生曾言"'南宫'当是齐国的宫名"，可从，该玺即掌南宫左曹局事之公玺。

（13）之"詥訊"、（19）之"戙"，当同（18）之"輤"，是乃地名属，此三玺当是齐国"乡"一级行政机构所用之印。

五　释齐陶所见诸"局"玺

齐陶文中惯见之"敁""竘""坢""徇"字，旧说纷纭，如释为"厩""轨""敝""匠"等，都难以通释。如对释"厩"者，孙敬明先生即有质疑：

> 为什么在这大量的有文陶器中，除少量几件标明其为仓廪所用量器外，其余则全属"马厩"使用？"物勒工名"是生产者对产品负责的标志，为何还要做上使用单位——"马厩"的名字？为什么其他官署机构并不在其所用器皿上记名？难道"马厩"所用器皿也与仓廪量器的性质一样么？[1]

我们以为孙先生所言极是。再者，如释"轨"，郑超先生亦曾提出质疑，其以为《国语》《管子》等载"轨"乃"里"之下级单位，而在"右敁郊乡尚毕里季罷"［即上揭（25）］，"敁"却在"里"前，故其谓释"轨"不大可能。[2]孙刚从之，并云："将'敁'读为'轨'，认为属于一级行政单位的看法是不正确的"。[3]再者，旧释"敝""匠"等，或可读通几条古文材料，然亦无法通解其他辞例。旧释诸说，读者自甄，此不赘述。

承前贤旧释之上，今释"局"，陶文所见皆可通读。详如次。

（20~23）"王敁（局）檽里某"者，其"王局"当是隶属"齐王"直辖之"局"署，其下辖"左右局"，即（25）右敁□衢（乡）尚毕

---

① 孙敬明：《齐陶新探》，《古文字研究》第 14 辑，第 221~246 页。
② 郑超：《齐国文字初探》，硕士学位论文，中国社会科学院研究生院，1984，第 45 页。
③ 孙刚：《东周齐系题铭研究》，博士学位论文，吉林大学，2012，第 281 页。

里季卫、（78）（79）右敀（局）□衢（乡）尚毕里季羆、（26）□左敀（局）□圆橘里卫、（44）□驹（局）所为匋□、（45）□右敀均（局）亳釜。①此"左局""右局""□局"，当是"王局"辖下"左右局"之省称。②另，（45）（60）之"敀均"，即李学勤先生言，是乃"均（局）"之繁称。（29~42）之"王卒左敀（局）某里某"，是齐王直属部队左曹局辖下之"里"制陶之用印。由此可知，陶文"城圆橘里""□圆北里""昌里"者，为"王卒左局"直辖之中央制陶业机构所在，其他"里"非是。

（43）□衢（乡）陈愉左敀（局）橘均（局）釜、（46）左里敀（局）、（47）右里敀（局）鎏、（49）□狀□左里敀（局）、（50~77）"某某左/右里敀（局）亳區□豆□鎏"、（51）昌櫅陈固南右敀亳釜、（60）王孙陈棱右敀均（局）亳區，凡此诸陶皆"左里局""右里局"属，其中（43）之"左局"、（51）之"右局"、（60）之"右敀局"当是"左里局""右里局"之省称。

按"里"者，为齐国置于基层的一级行政机构，其为"乡"所辖，"里"之官长曰"有司"。如：

> 管子于是制国：五家为轨，轨为之长；十轨为里，里有司；四里为连，连为之长；十连为乡，乡有良人焉。以为军令：五家为轨，故五人为伍，轨长帅之；十轨为里，故五十人为小戎，里有司帅之。（《国语·齐语》）
>
> 与三老、里有司、伍长行里。（《管子·度地》）
>
> 而不辄以告里有司。（《歇冠子·王铁》）

论来，周官"有司"，一则可为官之"泛称"；二者指"各有司之专官"，即可专指某官。西周早期职官，若司土、司马、司工，合称曰

---

① 盖（25）之"衢"、（45）之"亳"，异释亦众，不备举，我们暂分别从"乡""亳"释。

② 李零先生以为"左（右）伯"乃"左（右）里伯"之省称，当非是。详见李零《齐、燕、邾、滕陶文的分类与题铭格式——新编全本〈季木藏陶〉介绍》，《管子学刊》1990年第1期。

"三事大夫"，又谓"三右"，如张亚初、刘雨先生说："有尹、正、友、寮、有司、三左三右、三事大夫、百生等职官泛称。"[①]西周中晚期，司土、司马、司工合称为"参有司"，[②]若盨方彝铭："用司六师，王行，参有司，司土（徒）、司马、司工（空）。"（《集成》9899）又《左传》文公十四年："贷于公有司以继之。""公有司"[③]即"官"。杨伯峻先生注："公有司为一词，谓掌公室之财物者。"[④]故此"有司"[⑤]，一则乃为设官分职，各有专司，是官吏、官署之泛称；二则指"各有司之专官"。我们所论诸玺和陶文均为齐器，按齐制，非"里"之官长称为"有司"，"邑"者亦然。如《国语·齐语》："三十家为邑，邑有司。"《管子·小匡》："十轨为里，里有司……六轨为邑，邑有司……武政听属，文政听乡，各保而听，毋有淫佚者。"此曰"各保而听，毋有淫佚"者，即是命各（里、邑）官"有司"，须各就其职、各司其事，莫要淫逸放纵，以失其职。正如《礼记·曲礼》"左右有局，各司其局"之释，即"有司"须司其"局"。谓"左右有局"，即左右各置"有司"，如《大戴礼记·子张问入官》曰："欲名，则谨于左右。"孔广森曰："左右，有司执政也。"孔颖达谓"各有所司部分"，"各有所司"即各"有司"，"部分"即"局"，即各"有司"司其"局"。

可见，无论齐官之"有司"乃"泛称"言之，还是"专指某官"，皆是"各司其局"义。故此，诸陶所见"左里局""右里局"，皆是指"里"一级官署，其职责当包括陶器监造事。细言之，如（50）昌檽陈固南左里敀（局）亳區，即"昌檽陈固南左里局"所监造之"亳區"；再如，（57）内郭陈齋叁立事左里敀（局）亳豆，参以旧释，其义即"内郭"人"陈齋第三次莅事"由"左里局"监造之"亳豆"。其他陶文类此二陶者，皆同此释，不赘述。

---

① 张亚初、刘雨：《西周金文官制研究》，中华书局，1986，第104页。

② 张亚初、刘雨：《西周金文官制研究》，第108~110页。

③ 杜预注："家财尽，从公及国之有司富者贷。"其分公、有司为二官，杨伯峻先生以为非是。

④ 杨伯峻：《春秋左传注（修订本）》，中华书局，1990，第603页。

⑤ 又燕侯克罍、燕侯克盉铭"有司"，胡长春谓其为新见之官职。详见胡长春《新出殷周青铜器铭文研究》，博士学位论文，安徽大学，2004，第29页。

另外，如（67）句华门陈棱再鄙廪均（局）亳釜銎，又如《陶录》3.1"陈棓三立（莅）事岁右廪釜"、3.39"陈🔲立（莅）事岁平陵廪釜"、3.47"陈华句莫廪□亳釜"等，旧释以为"廪"者乃"廪所用之陶量"，[①]或非是，相较可知"廪"者乃"廪局"之省称，此诸陶当义"某廪局"所监造之量器，以此示其与"王局""某里局"等监造之量器不同。陆德富先生亦主"齐国地方上的廪设有手工业生产机构"。[②]

需特别注意的是：（43）□衢（乡）陈憼左敀（局）橋均（局）釜，为"□衢（乡）陈憼左敀（局）橋里均（局）釜"之省称，"橋"乃"橋里"之省称，地名。其义为"左局"辖下之"橋里局"制造之"釜"。此皆称"局"，当与"邑有司""里有司"皆曰"有司"同理。

另，（44）□钧（局）所为匋□，释文从徐在国先生，其曰"某局"之"所为匋"，即谓"某局所制造"。此乃其官办曹局"物勒署名"之佳证。又如前揭（2），其印文只言"工均（局）"，应指"官造"之义。

六　释燕陶所见诸"局"玺

燕陶文向有固定格式：某年（十六～廿三[③]）某月＋左/右匋㝉＋（左匋）俅某（敃、汤、骏、㡰、畄、疾、易）＋敀（局）＋某（賢、瑬、国）＋右（右）匋攻某（敃、汤、徒、剸）。

其体例，可由三类玺印看出。第一类，"某年月＋左/右匋㝉（尹）"；第二类，"（左匋）俅某＋敀（局）＋某"；第三类，"右（右）匋攻某"。李零先生引黄盛璋先生说，称其同兵铭之"三级监造"，即省（监造）者＋主（主办）者＋造（铸造）者。[④]李学勤先生以为"左/右匋尹"乃燕置职掌制陶之机构，其人员分"俅（李先生释'倕'）、敀、

---

① 李学勤：《战国题铭概述（上）》，《文物》1959年第7期。
② 陆德富：《战国时代官私手工业的经营形态》，博士学位论文，复旦大学，2011，第63页。
③ 最晚至"廿七"年。见董珊《战国题铭与工官制度》，博士学位论文，北京大学，2002，第135页（注645~646）。
④ 李零：《齐、燕、邾、滕陶文的分类与题铭格式——新编全本〈季木藏陶〉介绍》，《管子学刊》1990年第1期。

工三级"。① 李零、董珊先生均有意"俟、敀"乃陶尹下工师一类（中层）工官，"敀"为"俟"之助手或副手类佐官。②

按，"左/右匋尹"乃制陶之机构，"匋攻"即"陶工"，此应无疑；据"俟"后之"敀、汤"与"匋工"名有所重复而言，"俟"为中层陶官（署）名称、"工"为下层陶匠，系因"名某"无定，重复自所难免。故此，"敀"者仍以"局"释，其在陶文中即示："俟某"官所掌之"局"（所司之曹）主造之陶。"局"后之"某"，目及所见仅别以"贳""莹""国"三字，于"贳"，李学勤先生释"贺"，③ 曹锦炎先生从之，并谓"'贺''国'都是'敀'的名字"。④ 又董珊先生释"贷"。⑤ 于"莹"，何琳仪先生以为疑读"室"。⑥ 按，"贳"字释义暂不明，"莹"读"室"当可从，其义可能即是"王室"，此与"国"义类同。此三字列于"俟某局"后，其义可能是指："王室""国"（中央）所用之陶，分别由"俟某（敀、汤、骏、旃、甾、疾、昜）局"来负责制造。

本章所考，当有二得。一者，首将战国古文所见之"敀""呴""均""徇"合而论之，得释"局"字，借此诸字所在玺文、陶文（齐、燕）、简文（楚）等辞例皆得读通。二者，典籍所见，如上揭《礼记》所言"局"者，一直以来未引起重视，惯以为官署曰"局"者乃后世之谓，如北齐之"六尚局"；然今以此释可证，官署曰"局"，始于战国，齐、燕、楚皆有设置，秦又沿之，故此后世以降，乃至于今，均为其遗制。如此，即将原以为官署"局"起于北齐之时限，提前至战国时期，向前至少推进了七八百年。此于我国官制等研究应有裨益。

---

① 李学勤：《燕齐陶文丛论》，《上海博物馆集刊》第6期，第170~173页。
② 董珊：《战国题铭与工官制度》，博士学位论文，北京大学，2002，第134~138页。
③ 李学勤：《战国题铭概述（上）》，《文物》1959年第7期。
④ 曹锦炎：《释战国陶文中的"敀"》，《考古》1984年第1期。
⑤ 董珊：《战国题铭与工官制度》，博士学位论文，北京大学，2002，第134~135页。
⑥ 何琳仪：《战国古文字典》，第1088页。

第三章 "日名制"视域下相关古玺文汇考

干支纪日法，发展至殷商已非常成熟，且卜辞所见已有完整的干支表。郭沫若先生《释支干》云："卜辞数万片，几于无片不契有支干。更别有'支干表'多种。盖支干之用既繁，不能不制出简明之一览表以便查检也。"[①] 论来，干支称谓为东汉以后事，之前古人称"十干"为"十日"，称"十二支"为"十二辰"；后世将此"十干"谓之"天干"，"十二支"谓之"地支"。干支按次序对应，两两搭配即构成"六十干支"，或谓之"六十甲子"，循环往复，以此纪时。殷商时期，干支除普遍用来纪日外，亦用作先王、先公以及王室成员的命名，如：太甲、沃丁、太庚、小甲、祖乙、祖辛、南庚、盘庚、祖庚、庚丁等。此以"日"为"名"之制，后世一直沿袭，战国以降，方日渐式微。

"日名"这一称谓，近世以来如王国维、罗振玉等先生都曾使用。曰其为"制"，系因长期之因袭，且有别于"纪日"之制，有如张富祥先生云："现在文化学或古史学上通称的日名制，不是指古代历法以天干、地支及'六十甲子'表日的制度，而是指以干支之名作为社会群体及个体名号的一种命名制度。"[②]

本章所论古玺即与此"日名制"有关。如《玺汇》0293"日庚都萃车马"玺（图版①）之"日庚"，历来众说纷纭，难以读通，是此以"日名制"解之，当得释然。同理推及"旱""日辛"等，一系相关玺印

---

① 郭沫若：《郭沫若全集·考古编》第1卷，科学出版社，1982，第155~156页。
② 张富祥：《日名制·昭穆制·姓氏制度研究》，上海古籍出版社，2014，第6页。

得以重新认识。在诸玺得释之同时,对于"章""旦""昌"等字之形、音、义,亦有新得。

第一节 "日庚都萃车马"玺及相关玺考

古玺林有名印一方,其印蜕收录于古今数百种印谱之中,《玺汇》编号为 0293,释为"日庚都萃车马"。是玺为烙马所用,印面硕大,形制特别,乃不可多得之珍品。大凡考论古玺者,必言及此印,然对其释读素有分歧,焦点盖在"日庚"二字连文之释义,迄今未安。今幸于前贤旧释之上,考得是玺之"日庚都"即"庚都",此二称谓当源于"日名制"。该玺为庚都所属部队兵车所用马匹之烙印。

《玺汇》0293 玺释为"日庚都萃车马"。此玺,铜质,柄纽(方孔)中空,通高 7.33 厘米、台高 4.17 厘米、印面 7.4×7.5 厘米。[①]因此玺印文布局大开大合、跌宕奇巧,观之一见倾心,品之逾淳其美,是此独步先秦,素有美名。如此瑰宝,惜流于海外,现藏于日本京都有邻馆。有关其出土地点、国别属系、释文,素有分歧,未有定论。今于前贤旧释之上,汇而考之,详述如下。

一 异释旧说

(一)出土地点及国别属系之歧

按柯昌济《金文分域编》所云:"周'日庚都萃车马'玺,《山东通志》光绪十八年(1892)出土潍县。王文敏(懿荣)以百五十金得之,方二寸二分,四边作铜墙,如方笔筒。筒内有数柱横撑其间,疑古钤马印,其筒所以盛火也。周季木(进)云易州出土。"其出土地点向有分

---

① 〔日〕土屋明美:《日庚都萃车马》,《中国书法》2012 年第 11 期,封面。

歧：一曰"山东潍县"，即战国时齐国、鲁国属地；一曰"河北易州"，即战国时燕国属地。故就其属系自生分歧，一曰其乃齐系官玺，一曰其乃燕系官玺。主齐系者少，主燕系者众。主燕系者，如李学勤先生云："著名的'日庚都萃车马'烙马印，有山东潍县、河北易县出土两说。……此玺各字的写法都同于燕玺，而与齐物有别，恐怕还是易县的出土品。"[1] 又如石志廉先生曰："此玺很有可能为易县出土之燕器。柯氏（昌济）疑其为古钤马印之说，亦甚有见地。"[2]

（二）旧释之歧

以往对该玺印文的分歧主要集中在第一、二、四字上：首字之歧在"日、白"之间；第二字之歧在"庚、暵"之间；第四字之歧在"萃"之释义。

首字之释，多释为"日"。释为"白"者，见肖毅《古玺文分域研究》，然于此释未做说明，于印文解之为"'白庚都萃车马'当指白庚都部队所属的车马"。[3]

第二字之歧，在于是否将首二字"视为一字"，然二者之中，释二字作"日庚"者为多数。如于省吾先生释为"萃车马日庚都"（左起右读），并曰"是'萃车'即'副车'也"；[4] 上引李学勤先生于《东周与秦代文明》亦曰"日庚都"。首二字合文，裘锡圭、施谢捷先生分别释为"暴""奉"。[5] 笔者面见施先生时，问及此释，他指出，玺文此字从日，字形上分析更像是"奉"，奉字竖笔都冒头，庚字有两种写法，竖笔不冒头是典型写法，冒头则非典型写法（玺文竖笔冒头）。冒头不冒头在汉字里经常出现，就像用笔写时稍微带一下就穿过了；从玺文结构

① 李学勤：《东周与秦代文明》，第 255 页。
② 石志廉：《战国古玺考释十种》，《中国历史博物馆馆刊》1980 年第 2 期。
③ 肖毅：《古玺文分域研究》，第 656~659 页。
④ 于省吾：《穆天子传新证》，《考古》1937 年第 1 期。
⑤ 裘先生疑释作"暴（？）"，参见裘锡圭《浅谈玺印文字的研究》，《中国文物报》1989 年 1 月 30 日，第 3 版；裘锡圭《裘锡圭学术文化随笔》，第 57 页。另参施谢捷《古玺汇考》，博士学位论文，安徽大学，2006，第 77、80 页。

和形态上看，此玺为燕系无疑。①

主释为"暶"者，如何琳仪先生云："'暶都'，旧释为'日庚都'。按'庚都'见方形小玺，在今河北唐县。'唐'从'口'从'庚'，'暶'从'日'从'庚'，应是一字之异体。"②孙慰祖先生从之，云："据何琳仪考，暶都在今河北唐县，战国属燕地。据印文及纽式特征，知为古代烙印文字于马器，作为标志专用器具。其形制硕大，在古玺中为仅见。"③释为"唐"者，又有董珊先生，其曰："'唐都'地方的武库用此印给兵车所用的马匹做记号，以区别于粮草辎重之马。"④对此亦有持疑义者，如林乾良谓："'日庚都萃车马'之'日庚都'，为燕国之都邑，或以为是'暶都'，存质。"⑤另有学者，虽从释"唐"说，但不言"暶"字，如朱立伟隶其为"庚都萃车马"，并曰"唐地见《汉书·地理志》中山国，诸家考释皆在今河北唐县，战国时处齐、燕交界"。⑥

与《玺汇》0293玺印文相近者，还有《玺汇》0059玺"庚都右司马"（图版③）、0117玺"庚都户（尉）"（图版④）。与0059玺几近者另有一玺，李学勤先生曾介绍曰："日本藤井善助收藏的'庚都右司肆玺'（图版⑤），无边而有'玺'字，与其他不同。'肆'字作'𣎴'，旧释'马'，唐兰先生改释'肆'。高1.18厘米，系铜质，双盘螭钮，制作很是精巧。"⑦又见董珊将一陶印释为"唐都王节瑞"，注云："辽宁省出土，自藏拓本。"⑧惜其未录陶拓。《玺典》3929陶文，释为"日庚都王勹鍴"（图版②），曰其为辽宁喀左出土，依释文及出土地可知其应为董珊先生所言之陶。与0293玺文相近者，再如北京故宫博物院藏有一镦，其

---

① 2018年12月21日在西安美术学院举办的"中国古代封泥学术研讨会"上与施谢捷先生交流之大意。
② 何琳仪：《战国文字通论（订补）》，第101页。
③ 孙慰祖：《历代玺印断代标准品图鉴》，吉林美术出版社，2010，第8页。
④ 董珊：《战国题铭与工官制度》，博士学位论文，北京大学，2002，第104页。
⑤ 林乾良：《中国印》，西泠印社出版社，2008，第204页。
⑥ 朱立伟：《关于燕国兵器铭文中的地名问题》，于全有主编《中国语言学研究》，吉林文史出版社，2006，第106~111页。
⑦ 李学勤：《东周与秦代文明》，第255页；李学勤：《四海寻珍》，清华大学出版社，1998，第31页。
⑧ 董珊：《战国题铭与工官制度》，博士学位论文，北京大学，2002，第121页。

上有铭文四字，释为"庚都司马"(《集成》11909，图 3-1)。诸玺同文之"都"字，释为"都"多无异议，然赵平安先生认为燕国古玺常见之"都"字，当释作"郒"，读为"县"。[1] 即 0293 玺若为燕玺，当亦在赵先生所论之内。

另有多件燕系兵器，与 0293 玺系有同文"萃"字，如《商周青铜器铭文暨图像集成》(简称《铭图》)所录之 16983"郾(燕)侯(侯)舜(载)作萃锯(戠)"、17003"郾(燕)王职作王萃"、16979"郾(燕)侯(侯)脮作萃鋏(戠)釪"等。为释此玺之"萃"字，诸家多引以上资料；释义之异，亦集中在"萃"字。

《周礼·春官·车仆》："车仆掌戎路之萃，广车之萃，阙车之萃，苹车之萃，轻车之萃。"郑玄注："萃，犹副也。"孙诒让疏曰："盖此掌五戎之萃，当与诸子掌国子之倅义同，萃即谓诸戎车之部队，亦即县师、司右所谓车之卒伍也。萃者，通正副尊卑之言，非专指副倅。"[2] 由此可知"萃"即谓诸车之部队，李学勤、郑绍宗[3] 与何琳仪[4] 诸先生皆认可此说。"某萃"，黄盛璋先生认为乃不同部属的"副车马"。[5]

图 3-1 "庚都司马"镦铭文

① 赵平安：《论燕国文字中的所谓"都"当为"郒"(县)字》，《语言研究》2006 年第 4 期。
② 孙诒让：《周礼正义》，第 2641 页。
③ 李学勤、郑绍宗：《论河北近年出土的战国有铭青铜器》，《古文字研究》第 7 辑，中华书局，1982，第 123~138 页。
④ 何琳仪：《战国古文字典》，第 1172 页。
⑤ 黄盛璋：《燕、齐兵器研究》，《古文字研究》第 19 辑，第 13 页。

叶其峰先生认为："萃有集义，萃车马可释为聚集车马。它可能是当时集中、管理车马的机构名称，类似后世的车马站。这方印章，罗福颐先生曾据纽式考定是烙马印，然则，此是燕国日庚都'车马站'的烙马用章，它烙在马身上，以示该站所有。"① 又："萃车马本义为聚集储备车马，而非副车马。……此玺是日庚都管理车马的官署作为凭证烙于该机构所管马匹之上的专用官署玺。"②

关于《玺汇》0293、0059、0117玺，曹锦炎先生均有论及，其认为"日庚都萃车马"，指日庚都官署副车所用的马；"庚都尉"是庚都的辅佐官之印。于"庚都右司马"玺，曹先生认为，"庚"为地名，典籍虽失载，当和庚水有关。庚水正在燕境内，燕国之庚都，当在庚水流域。③ 与曹先生所述近同者，如陈根远先生言："'庚都'为燕地名，'萃车'即副车。马身烙此印，表示此为日庚都官署副车所用之马。"④ 又孙家潭先生云："据考，'日庚都'为燕国都邑名，'萃车'即副车，印文'日更都萃车马'是指日庚都官署副车所用的马。"⑤

对于"萃"与"某萃"之释，又见三种新解。一者，如董珊认为："'萃'包括一辆兵车、兵车上的甲士以及跟随这辆兵车的步兵所聚集起来的一个行列队伍的单位，尤其强调其中的兵车，是一个集合概念。"⑥ 他特别强调"兵车"。二者，又见学者强调"步兵"者，亦言及兵士，如罗卫东谓："'萃'指步兵，'某萃'是步兵组成的军事组织。"⑦ 三者，如陈光田云："'萃'，当读作焠。焠，灼烧之意。"⑧ 按此玺为烙马所用，萃以焠解，亦无不可。

由上大概回顾了，《玺汇》0293玺及相关玺印的旧释情况。于玺

① 叶其峰：《战国官玺的国别及有关问题》，《故宫博物院院刊》1981年第3期，第88页。
② 叶其峰：《古玺印通论》，第18页。
③ 曹锦炎：《古玺通论》，第55、147页。
④ 陈根远：《印章鉴藏》，辽宁画报出版社，2001，第25~26页。
⑤ 孙家潭：《大风堂古印举：孙家潭藏古玺印杂记》，西泠印社出版社，2009，第4页。
⑥ 董珊：《战国题铭与工官制度》，博士学位论文，北京大学，2002，第99页。
⑦ 罗卫东：《金文"萃"及"某萃"补论》，《励耘语言学刊》2015年第2期。
⑧ 陈光田：《战国玺印分域研究》，第96页。

文首二字，我们认为其为"日庚"二字当无疑。①旧释分歧，盖在玺文之"庚"与"萃"字上，然无论释为"日庚都"或"唐都"，均言其在燕地，即是说此玺乃燕玺。于"萃马"之释，盖在"副车马""诸车之部队""车马站""兵车之马"等之间。释"副车马"说有如孙诒让云"萃者，通正副尊卑之言，非专指副倅"。以下我们重点探讨"日庚"的问题。

二　汇考

（一）日名制

我们以为，释此玺之关键，自须以"日庚"为主，但又不可仅限此，当综合视之。首从干支论起。"庚"乃天干之一。十天干者，甲、乙、丙、丁、戊、己、庚、辛、壬、癸，十天干古称"十日"；地支者，子、丑、寅、卯、辰、巳、午、未、申、酉、戌、亥，十二地支古称"十二辰"。十天干与十二地支依次相配，即成"六十甲子"，循环往复，以纪日。在殷商之际，庚日干"庚子、庚寅、庚辰、庚午、庚申、庚戌"者，凡卜记时之辞每每言及，甲骨文常见。又多位商王以"庚"为名，如"太庚""南庚""盘庚""祖庚""庚丁"等，故卜辞祭祀对象（王及王室成员）以"庚"为名者亦屡屡得见，如"大庚""父庚""母庚""兄庚""祖庚""妣庚""小庚""康（庚）丁""二庚""三妣庚"等。

类此之名，学界谓之曰"日名制"。此制在商代颇为盛行，亦延续至两周。如张光直先生据4000多件带有铭文的商周铜器进行统计，得有十干日名者1295件（含商器1102件、西周191件、不明者2件），其中日名"庚"者有41件。②春秋之世，以十干为名、为字者仍然常见，如名"庚"者见于《左传》有齐之颜庚、莒之共公庚舆、司马子庚；至战国初年，亦有《史记·韩世家》谓韩庄子"名庚"。此见日名制于殷商后之沿

---

① 陈光田曰："按如果'日庚'为一字，'日'旁在印面内的位置当在'庚'的左上角，不像现在'庚'与'都'两字显得那么拥挤，而且印面中间还有很多空白。所以，'日庚'当为两字。"参见陈光田《战国玺印分域研究》，第96页。

② 张光直：《中国青铜时代》，生活·读书·新知三联书店，1983，第179~180页。

袭。而战国以降随着宗法、姓氏制度的发展,日名制遂日渐式微。

（二）"庚都"与"日庚都"之名当源于日名制

上述日名制与我们所释之玺文,可有关系?我们认为是有的,而且这也是释解玺文的关键。玺文曰"日庚都",当亦是"日名制"之产物。旧释以"日庚都"不见于典籍记载,遂转而释为"唐都",此释诚然可贵,但总觉未安。"唐"虽从口庚声,但在甲骨文中已有本字,如商王大乙之私名曰"唐",金文如"叔尸钟"作"成唐"。若有本字的代用,如河北易县出土有陶文,释作"汤都司徒鈢"(《玺典》3857),此见假"汤"为"唐"或为惯例,殆不需以"暵"示"唐"。若"暵"是"唐",或可谓《玺汇》0059、0117玺之"庚"为"唐"之省?当非是。

关键者,"日庚"二字连文,不独见于《玺汇》0293玺,其在金文中亦多见。如《集成》铭文曰"日庚"者,拣选若干如是:

大祖日己戈（殷,《集成》11401）:大祖日己、祖日丁、祖日乙、祖日庚、祖日丁、祖日己、祖日己。

祖日乙戈（殷,《集成》11403）:祖日乙、大父日癸、大父日癸、仲父日 癸、父日癸、父日辛、父日己。

大兄日乙戈（殷,《集成》11392）:大兄日乙、兄日戊、兄日壬、兄日癸、兄日癸、兄日丙。

亚登兄日庚觚（殷,《集成》7271）:亚登兄日庚。

伯姜鼎（西周中期,《集成》2791）:用□夜明（盟）享于邵伯日庚。

祖日庚簋（西周早期,《集成》3991）:祖日庚,乃孙作宝殷。

祖日庚簋（西周早期,《集成》3992）:祖日庚,乃孙作宝殷。

彧方鼎（西周中期,《集成》2824）:朕文考甲公,文母日庚戈休……日庚宝尊鬶彝。

师虎簋（西周中期,《集成》4316）:剌（烈）考日庚尊殷。

彧簋（西周中期,《集成》4322）:用作文母日庚宝尊殷。

曶尊（西周中期,《集成》5931）:曶作文考日庚宝尊器。

上列前三者，乃著名之"商三勾兵"，又谓"商三戈"，其中大祖日己戈其铭文即含有"日庚"，如图 3-2。

图 3-2 大祖日己戈铭文

金文"日庚"者，一般是二字连文出现，如上揭之彧簋、师虎簋、亚登兄日庚瓢等，不备举；亦有作合文者，见之于彧方鼎作"▨"、曶尊作"▨"等。合文者可，分作者亦可，如祖日庚簋同铭两器，一者合文"▨"（《集成》3991），另一则分作"▨▨"（《集成》3992）。可知，继甲骨文后，金文也见有"日名制"之沿袭，故"日庚"作"连文、合文"者，由来已久。

日名某者，刘正先生将其归结为"庙号问题"，并指出自汉至今已形成大致七种观点。按刘正先生归纳，第一种如容庚先生在《商周彝器通考》中就曾引"商三勾兵"铭文作为"生日说"之佐证。其他六种观点分别为"庙主说""祭名说""死日说""致祭次序说""婚姻制度说""卜筮选定说"。[1] 张富祥先生谈得更细，如有"生日说""庙号、祭名、死日、吉日、葬日诸说""致祭次序说与卜选说""庙号分类说""区分嫡庶说与生称说"等。[2] 可见日名制问题乃学术史上一大难题，聚讼纷纭，迄今无一定论。于此，我们无意涉此学术难题，仅欲表明我们所论《玺汇》0293 玺之"日庚"，与上列诸器铭文"日乙、日庚、日辛"等同属"日名制"范畴。

如此再看旧释"日庚都"为"唐都"，或见得可商之处。如铭文之"祖日庚"，若释为"祖唐"，诚不可通，何况还有祖日辛、祖日丁等，则更不可行。如此，玺文"日庚"为两字，已然有据。那么"日庚

---

① 刘正：《金文学术史》，上海书店出版社，2014，第 259~263 页。
② 张富祥：《日名制·昭穆制·姓氏制度研究》，第 19~35 页。

都""庚都"关系如何呢？

实际上，仅就"庚"一字，即可表明其为日名，如铭文"祖庚"即该祖日名为"庚"，那么在"祖"与"庚"之间加一"日"字作"祖日庚"当作何解？如上列诸器铭文，此"祖"字亦可为"妣、父、兄"等，或言"祖、妣、父、兄"等为不同之区别词；又"日"字可加可省，如《集成》作"祖庚"者九见，[①] 作"祖日庚"者三见。[②] 我们所论古玺，作"庚都"者三见（《玺汇》0059、0117 玺，日本藏庚都右司肆玺），作"日庚都者"二见（《玺汇》0293 玺、《玺典》3929 玺）。或即曰，无论"日乙、日庚、日辛"等表征的是"生日""死日""吉日"等，还是"庙号""致祭次序""生称"等，"乙、庚、辛"等干名前或加或省"日"字似无关紧要。我们以为，可能于干名前附加"日"字或仅起某种强调"日名为某"之用，无明确意义。若此，正有一佳证。陈絜《应公鼎铭与周代宗法》一文介绍，河南平顶山应国墓地出土器物之一应公鼎（M8：33），上有铭文"斌帝日丁"。陈先生说："所谓'斌帝'，便是应国国君对其始封君所自出的先王之祭称，而'斌帝日丁'之称，与商晚期的'文武帝乙'以及西周早期的'文帝母日辛'极其相似，即是说周武王的日名为丁。"[③] 换言之，此应公鼎之"日丁"与我们所论"日庚"乃同类。陈先生将"日丁"释为"日名为丁"，大概认为铭文"日"字没有什么实际意义。

可见在甲骨文中，"日"字殆有某种"实义"，至金文和战国玺文，或只是沿袭其形式，实质上类似于某种"符号"，已无多少"实义"了，后至战国古玺文当更是如此。由此而言，"日庚都"即"庚都"。

（三）释私名"日庚"玺三则以互证

古玺中，"日庚"既可作为地名，当亦可能作人名。

《玺汇》2280 玺（图版⑥）旧释"苴鼠"，于第二字阙释。按，此字

---

① 详见《集成》编号 1996、3865、4895、5605、5606、7081、7859、7861、8341、8342 诸器。

② 即上揭之大祖日己戈铭、祖日庚簋重文二铭。

③ 陈絜：《应公鼎铭与周代宗法》，《南开学报》2008 年第 6 期。

从日从庚，然非一字，即"日庚"。玺文"🐾"，其上为日，因二字粘连（或称合文），其下之字当可能有二形："🐾"或"🐾"。作"🐾"者，其上部所从于金文和玺文释为"康"字者习见；作"🐾"者，上部所从似"三角形"（或"倒三角"平顶者），于金文"庚"字亦多见，如子父庚觯作"角"（《集成》6292）、子父庚爵作"禹"（《集成》8584）、龟母庚爵作"禹"（《集成》8740）、陆册父庚卣作"🐾"（《集成》5081.1）等。

凡此二形，或以为均释"康"，然康字初文从庚。于"庚""康"之关系，郭沫若先生《释支干》以为"庚"乃有耳可摇之乐器，以声类求之，当即是"钲"。① 李孝定以为其形制类似后世之"货郎鼓"。② 赵诚先生云："'🐾'或写作'🐾'，均从'∷'从'庚'。庚为一种乐器；'∷'象乐器发出的声音，犹'彭'作'🐾''🐾'，'壴'为鼓形，数点象鼓声。则康为一种乐音，为会意字。……《史记·殷本纪》'帝廪辛崩，弟庚丁立，是为帝庚丁。'庚丁即卜辞康丁。"③ 又季旭昇先生谓："'康''庸'（镛）之初文均从'庚'，足证'庚'为乐器之说可从。"④ 按，"庚"本义为一种似钲、铙之可摇乐器，"康"为"庚"发出之乐音。正如赵诚先生言《史记》之"庚丁"即卜辞之"康丁"。故《玺汇》2280玺当释"苴日庚"。

另，《玺汇》1453玺作"🐾"、2740玺作"🐾"，显见1453玺"🐾"与2280玺"🐾"同文，即"日庚"，故1453玺当释"陈日庚"。于2740玺，吴振武先生谓："2740号玺文'🐾'从目从帝，可隶定为'帚'。'帚'和'🐾'（1682玺）、'🐾'（0397玺）等字应分列。'帚'亦不见后世字书。"⑤《玺汇》0397玺、1682玺同文可隶作"帚"（详见后文）；然将2740玺隶作"帚"或有不妥。诸形上从除"日、目"微异外，⑥ 显见2740玺"🐾"下从"数点"，此与2280玺相同，却与0397玺、1682

---

① 参见郭沫若《郭沫若全集·考古编》第1卷，第173~175页。

② 李孝定：《甲骨文字集释》第14卷，中研院历史语言研究所，1970，第4267~4272页。

③ 赵诚编著《甲骨文简明词典》，中华书局，2009，第26~27页。

④ 季旭昇：《说文新证》下册，台北：艺文印书馆，2004，第277~278页。

⑤ 吴振武：《〈古玺文编〉校订》，第250~251页。

⑥ 我们以为，是字"日"从"目"无别，以玺文"得"字为例，我们知其从"日"，而玺文每每从"目"，如《玺汇》0291玺作"🐾"、4338玺作"🐾"、3593玺作"🐾"、4335玺作"🐾"、4336玺作"🐾"等，如此者众，可资佐证。

迥异,此"数点"之异,若非"饰笔",即是"帝""庚"二字之别。另见,何琳仪先生释2740玺、2280玺同文作"睩",[1] 又田炜君释2280玺、2740玺及《顾氏集古印谱》同文是字作"賕",[2] 二人共同之处在于以为同文从"录",而"录"字与"康"字下部同形。故此,愚以为该字为"日庚(康)"合文。若此,2740玺"盍日庚",即姓盍名"日庚"者之私印。此若成立,则《玺汇》有2280、1453、2740玺三钮私玺名曰"日庚"。这正可与0293玺"日庚都"互证;再者,以"天干"为人名者亦有"日辛"等,也可与地名曰"日庚都"、私名曰"日庚"者再互证,详见后文。

(四)"日庚都"地望刍议

"都"字在印文中常见,属地名建制,"日庚都"即"庚都"。其地望安在?我们尝试解之。先看《左传》关于"穆子"的两处记载。

《左传》昭公四年:

> 初,穆子去叔孙氏,及庚宗,遇妇人,使私为食而宿焉。问其行,告之故,哭而送之。适齐,娶于国氏,生孟丙、仲壬。梦天压己,弗胜,顾而见人,黑而上偻,深目而豭喙,号之曰:"牛,助余!"乃胜之。旦而皆召其徒,无之。且曰:"志之。"及宣伯奔齐,馈之。宣伯曰:"鲁以先子之故,将存吾宗,必召女。召女,何如?"对曰:"愿之久矣。"鲁人召之,不告而归。既立,所宿庚宗之妇人献以雉。问其姓,对曰:"余子长矣,能奉雉而从我矣。"召而见之,则所梦也。未问其名,号之曰:"牛。"曰:"唯。"皆召其徒,使视之,遂使为竖。

《左传》哀公八年:

> 三月,吴伐我。……明日,舍于庚宗,遂次于泗上。

---

[1] 何琳仪:《战国古文字典》,第382页。
[2] 田炜:《古玺探研》,第6页。

穆子，即鲁国贵族叔孙豹。穆子离开叔孙氏，在庚宗私通一妇人，后生有一子名曰"牛"；穆子去到齐国，又娶了国氏妻子，生了孟丙和仲壬。此处，需特别注意的是"庚宗""孟丙""仲壬"。"庚宗"显然是地名，杜预注曰："庚宗，鲁地。""孟丙""仲壬"乃人名。于此"三名"，张富祥先生认为，从字面上即可显见"庚宗"出于日名制，乃商代习称之沿用；"孟丙""仲壬"亦是日名制于齐国大贵族国氏间存留之遗迹；并谓："（庚宗）其地在齐、鲁之间，当距离鲁都曲阜不远。《竹书纪年》记载商王南庚'三年，迁于奄'，六年卒；又阳甲继位四年卒；至盘庚'十四年，自奄迁于北蒙曰殷'。奄地在今曲阜附近，'北蒙'犹言北亳、北都；'曰殷'是周人的称呼，即今河南安阳。是知商王室曾建都于曲阜之地二十余年（约前1299~前1278）。从南庚、盘庚皆以'庚'为日名来看，曲阜一带极有可能曾是王室庚宗的聚居地，并建有庚宗的宗庙，故久而俗间遂习称其宗庙之邑为'庚宗'。"[①]

张先生所言"庚宗"本为南庚、盘庚等以"庚"为日名的庚宗之聚居地，所言甚是。商代为先公先王"作宗"者，不独"庚宗"，其他先公先王亦建有宗庙。卜辞日名作"宗"者如：

《合集》333：庚辰□：于庚宗十羌，卯二十牛。

《合集》13534：庚辰卜，贞：于丁宗。

《合集》36176：……司母其……司母于癸［宗］，若，王弗悔。

对此王贵民先生云："甲骨文记载，商代后期不断地'作宗'，即建造宗庙。这时商都宗庙林立，除一些自然神庙外，主要是祖先宗庙，而且都是直系先公先王的。如夒宗、大乙宗、唐宗、大丁宗、大甲宗、大庚宗、大戊宗、中丁宗、祖乙宗、祖辛宗、祖丁宗、小乙宗、四祖丁宗、祖甲旧宗、康祖丁宗、武祖丁宗、武乙宗、文武丁宗、文武帝乙宗等等。"[②]这样看来，"庚宗"本乃日名为"庚"的商先公先王之宗庙，因

---

① 张富祥：《日名制·昭穆制·姓氏制度研究》，第137页。
② 王贵民：《商周庙制新考》，《文史》第45辑，1998，第34页。

其王室曾长期聚居于"庚宗"所在之邑，故该邑被习称为"庚宗"。

"庚宗"系鲁地，盖在曲阜、泗水附近。具体位置，竹添光鸿谓："据《传》'舍于庚宗'，在今泗水县东，去曲阜近。"①清人顾栋高《春秋大事表》、顾祖禹《读史方舆纪要》也有相关记载。如"高氏曰：'时穆子适齐。又哀八年吴伐我，舍于庚宗，次于泗上，当在鲁北竟，此时吴师自武城而来也。今兖州府泗水县有庚宗亭'"，②又"庚宗亭，在县东。……盖县与费县接境"。③此"庚宗亭"系由"庚宗"而来，皆出于日名制。又顾祖禹谓："泗水县，府东九十里。西南至邹县九十里，西北至泰安州百里。古卞明国，春秋时鲁卞邑，汉置卞县，属鲁国。晋属鲁郡，宋因之。后魏省入汶阳县。隋开皇十八年改置泗水县，属兖州，唐、宋因之。元省入曲阜县，寻复置。"④此知"泗水县"至隋始置，《左传》言"泗"是指"泗水"，⑤"志以为皆鲁城北之泗水也。《从征记》：'洙、泗二水交于鲁城东北十七里'"，"《水经注》：'洙水出泰山盖县临乐山北，西南流至卞县，西南入泗水，又乱流西南至鲁县东北，分为二流，北为洙渎，南即泗水。孔子设教于洙、泗之间，阙里是也。洙水又南经瑕丘城，下流复入泗。'"⑥又按其"源出陪尾山，西流与诸泉会，过县北，又西至曲阜县界。《水经注》：'泗水出卞县东南桃墟西北，墟西泽方一十五里，泽西际阜，俗谓之妫亭山。阜侧有三石穴，广围三四尺，泽水从穴而上。自此连冈通阜，西北四十许里。冈之西际，便得泗水之源，盖即陪尾山矣。'又有百丁河在县东北二十里，马庄河在县西北三十里，俱南流入泗河"。⑦概而言之，泗水出卞县东南，西至曲阜并与洙水相交成一泽，此泽在曲阜之北，亦在泗县之北，故古泗县在鲁都曲阜之东北泗水附近，"庚宗"及"庚宗亭"亦在此周边。今天的大致

---

① 〔日〕竹添光鸿：《左传会笺》，辽海出版社，2008，第 584 页。
② 顾栋高：《春秋大事表》，中华书局，1993，第 733 页。
③ 顾祖禹：《读史方舆纪要》，贺次君等点校，中华书局，2005，第 1525 页。
④ 顾祖禹：《读史方舆纪要》，第 1523 页。
⑤ 又哀公十一年："师及齐师战于郊……右师奔，齐人从之，陈瓘、陈庄涉泗。"《国语》："宣公夏滥于泗渊，里革断其罟而弃之。"此皆言"泗水"。
⑥ 顾祖禹：《读史方舆纪要》，第 1514~1515 页。
⑦ 顾祖禹：《读史方舆纪要》，第 1524 页。

范围是北以泗水上下为界、西至济宁、东南至费县之三角形广大区域。此区域又与"奄""卞邑"等地之地望有所重复，《竹书纪年》记载商王南庚自"庇"①而"迁于奄"，商王室曾"都奄"二十余年，西周初年周公辅周成王灭武庚，受封于奄国故土，国都曲阜，是为鲁，即"奄"之故地必近曲阜；奄之所在又必为庚宗邑之所在，古"泗水县"在古卞明国，商后期并入奄，此即庚宗又在"泗水县"境之缘由。后至春秋时，泗地属鲁之卞邑；至战国末，泗地归属不定。

由上可知，"庚宗"即在古泗县临近鲁都曲阜。在此可得若干结论。一则，由"庚宗"在泗境近曲阜可推知泗境之"庚宗邑"所在亦即商之奄都故地，正可互证。二则，《说文》曰："都，有先君之旧宗庙曰都。"我们知道，上自商王南庚"迁于奄"，下至武庚（含奄国）为周成王所灭，皆见商曾都于"奄"，而"庚宗"即在奄，故"庚宗"本是先公先王日名为"庚"者之宗庙所在。因商都于此，且商王室久居于此，在庚宗祖庙祭祀之事当也频繁进行并沿袭，久而久之遂习称此邑曰"庚宗都"。因"庚宗"即在"奄"都，称"都"即含有"宗庙"之意，故言"庚都"即"庚宗都"，在玺文中殆省"宗"字作"庚都""日庚都"系亦如此。三则，"庚宗""庚宗亭""庚宗都""庚都""日庚都"当皆出于"日名制"，均由商王"南庚""盘庚"等"日名"衍生而来。

如上所论，则"庚都"即"日庚都"，亦即"泗地"之"庚宗"都。进一步，则《玺汇》0293玺为齐玺，此与其一说出土于"山东潍县"者合。②如此，即与主其为燕玺者不合。孰是孰非？诚然，仅就0293玺之"都"③等字之风格而言，其确与燕系文字几近；再者，"燕玺"说亦

① 陈梦家先生认为："祖乙再迁庇，当在鲁境而邻于奄者，故南庚又自庇迁于奄，较为近易。……此庇或许是庚宗之庚的误字，庚宗在泗水东界。"陈梦家：《殷虚卜辞综述》，中华书局，1988，第252页。

② 潍县，战国时期部分属齐，部分属鲁。同为鲁境，玺随人走，即0293玺亦有可能由鲁之"泗地"转徙至"潍县"。

③ 刘新源先生《奇觚室吉金文述》卷一谓："者从古文旅，故者即旅即遮。"［李圃主编《古文字诂林》（六），上海教育出版社，2002，第476页］按，刘先生所言不尽是，当是"者即旅，都即遮"，此可从本书所论诸玺、《玺汇》3248玺"者"，以及《集成》11634"旅"（者）、11643"鍺"字见得。

见有力之旁证,如前述《玺典》所录 3929 玺"日庚都王勹鍴",此玺无论从印文还是形制来看皆合燕玺之流,如形制"长条形"(阳文)乃燕玺之特色,印文行款亦合燕官"某都 + 某勹鍴"之格式,加之出土地辽宁喀左亦为燕国属地,故该玺当属燕物无疑。若然,由文字风格、《玺典》3929 玺旁证等皆表明 0293 玺为燕物。但事未尽然,如上所述,其地望亦可能在"鲁地泗境"。

战国之际,列国纷争,诸侯割据,连横合纵大行其世,随着各个诸侯国国力此消彼长,各自文化风貌亦日趋迥异,于古玺文而言渐成燕、齐、楚、晋(韩、魏、赵)等系别之分,亦属自然。然文字分域只是大类如此,事者断无绝对性。文字之"同异、分合、地域之风格"皆是相对而言;同时,诸国之分合必然导致频繁的文化交流,继而造成部分地域之文字、官职、风俗等混杂交织。正如李运富先生《战国文字"地域特点"质疑》即言:"字体风格的同异完全不能与地域或时代构成单一的对应。"[1] 分系讨论古玺文自有其于文字研究之便利,但万不可绝对。古玺文国别分域难下确论者,非独 0293 玺。如《十钟山房印举》所录一玺作"🔲",[2] 此玺即《玺汇》0359"洵城",此"洵"即"洵水",抑或"洵城"。[3] 此"洵城""洵水"之地望皆在燕国属地,而陈介祺明言该玺"同治十三年得之,出齐地"。其国别分域亦难确论,主齐系者如肖毅先生等,[4] 主燕系者如施谢捷先生等。[5] 域属有争议者,再如《玺汇》0122、0123、0124、0125、0255、0256 玺等,[6] 此不赘举。

四 释玺义

要之,0293 玺当释为"日庚都萃车马","日庚都"即"庚都"。于其地望,暂不敢遽定,只能曰其可能即《左传》所言之"庚宗";

① 李运富:《战国文字"地域特点"质疑》,《中国社会科学》1997 年第 5 期。
② 陈继揆:《十钟山房印举考释》,第 22 页。
③ 如《玺汇》0017 玺"洵城都司徒"、0019 玺"洵城都庐(尉)"、5543 玺"洵城都右司马"、5551 玺"洵城都兆坵"。
④ 肖毅:《古玺文分域研究》,第 57 页。
⑤ 施谢捷:《古玺汇考》,博士学位论文,安徽大学,2006,第 89 页。
⑥ 参见刘笛《燕官玺集释》,硕士学位论文,安徽大学,2015,第 71~77 页。

"'都'非指国都，是指有城郭的大邑"。①因曰"都"即有"宗庙"之意，故在玺文中省"宗"字作"日庚都""庚都"，若此，其地可能即春秋战国之际的泗境，近鲁都曲阜。该玺为庚都所属部队兵车所用马匹之烙印。关于0293玺的分域，若将来考古发掘能有新材料出现，或可解决，暂阙疑为宜。

如是，《玺汇》0059玺"庚都右司马"、0117玺"庚都尉"、日本藏"庚都右司肆鉩"和《玺典》3929玺"日庚都王勹鍴"之"庚都""日庚都"，当皆源于"日名制"。

第二节　日名制影响下的相关玺集释

前文已释"日庚都萃车马"玺之"日庚都"即"庚都"，地望可能是《左传》所言之"庚宗"，此三称谓当皆出于"日名制"。如前所述，张富祥先生曾论及"日名制"是商周至战国时期社会群体、地、人等命名的普遍方式。同理可推，既有《玺汇》0293玺地名曰"日庚"，亦有2280玺等私名曰"日庚"，则除"庚"之外，其他干支者若甲、丁、辛等，亦当有之。本节我们以"日名制"为统摄，以"旱""日辛"为引线，集释一干与"旱""日辛"相关之玺。同时，借此印证0293玺等"日庚"之释。

一　甲骨文、金文所见"日名"与"合文"

殷商之际，干支不仅可以记时，且多作为商王、王族成员之名号，如王亥、上甲、报乙、报丙、盘庚、南庚、主壬、主癸等。故日名某者在卜辞中习见，且有时多作"合文"出现。在卜辞中，多为单字表一词，但亦有多字表一词者，多字者常合文处理。对此现象，赵诚先生

---

① 曹锦炎:《古玺通论》，第139页。

言:"甲骨文的字,如日、月、山、火、水、人、犬、豕等等。大多数都是词。这样的词可以称之为单字词。甲骨文中也有少数的词,如下乙、文武丁、元示、雍己、中宗且乙等等,由两个或两个以上的字组成。这样的词可以称之为复字词。"① 以日名为"庚""丁"者为例,若"祖庚""康祖丁"等,即符合赵诚先生所说的复字词。其在卜辞中,有两种呈现方式:一者,若作"𣪘"(祖庚)、"𩵋𣪘"(康祖丁),即单字连文;二者,则以合文成词,如祖庚作"𣪘""𣪘""𣪘""𣪘";康祖丁作"𣪘""𣪘""𣪘"等。可见卜辞中"日名"作"合文"者常见,且一直沿袭以下。

日名某者,于商周青铜器铭文中亦多见。我们再以"商三勾兵"为例,其铭文如下:

> 大兄日乙戈:大兄日乙、兄日戊、兄日壬、兄日癸、兄日癸、兄日丙

> 大祖日己戈:大祖日己、祖日丁、祖日乙、祖日庚、祖日丁、祖日己、祖日己

> 祖日乙戈:祖日乙、大父日癸、大父日癸、仲父日癸、父日癸、父日辛、父日己

"日名制"铭文通例为"某+日+某干名"。首一"某"者,即祖、父、兄、母等。"日名"若"日+某干名"者,金文亦多作"合文"形式出现。有如容庚先生所列举三个佳例,其云:"传卣'日甲'二字合文作'𣪘';戟鼎'日庚'二字合文作'𣪘';关卣'日辛'二字合文作'𣪘'。"② 此三例,乃铭文日名含有"日"字者。不含"日"字作"某+某干名"者则更为普遍,如:戈父甲方鼎"父甲"合文作"𣪘"(《集成》1518)、作父乙鼎"父乙"合文作"𣪘"(《集成》1564)、𣪘作父丁鼎"父丁"合文作"𣪘"(《集成》1574)、戈父辛鼎"父辛"合文作"𣪘"(《集

---

① 赵诚编著《甲骨文简明词典》,前言,第 1 页。
② 容庚:《金文编》,中华书局,1985,第 456 页。

成》1639)、ʌ父癸方鼎"父癸"合文作"■"(《集成》1671)等。

如此,可知日名合文乃为传统,后世沿袭,古玺文之"▼""▼"等当亦是其遗迹,详后。

二 战国时期的"日名"

如前所述,日名制盛行于殷商,后世以降,至"战国时以干支为名者仍不乏见,如《战国策》中有赵之大成午、富丁、剧辛,魏之太子申、张丑,楚之庄辛、江乙,以及或说为齐人的孟卯(即昭卯、芒卯),在秦之魏丑夫;《韩非子》中有歌者讴癸,中山之季辛,又记春申君之子名甲。《史记·韩世家》,《索隐》引《世本》谓韩庄子名庚,亦战国初年人。金文中所见,比载籍要多得多。如1978年在湖北随州发掘的曾侯乙墓,属战国早期,出土了大批珍贵的器物,尤以成套的编钟著称。由其君主的'乙'名,即可见这时的曾国仍然沿用着日名制。这些都可为中原各国曾普行日名制提供证据。不过随着宗法制度和姓氏制度的发展,日名制到春秋战国之际逐渐退出历史舞台,故《礼记·曲礼上》云:'名子者,不以国,不以日月,不以隐疾,不以山川。'孔颖达疏云:'不以日月者,不以甲乙丙丁为名。'"[1]此论可作日名制的一个结语。

分析看来,战国时期"日名"虽日渐式微,只能说其非命名主流,但其数量仍是不少。如《玺典》所见,印文含有"十天干"者共计103方,其中含"甲"者7方、含"乙"者13方、含"丙"者5方、含"丁"者23方、含"戊"者7方、含"己"者6方、含"庚"者13方、含"辛"者15方、含"壬"者4方、含"癸"者10方。所收多为私玺,官玺者如"兵甲之玺"(《玺典》2508)、前揭"庚都某"等,均可证战国时期日名制之遗迹。还应注意的是,在古玺中,"日名"单字独作者易识,前举《玺典》之百余方古玺皆是;然其加"日"字作"日+某干名"者旧释则多不察,如《玺汇》0293玺之"日庚"。以此言之,相关"旱""日辛"等之旧释亦有一些可申说之处。

---

① 张富祥:《日名制·昭穆制·姓氏制度研究》,第18页。

三 释"旱"

《玺汇》有数玺同文,如 0670 玺"旱"、0962 玺"旱"、1732 玺"旱"、2275 玺"旱"、2875 玺"旱",《玺汇》于此同文均阙释;另《珍战》83.110 玺作"旱"者,当与《玺汇》诸玺亦是同文。吴振武先生释"旦",谓:"此字从日从丁,罗福颐先生过去在《古玺文字征》中释为'旦'是正确的。……古玺或作'旱'(《玺文》168、164 页邯字所从),皆从日丁声,和此字同。"[1] 吴先生所言之玺,即《玺汇》0409 玺作"旱"、5583 玺作"旱"、0120 玺作"旱"、0061 玺作"旱"、0086 玺作"旱",罗福颐先生释为"旦""邯"。此诸同文,何琳仪先生亦释为"旦",且认为 0409 玺"旱"、5583 玺"旱"属燕系,而 0670 玺"旱"、0962 玺"旱"、1732 玺"旱"属晋系文字,并云:"'旦',甲骨文作'旱'(后下三九·一四),从日,丁声。'旦''丁'均属端纽,'旦'为丁之准声首。金文作'旱'(克鼎),丁旁填实。或作'旱'(休盘),丁旁收缩。或作'旱'(扬簋),丁旁上移。战国文字承袭金文,丁旁或省为一。"[2]《玺汇》0670 玺、《珍战》83.110 玺同文,陈光田先生隶作"旱",释"旦"。[3] 肖毅先生亦释"旦",于玺文分域赞同何琳仪先生之说。[4] 又徐在国先生等于将《玺汇》2275 玺是字隶作"旱"、5583 玺隶作"旱",分列于"旦"字之晋系和燕系。[5] 可见,学者们对上述数玺"从日从丁"诸形,多认为"上丁下日"或"上日下丁"无别,释为"旦",且从"丁"声。我们以为,这一结论,可以商榷。

甲骨文"旦"字,有"旱""旱"等形,于省吾先生谓:"郭沫若释'昌',按'旱'即旦字初文。旦、昌同原,后歧为二。……《古玺文字征》七·一,旦作'旱',即'旱'(籀文昌)字。昌,穿纽三等字,古读穿纽,亦为舌头音。《书·皋陶谟》'禹拜昌言',《孟子·公孙丑》注引作'禹拜谠言',谠亦通党。《逸周书·祭公》'王拜手稽首党言'。昌与

① 吴振武:《〈古玺文编〉校订》,第 251 页。
② 何琳仪:《战国古文字典》,第 1019 页。
③ 陈光田:《战国玺印分域研究》,第 213、317 页。
④ 肖毅:《古玺文分域研究》,第 126~127 页。
⑤ 黄德宽主编,徐在国副主编《战国文字字形表》,第 951~952 页。

谠党声近字通。《尔雅·释诂》'昌，丁当也'。《书·皋陶谟·伪传》亦训'昌'为'当'。《诗·云汉》'宁丁我躬'，《传》'丁，当也'。昌本从丁声。昌、丁并释为当，以声为训。《广雅·释言》'昌，光也'。与《说文》日光训符。《说文》训旦为明。明、光义相因，此旦、昌同名之正验也。……要之，契文'昌'字从日丁声，即今'旦'字，《说文》误作从一。金文旦形与丁形相连，而亦有不相连者，可资参证。旦与昌初本同名，后以用各有当，因而歧化。然《说文》籀文昌下从丁，犹可溯其形。昌当为声训，昌又通谠党，犹可溯其音。昌训光犹可溯其义。"①于省吾先生所释甚确，旦、昌初本同名，即玺文若"旱"者，即与昌之籀文"昌"同。

故此，"旦""昌"从日丁声，其音读由"丁"来，义之"明、光"由"日"来，构形或由"日丁"连文、合文而来。甲骨文"日丁"连文常见，用作干支记时，形式多为"某＋日丁＋某"。金文既有"日丁"合文，又有"日丁"连文，形式多为"某作＋某＋日丁"。其中，合文者前贤多释为"旦"（作"旦""旦"等）；连文者除表示干支记时外，即可归于"日名制"范畴，如：𩔖簋"𩔖作文父日丁彝"（《集成》3606）、匡卣"用作文考日丁宝彝"（《集成》5423.1~2）、商卣"商用作文辟日丁宝尊彝"（《集成》5404.1~2）等，如前所述，旧释多以庙号、忌日、生日、死日、择日说等予以训解。

战国文字因袭金文而来，即，旧释玺文"旱"为"旦"者，或可商榷。譬如，《玺汇》1724玺"事丁"、1732玺"事旱"、②1766玺"事昌"。"事＋某"，乃古玺习见之吉语印形式，此三玺即属此类，一作"丁"、一作"旱"、一作"昌"，相互对征，可知"旱"者，即"昌"。又《玺汇》0958、0959、0960玺"肖昌"、0962玺"肖旱"，亦可参证。

值得注意的是，玺文"昌"字作两体，一者"昌"作"昌"，下从"甘"，与小篆相近；二者，如2875玺"旱"，与《说文》"昌"之籀文

"𣄼"同（丁字填实、虚空无别）。[1] 要之，战国时期，虽"旦""昌"已歧分为二，然因二者同源，它们在字形"旱"上仍然可通用。如楚简文中，包山简"但"作"𠈷"（《包》简96），"𢻻"作"𢻻"（《包》简23）；郭店简"但"作"𠈷"（《郭·忠》简8）。玺文中，作"上丁下日"者，如《玺汇》0409玺"𣄼"、5583玺"𣄼"者，旧释"旦"，当是，系因其在玺文中可作为形旁成字，如0120玺"𣄼"、0061玺"𣄼"、0086玺"𣄼"；又《戎晋》13玺一字作"𣄼"，释作"閒"，[2] 亦属此类。而作"上日下丁"者，如2875玺"𣄼"等，其在玺文中未见有作形旁者，且在玺文中皆作私名，当非"旦"，实为"昌"。

故此诸玺同文乃可隶作"旱"，释为"昌"。即，0670玺释"长旱（昌）"、0962玺释"肖旱（昌）"、1732玺释"事旱（昌）"、2275玺释"蘱旱（昌）"、2875玺释"□旱（昌）"，《珍战》83.110玺释"龘旱（昌）"。

四　释"日辛"、"章""暈"、"帚"

（一）释"日辛"

"日辛"者，《玺汇》3042玺（图版⑦）作"𣄼"，罗福颐先生隶作"晔"。就玺文之构形，若隶作一字，当是"暈"；然由"日名"可知，其乃"日辛"二字之合文。日名"辛"者，屡见于金文，作"合文"者，如姬作厥姑日辛鼎作"𣄼"（《集成》2333）、戈厚作兄日辛簋作"𣄼"（《集成》3665）、闟卣作"𣄼"（《集成》5322）、刺作兄日辛卣作"𣄼""𣄼"（《集成》5338.1~2）、日辛共爵作"𣄼"（《集成》8800）、索諆爵作"𣄼"（《集成》9091）等。"日辛"二字分作者，如豆生鼎（《集成》2483）、刺鞁鼎（《集成》2485）、臭簋（《集成》3909）、喜簋（《集成》3996）、盉仲卣（《集成》5369）、盉仲尊（《集成》5963）、繁卣（《集成》5430.1~2）、狁日辛尊（《集成》5839）、

---

[1]　"𣄼"比"𣄼"古，正如于省吾云："《说文》所引籀文昌字下从'𠃜'，是籀文时期犹在玺文（"𣄼"，引者注）之前。"于省吾主编《甲骨文字诂林》第2册，第1100页。

[2]　张小东主编《戎壹轩藏三晋古玺》，西泠印社出版社，2017，第26~27页。

服方尊（《集成》5968）、奥尊（《集成》5979）、子达觯（《集成》6485）等。是玺，陈光田先生释为"魏晖"，[1]言玺文首字从吴荣曾先生释。该字作"🔲"，前有汤余惠先生隶作"𣄰"，释"繁"；[2]何琳仪先生隶作"𡸓"，谓："从山，每声。疑'埖'之异文，亦作'㙂'。"[3]于第二字，何先生隶作"晕"，谓"从每，辛声；晋玺，人名"；[4]康殷先生隶作"晕"，云："又疑晕字之省。"[5]第二字释作"晖""晕"者，皆非。该字实即"日辛"之合文，该玺首字暂从汤余惠先生释，故 3042 玺应释作"繁日辛"，即某姓"繁"名"日辛"者之私玺。从前述"日庚"即"庚"推断，此玺亦可释作"繁辛"。

（二）释"章""晕"

除 3042 玺外，《玺汇》仍有诸玺含有同文若"🔲"字，其亦可以"日辛"的角度入手考虑释读。同文诸玺有，4035 玺作"🔲"、0963 玺作"🔲"、4009 玺作"🔲"（图版 ⑨）、1746 玺作"🔲"、1747 玺作"🔲"、1709 玺作"🔲"、1167 玺作"🔲"、1644 玺作"🔲"、1639 玺作"🔲"、1076 玺作"🔲"、1272 玺作"🔲"、2044 玺作"🔲"、2644 玺作"🔲"。另有《玺典》6939 玺作"🔲"、新见一玺作"🔲"（图版 ⑩）。《玺文》将此诸玺列于一类，同文隶作"晕"，并谓："《说文》所无，《玉篇》'晕'，明也，与'章'同。"[6]如上，玺文诸形上下结构作，罗福颐先生亦隶作上下结构"晕"，《玉篇》有左右结构者作"暲"。何琳仪先生亦隶二形，一作"晕"，二作"暲"，谓："从'日'，'章'声，晋玺，人名。"[7]盖罗、何二先生皆认为"日章"二字"上下""左右"作无别。但我们以为此间当有细微差别，即当是先有"上下"作，而后讹为"左右"作，详后。对此先从"日辛"合文及"章"字训释谈起。

---

① 陈光田：《战国玺印分域研究》，第 292~293 页。

② 汤余惠：《战国文字中的繁阳和繁氏》，《古文字研究》第 15 辑，第 500 页。

③ 何琳仪：《战国古文字典》，第 131 页。

④ 何琳仪：《战国古文字典》，第 131、1159 页。

⑤ 康殷、任兆凤：《印典》册二，中国友谊出版公司，2002，第 1401 页。

⑥ 故宫博物院编《古玺文编》，文物出版社，1981，第 166 页。

⑦ 何琳仪：《战国古文字典》，第 650 页。

章,《说文·音部》谓:"乐竟为一章。从音从十。十,数之终也。"《说文》此释,诸家多有异议。如林义光先生谓:"按,古作'萅'(伐徐鼎),不从'音',亦不从'十',本义当为法,从'辛'。辛,罪也,以'曰'束之。法以约束有罪也('曰'所以束,见'东'字、'黄'字条)。或作'萅'(大墩)。"[①]林义光先生释"章"从"辛"颇有道理,然是否以"曰"或未然,当是从"日"为是。如高鸿缙先生言:"按'章',明也。从'日',辛声。日与辛穿合,古作'萅'。后世借为乐章、文章等意乃假'彰'为之。"[②]高先生所言甚确。持此一说者,再如夏渌、于进海先生,其云:"章为彰本字,训明、训著、训显,从日,从辛,代表日光照耀新生枝叶,生气勃勃的景象……'文章'的引申义后,才造'暲'代表本义。"[③]我们以为,以上诸位先生所释,"章"字从"日"从"辛",且先有"章"而后有"暲",皆为精辟之训。按,"章"字不见于甲骨文,然"辛"作为天干之一,无论是"日辛"二字连文、还是"合文",每每见于卜辞;再无论"日"字是表记时之"日",还是表"日名"之"日","日""辛"均常连用。卜辞中,"日辛"多连文,然"日辛"合文者,亦不少见,如作"𣄼"(《合集》6057反)、"𣄼"(《合集》6060反)、"𣄼"(《合集》28050)、"𣄼"(《合集》28555)、"𣄼"(《合集》28905)等,恕不赘举。综合前释金文屡见日名"辛"者之"合文"、《玺汇》3042玺"日辛"之合文,足见"日辛"合文,自甲骨文、金文、古玺文一脉相承。如此,我们可以推论:自甲骨文始因"记时"或"日名"需要,"日辛"二字即常作"连文""合文",因袭已久,以致西周以降使得"日""辛"二字"穿合"而成"章"字;在金文中"日辛"合文者仍表"日名"(人名),而"章"字则独立成字,然其本义亦与"日"有关(明也、光也);再继由"章"而孳乳"彰""暲"。

甲骨文"日辛"二字合文均"上下"而作,渐渐讹变而成"章"字;春秋战国之际,已不尽明了"章"字之由来及本义,遂再于"章"

① 林义光:《文源》,林志强标点,上海古籍出版社,2017,第176页。
② 高鸿缙:《中国字例》,台北:三民书局,1960,第514页。
③ 夏渌、于进海:《释"对"及一组与农业有关的字》,《河南大学学报》1986年第2期,第104~107页。

字上缀以"日"字而成"暈",故由"日辛"至"章"再至"暈"。再其后,方由"暈"再而"暲",已更不明"章"之由来。

基于以上讨论,我们以为玺文作"暈"者当隶作"暈"。其音义皆同"暲",即《玉篇·日部》:"明也,与'章'同。"《集韵》云:"日光上进也。"《广韵·奚韵》谓"日明"。又"章""暈"一字,亦有古玺二钮可作佳证:《玺汇》4008玺(图版⑧)和4009玺,二印同文三字,前二字皆为复姓"乘马",末一字4008玺作"章",而4009作"暈",是"章"即"暈"也。故此,以上诸玺同文是字皆可得释,即4035玺释"邯丹暈(章)"、0963玺释"肖暈(章)"、4009玺释"乘马暈(章)"、1746玺释"事暈(章)"、1747玺释"事暈(章)"、1709玺释"梁暈(章)"、1167玺释"吴暈(章)"、1644玺释"左暈(章)"、1639玺释"吕暈(章)"、1076玺释"庆暈(章)"、1272玺释"半暈(章)"、2044玺释"□暈(章)"、2644玺释"痫暈(章)",《玺典》6939玺释"廄暈(章)",新见玺释"乐暈(章)"。

(三)释"帝"

诸玺同文"(暈)章"字得释,由此再及,另有数钮玺文,亦当可释。此诸玺亦是一字同文:《玺汇》1682玺作"帝"、0397玺作"帝"、2294玺作"帝",于《玺汇》中皆阙释。吴振武先生将1682玺等印文隶定作"帝",隶定字从日从帝,不见于后世字书;并认为"帝"字构形与《玺文》362页"马帝(适—适)"及《玺文》131页"蒂"字所从均同。[1]何琳仪先生仅将1682玺和0397玺隶作"帝",并谓:"'帝',从日,帝声,疑帝之繁文。晋玺'帝',人名。"[2]《戎晋》73玺同文是字作"帝",释为"㬌(暻)",[3]以为其下从"录"。我们以为该字从"帝"应当没有问题,然对于"帝"字音读,或可商榷。以下从"章""商""帝""适(适)"等字的训释入手加以讨论。

以《玺汇》1682玺"帝"、0397玺"帝"、2294玺"帝"为例,其上

---

① 吴振武:《〈古玺文编〉校订》,第250~251页。
② 何琳仪:《战国古文字典》,第749页。
③ 张小东主编《戎壹轩藏三晋古玺》,第150~152页。

均从"日",下从皆同;如前贤所识,下从之形即与古玺复姓"马适"合文所从"帝"一致。如:《玺汇》4079 玺作"▨"、4080 玺作"▨"、4086 玺作"▨"、4085 玺作"▨"、4081 玺作"▨",此合文二字,罗福颐、吴振武、何琳仪等先生均隶定为"马帝",读作"马适(适)";又《玺汇》诸玺同文,如 3155 玺作"▨"、3114 玺作"▨"、3116 玺作"▨"、3118 玺作"▨",诸贤均隶作"薔",其下所从亦是"帝",可互证。可见 1682 玺、0397 玺、2294 玺同文是字,当从"日"从"帝"无疑,隶作"帚"。何琳仪先生曾曰:"帝声,疑帝之繁文。"我们以为从日从帝之"帚"与从日从章之"暈",盖本一源,其源于"章",即"日辛"之"连文""合文"。其据有三:一者,"合文"之内容形式相类,皆为"日+某"式(一则"日章"、一则"日帝");二者,"合文"均以"上下结构"作(一则"▨"、一则"▨");三者,"日章"系由"日辛"而来,而"日帝"系由"日章"而来,以"帝"易"章"系由"章与商"相通、"商与啻(帝)"形近相讹所致。下详述之。

我们熟知"章、商"古相通,如王引之云:"《续汉书·郡国志》:南阳郡丹水有章密乡,即商密也。古字商与章通,《柴誓》:我商赉女。《释文》曰:商,徐音章。"[1] 又章太炎云:"(周二)'彰',明也。上正曰,章丘,又商丘;'章''商'古音同,后因造'嶂'字。"[2] 如此,则"日章"完全可能易为"日商"。

"商"与"啻"古文构形非常相近,如金文帅隹鼎"商"作"▨"(《集成》2774)、叔买篹"啻"作"▨"(《集成》4129);秦简文"商"作"▨"(《睡·日甲》简145)、"啻"作"▨"(《睡·日甲》简153)。又"适"声"啻","啻"声"帝",《说文·辵部》:"适,之也。从辵啻声。适,宋鲁语。施只切。"《说文·口部》:"啻,语时不啻也。从口帝声。一曰啻,諟也。读若鞮。施智切。"则"适"亦声"帝",而"商"即"啻"。如此,典籍常见"商"与"啻(商)、帝、适"相讹。如《管子·轻重戊》"以商九州之高",于省吾先生以为"商乃啇之讹",并谓:"啇古适字,金

---

① 王引之:《经义述闻》,钱文忠等整理,朱维铮审阅,上海书店出版社,2012,第416页。
② 章太炎讲授《章太炎说文解字授课笔记》,王宁主持整理,第117页。

文適字通作商。"①《墨子·非命》"上帝不常，九有以亡；上帝不顺，祝降其丧"，孙诒让认为"帝乃商之误"。②《楚辞·天问》"启棘宾商"，朱骏声以为"商为帝之误字"。③又戴家祥先生云："《战国策》'疑臣者不適三人'，注'適啻同'。《说文》二篇適之篆体，作'𧺕'。'从辵啻声。'啻是適的声源，疑啻字形体变化，有可能产生商字，为形近而讹。古啻、適通用。"④这样看来，適字通作商（啻），音"帝"，以致"商"与"適、商（啻）、帝"互讹。故诸玺同文"㬎"者，所从之"帝"，实为"商"之讹，即"㬎"当读"商"。⑤有一佳证可资，《玺汇》2243玺首字作"𨛨"，显见其从"㬎"，是字在《玺汇》阙释，何琳仪先生释其为"鄙痣"，云："'鄙'，从'邑''㬎'声。"⑥今释，"㬎"音"商"，则"鄙"，当读"商"。另"鄘"字，从邑从商，《正字通·邑部》谓："'鄘'，与商同。"此即"鄘""鄙"一字，恰好可证"㬎"读"商"。

故此，如前所揭，因"日辛"合文因袭已久，至二字"穿合"以成"章"，后世再讹加"日"字，遂成"曧"字；后又系因"章与商"相通、"商与啻（帝）"形近相讹，再易"章"而"帝"，故成诸玺同文之"㬎"，其虽从"日"从"帝"，然因"帝"乃"商"之误，其音实为"商"。如此，前列诸玺，皆可得释，即《玺汇》1682玺"㬎"、0397玺"㬎"、2294玺"㬎"同文，亦同《玺汇》2243玺首字"𨛨"，隶作"㬎""鄙"（鄘）"，均读若"商"。故，1682玺释"奇㬎（商）"、0397玺释"王

---

① 于省吾：《双剑誃诸子新证》，中华书局，2009，第167~168页。

② 孙诒让：《墨子间诂》，中华书局，2001，第282页。

③ 朱骏声：《说文通训定声》第18卷，武汉古籍书店影印临啸阁本，第896页下。

④ 戴家祥主编《金文大字典》，学林出版社，1995，第1796~1797页。

⑤ 此释，亦可从三个古地名间觅得，即"帝丘""商丘""章丘"。"帝丘"者，《左传》昭公十七年谓："卫，颛顼之虚也，故为帝丘。"又僖公三十一年："卫迁于帝丘。"其乃上古五帝之一的颛顼所居之地，典籍多有所载，于其地望，至今尚有商丘东南说、濮阳县高城说、内黄土山说、四川某地说等，莫衷一是。但需要注意的是，史载"帝丘"又谓"商丘"。如《帝王世纪》曰："颛顼自穷桑徙商丘。"《水经注·瓠子河注》谓："河水旧东决，径濮阳城东北，故卫也，帝颛顼之墟。昔颛顼自穷桑徙此，号曰'商丘'，或谓之'帝丘'，本陶唐氏火正阏伯之所居，亦夏伯昆吾之都，殷相土又都之。故《春秋传》曰：阏伯居'商丘'。相土因之是也。"郦氏所言当是，曰"商丘"或谓之"帝丘"乃古之称谓，或亦是"商、帝"形近相讹所致。参见陈桥驿校证《水经注校证》，中华书局，2007，第573页。

⑥ 何琳仪：《战国古文字典》，第749页。

帚（商）"、2294 玺释"芁益帚（商）"、《戎晋》73 玺释"锯帚（商）"、
《玺汇》2243 玺释"�（鄱—商）痖"。

五 陶文旁证

在陶文中，尤其是齐陶中亦有不少"日名"，如：

《陶汇》3.409：塙闾豆里人匋者日酉

《陶汇》3.355：楚郭衢丙里阝州

《新陶录》0914～0917：鼹衢大匋里癸

《新陶录》0039～0043：北郭陈喜丁

《新陶录》0044、0045：北郭□□丁

《新陶录》0063：□□□喜丁

《新陶录》1015～1017：高闵丁

《新陶录》1014、1018、1019：塙闵丁

《新陶录》0287：壬

《新陶录》1399：己

此见，《陶汇》3.409 陶末二字作"🔲"，高明先生释为"日酉"，甚
确，无疑。又 3.355 陶文"丙"乃"日名"，此为某"里"地曰"日名"
者。《新陶录》所见之"丁、己、壬、癸"则均用作人名。

陶文所见"日名"如"丁""辛""酉"等恰好与金文、古玺文相互
印证，进一步证实我们的推论。

凡此诸上，我们以"日名制"为统摄，以《玺汇》0293 玺"日庚
都萃车马"为突破点，以天干"庚、丁、辛"为引线，使得一干相关
玺文得以释解，此谓之第一得。第二得或更为要紧。是此若前贤有言：
"旦""昌"同源，从日从丁；"章"字从日从辛；且"旦""昌""章"
本义皆系"光、明"之属。愚见以为：是将此"旦、昌""章、晕"等
字置于"日名制"下训释，或使其作为同源字之理据更进了一步。细
究而言，若言"旦"从日丁声，"昌"从日丁声，"昌""丁"并训为

"当","旦",明也,"昌",光也,是此"旦""昌"同源,此为前贤已揭;然"旦""昌"何以从日从丁,此即本章所言,因假"丁"以天干名,于契文、金文间,作"日丁"连文以"记时",作"日丁"连文以示"日名";同时,"日丁"又每每合文。此"日丁"由于"连文""合文",而成"旦""昌"。由"日辛""连文""合文"而孳乳"章""曡",亦是同理。故此,"旦""昌"由"丁"得声,"章""曡"由"辛"得声,"旦""昌""章"共有"明、光"之义皆由"日"而来。"旦""昌"是同源字,先有"日丁""连文",又常常"合文",后当分化出"旦""昌"二字。战国古玺中"旱"用为人名,可释为"昌"。"章""曡"亦是同源字,先有"日辛""连文",又常常"合文",后先"日辛"穿合而成"章"字,后世再于"章"字上缀加"日"字以孳乳出"曡"。"日庚"之"连文""合文"虽未构成某字,然其在金文以日名"某日庚",玺文以地望"日庚都"、私名"日庚"等形式出现,亦可与"旱""日辛"相较互证,当属同理。再者,因"日辛"合文因袭已久,以成"曡"字;又因"章与商"相通、"商与啻(帝)"形近相讹,后再易"章"而"帝",遂成"帚",系因"帝"乃"商"之误,"帚"音实为"商"。

第四章 "盘水山金贞鍴"及相关玺汇考

本章所论,系皆由《玺汇》0363"盘水山金贞鍴"(图版①)而起,我们通过考释发现,玺文"㶋"字释"洀",从"舟"可定。借由此释,一系之相关玺文、金文皆得而释。又借由"𡿩""𡿩"同字,相较互证"𡿩""八"单双无别,"𡿩""𡿩"简省亦无别,即"𡿩"字从"水半"作"𡿩","𡿩"从"水半"再省作"八",水字作水全、水半、再省无别,且往往互作。继而沿此思路,考证了一系列有关"水半"之古玺文等。

第一节 "盘水山金贞鍴"玺考

燕官玺中有一类形制很特殊的长条形阳文玺,其中有一方名印,玺文前二字旧不识,《玺汇》0363释作"□□山金贞鉨"。于其首字,裘锡圭先生释"洀";① 前二字,朱德熙先生释"洀谷",末二字释"鼎鍴"。② 与此玺首字同文的还有《玺汇》2508玺(图版②),强运开先生曾释为

---

① 裘锡圭:《战国玺印文字考释三篇》,《古文字研究》第10辑,中华书局,1983,第86页。
② 朱德熙:《战国文字中所见的有关廄的资料》,常宗豪主编《古文字学论集(初编)》,第416页。

"源";①陈汉平先生释"潮"。②凡此种种,足见其备受关注,异释也众。对此玺文,我们尝试新解,将此玺印文隶定作"洀岎山金贞鍴",读为"盘水—山金—贞瑞":"盘水"即"盘山水"之专称,"盘山"又名"无终山",其位于战国之际"无终子国"境(今天津市蓟州区西北二十五里);据《管子》《水经注》等典籍记载,此山自古产"白金""山金",故玺文"山金"即"山铜";"贞瑞"即"信玺"。是玺乃古燕国"盘水"地管理"山铜"之"开采、守护、上缴、运输"等所用之印。

一 异释旧说

下将《玺汇》0363 玺的三种代表性释说分列如下。

何琳仪先生认为,玺文首字当隶定为"洀",从"水"从"舟",舟亦声,而"朝"亦从舟得声,故"洀"可读"朝"。第二字隶为"汕",从"水"从"山",读为"鲜"。其谓:"'洀汕'即'朝鲜'均从水,应是水名。……凡此与《朝鲜列传》所载燕国东拓朝鲜史实若合符节。'山金''山铜',见《管子·国准》'益利搏流,出山金立币'。'贞',信。'贞鍴'读'贞瑞',犹'信玺'。"③于此种释说,认识不尽一致,从之者如徐畅先生《玺典》,④他还引《史记·朝鲜列传》"鲜音仙,似有汕水故名也"为证。不同意见者,如陈光田先生谓:"将其隶作'洀汕',读作'朝鲜',并认为即今北朝鲜,这种说法不一定可信。"⑤

吴振武先生认为,玺文首三字当释为"湶岎山",即"泉水山",其"水"字从"山",当是依山名而专造之字,如昆仑山作"崑崙"、空同山作"崆峒"、绎山作"峄山"。就"泉水山"之地理位置,吴先生谓:"检李兴焯《平谷县志》(天津文竹斋铅印本,1934),知今北京市平谷县境内有泉水山,《志》卷一'山脉'下谓:'泉水山,在县城南八里,

① 强运开辑《说文古籀三补》第 11 卷,商务印书馆,1935,第 4 页上。
② 陈汉平:《屠龙绝绪》,黑龙江教育出版社,1989,第 338~339 页。
③ 何琳仪:《古玺杂识再续》,《中国文字》新 17 期,台北:艺文印书馆,1993,第 289~300 页;后收入黄德宽主编《安徽大学汉语言文字研究丛书·何琳仪卷》,安徽大学出版社,2013,第 266~273 页。
④ 徐畅编著《古玺印图典》,第 208 页。
⑤ 陈光田:《战国玺印分域研究》,第 91 页。

下有泉，逆流河发原处也；……'（15 页下），又同卷'河流'下谓：
'逆流河，一名小碾河，在县城南，发原泉水山下，西南流九十九曲
入于沟河。'（17 页下）疑玺文'渿盉山'即此泉水山。"① 施谢捷、肖
毅等从吴先生释。② 于此印，赵平安先生亦释作"泉水山金贞鍴"。③

李家浩先生从朱德熙先生释"洀谷山金鼎鍴"，李先生认为于"谷"
之字形系因"战国文字'口'旁或写作'山'字形的特点"。李先生言
"洀谷山"是地名，但其地望、音读（"盘"或"舟"）等均待考，然其
功用可就"金贞"（金鼎）得知，即"是洀谷山的冶铸作坊用来打印铸
造铜鼎的陶范的印戳"。④ 又陈光田先生从吴振武先生释首字为"渿"，
从朱德熙、李家浩先生释第二字为"谷"，故其释为"渿谷山金贞（鼎）
鍴（瑞）"。⑤

依上可见，该玺异释主要集中在首二字，第一字则有洀、渿（泉）、
源、潮等释，第二字则有盉（水）、汕（鲜）、谷等释。就其名之由来，
诸家意见基本一致，言其源自"水名"，或"汕水"、或"泉（山）水"。
就其地望而言，吴振武先生说"今北京市平谷县境内之泉水山"，余说无
确指。我们以为，首字当在"洀""渿"之间，二字在"水""谷"之间。

二　汇考

（一）释"洀"（盘）

0363 玺首字作"㲼"，显见其左边从"水"，分歧即在对右边之
"𦥑"的认识上：一是释为"洀、潮"者，认为其乃"舟"字；二是释为

---

①　吴振武：《燕国铭刻中的"泉"字》，《华学》第 2 辑，中山大学出版社，1996，第
　　47~52 页。
②　施谢捷：《古玺汇考》，博士学位论文，安徽大学，2006，第 81 页；肖毅：《古玺文分域
　　研究》，第 510 页。
③　赵平安：《燕国长条形阳文玺中的所谓衬字问题》，《考古与文物》2005 年增刊；后收入
　　氏者《金文释读与文明探索》，上海古籍出版社，2011，第 235~240 页。
④　李家浩：《燕国"洀谷山金鼎瑞"补释——为纪念朱德熙先生逝世四周年而作》，《中国文
　　字》第 24 期，台北：艺文印书馆，1998，第 71~81 页；后收入《著名中年语言学家自
　　选集·李家浩卷》，安徽教育出版社，2002，第 148~159 页。
⑤　陈光田：《战国玺印分域研究》，第 91 页。

"渜、源"者，认为其乃"泉"字。以下参以甲骨文、金文、玺文、陶文、简文等资料综合考察。

按《玺汇》所录诸玺，与0363玺文"𤲄"同形者，如2508玺"𤲄"；与其右部之"𦨶"同形者，如4065玺之"𩱏"（图版⑤）、0329玺之"⊙𦨶"（图版⑥）、①5361玺之"𧺉"、3313玺之"𩱏"（图版④）、3094玺之"𩱏"（图版③）。4065玺于《玺文》释为"朝"，曰"与朝诃右库戈'朝'字略同"。②该戈铭文作"𩱏"（《集成》11182），又槁朝鼎"朝"字作"𩱏"；新见两玺（图版⑧、⑨）其一作"𩱏"，一作"𩱏"。以上诸形，细究而言，4065玺、2508玺、0363玺与新见玺"事朝"所从构形完全相同（作"𦨶"），其余诸玺所从之形与0363玺相较均上部不封口。仅此一微异，前贤所释却不同。前文已揭，吴振武先生释0363玺"𤲄"为"渜"，此形封口，其释"泉"。又见吴先生释0329玺"⊙𦨶"为"瞬"，3094玺"𩱏"为"餰"，3313玺"𩱏"、5361玺"𧺉"为"趙"，此数形不封口，其释"舟"。再者，如《战字》将"不封口之形"释为从"舟"之"朝"，其列字例有《玺汇》2657玺（作"𩱏"）、0329玺、朝诃右库戈、《珍战》78玺"𩱏"③等；而将"封口之形"释作"泉"，其列字例有《玺汇》4065玺释"餗"、④0363玺和2508玺同文释作"渜"，⑤又如将5361玺释作"趙"。⑥此盖将"封口者"释为"泉"，"不封口者"释为"舟"，所见之大概。按，0363玺、2508玺同文，一封口作"𤲄"、一开口作"𩱏"；再4065玺、《珍战》78玺、新见玺"事朝"均同文，一则封口作"𩱏""𩱏"，一则开口作"𩱏"；构形仅在"封口与否"之微异。我们通过对比发现封口、开口皆是一字之异体，并非二字。如果把封口之"𦨶"者释作"泉"、开口之"𦨶"者释作"舟"，难以说通。

如上所述，主释"泉"者以吴振武先生为代表，其先撰文《燕国铭

---

① 陈光田先生认为此字"从'日'从'舟'，释作'瞬'"。参见《战国玺印分域研究》，第94页。
② 故宫博物院编《古玺文编》，第169页。
③ 萧春源主编《珍秦斋藏印·战国篇》，澳门：澳门基金会，2001。
④ 参见黄德宽主编，徐在国副主编《战国文字字形表》，第954页。
⑤ 参见黄德宽主编，徐在国副主编《战国文字字形表》，第1596页。
⑥ 肖毅：《古玺文分域研究》，第156页。

刻中的"泉"字》，后又著《〈燕国铭刻中的"泉"字〉补说》，后文吴先生又补充了几条材料，如：一钮晋系私玺"趒"氏，字作"🈐"，且着重讨论了与上海博物馆藏梁十九年鼎大体相同的一新见鼎铭。关于此鼎铭我们略做讨论。据吴先生云该新见鼎，有铭"愳愳鲁辟"句，上博藏梁十九年鼎铭作"穆穆鲁辟"。吴先生将此"愳"隶定为"遬"，并曰："新旧梁十九年鼎一作'遬遬鲁辟'，一作'穆穆鲁辟'，'遬遬'显然应相当于钟铭的'趩趩（爱爱）'而不是'趆趆（桓桓）'。"①吴先生所言之"钟铭"，即戎生编钟铭文，而值得注意的是，此编钟铭文既有"趆趆（桓桓）趩趩（翼翼）"，②又有"趩趩（爱爱）穆穆"，其铭"趆趆"重文作"🈐"，"趩趩"重文作"🈐"，诚然，从字形上看不出𣆶与"愳"形近。再者，从音义方面看，或亦无法分别。"穆穆"古书中屡见，如《诗·大雅·文王》："穆穆文王。"毛传："穆穆，美也。"《尔雅·释训》："穆穆，敬也。""趆趆"即"桓桓"，如《诗·鲁颂·泮水》："桓桓于征。"毛传："桓桓，威武貌。"对于此铭文释读，多位先生均有论及，如"趩趩"，李学勤先生释"便捷之貌"；③裴锡圭先生读为"爱爱"，释为"宽舒闲雅之貌"；④马承源先生读"晏晏"，释为"宽缓和美之义"；⑤又陈英杰先生等读"儇儇"，释为"聪慧"。⑥钟铭中"趆趆""趩趩"均为仪容赞美之词，字形上亦未见𣆶与"愳"形近，或"愳"与此二字均无涉。然由"愳愳鲁辟"知：一者"阝"形从"辵"；二者，此"愳愳"当与"趆趆""趩趩"属同类之辞，自是无疑。以上乃玺文、金文相关"阝"字及其释义之大致情况，但仅此仍无法确释此字。下面再看看陶文、简文、甲骨文的相关资料。

---

① 吴振武：《〈燕国铭刻中的"泉"字〉补说》，张光裕、黄德宽主编《古文字学论稿》，安徽大学出版社，2008，第232页。

② 释文详见张卉、吴毅强《戎生编钟铭文补论》，《考古与文物》2011年第3期。

③ 戎生编钟作"趩趩穆穆"，李学勤先生云："'趩'即《说文》'趩'字，《诗·还》作'还'，传云：'便捷之貌。'"参见李学勤《戎生编钟论释》，《文物》1999年第9期。

④ 裴锡圭：《戎生编钟铭文考释》，《裴锡圭学术文集》第3卷《金文及其他古文字卷》，复旦大学出版社，2012，第107~111页。

⑤ 马承源：《戎生钟铭文的探讨》，《保利藏金》编辑委员会编《保利藏金：保利艺术博物馆精品选》，岭南美术出版社，1999，第361~364页。

⑥ 陈英杰、陈双新：《戎生编钟铭文补议》，《古籍研究》2007年第1期。

与玺文同形者见于陶文作"𦩻"，《陶文编》8.63[①]、《古陶文汇编》9.30[②]均录有此字，释为"舟"。又邦国、滕国陶文作"𣸣"（《新季木》0639）、"𣸣"（《新季木》0640），其从水从舟，当隶作"洀"。另有一陶文作"𦩻"（《陶录》4.186.3），此陶与《玺汇》0329玺"𦩻"同文，《战字》将此二形隶定为"睭"，列在"朝"字之燕系条下。秦始皇陵出土陶文三形，作"𦩻"（《陶汇》5.215）、"𦩻"（《陶汇》5.350）、"𦩻"（《陶汇》5.351），高明先生均释为"朝"字。[③]三形虽出秦系文字，但与上文《玺汇》4065玺"𦩻"、2657玺"𦩻"形似，当皆为一字，亦即右部所从构形虽有微异，然属同文无疑，即"舟"旁；又见元代赵孟頫所书"朝"字作"𦩻"，与2657玺略似，或为此形于后世之流变。"朝"字除上列诸陶文构形与我们所论玺文形近外，其楚简文构形亦与玺文相似，如其作"𦩻"（《上博·容》简5）、"𦩻"（《清华一·耆夜》简12）、"𦩻"（《清华四·筮法》简39）、"𦩻"（《清华五·厚父》简3）、"𦩻"（《清华五·汤丘》简5），[④]此五简文所见"舟"旁，前三形常见，后两形与我们所论玺文之不封口形作"𦩻"、陶文作"𦩻"者已几乎一致了。0363玺首字"𦩻"从"舟"，应基本可定，下面再讨论一例。

《清华三·赤鹄之集汤之屋》有"洀"字。内容如下：

日古有赤鹄（鹄），集于汤之屋，汤射之，获之。乃命小臣曰："旨羹之，我其享之。"汤往□。小臣既羹之，汤后妻纴充谓小臣曰："尝我于尔羹。"小臣弗敢尝，曰："后其杀我。"纴充谓小臣曰："尔不我尝，吾不亦杀尔？"小臣自堂下授纴充羹。纴充受小臣而尝之，乃昭然，四荒之外，无不见也；小臣受其余而尝之，亦昭然，四海之外，无不见也。汤返延，小臣馈。汤怒曰："孰洀吾羹？"小臣惧，乃逃于夏。[⑤]

① 徐谷甫、王延林编《古陶字汇》，上海书店出版社，1994，第367页。
② 高明编著《古陶文汇编》，中华书局，1990，第102页。
③ 高明编著《古陶文汇编》，第77、82页。
④ 参见黄德宽主编，徐在国副主编《战国文字字形表》，第953页。
⑤ 李学勤主编《清华大学藏战国楚简》（叁），中西书局，2012，第167页。

此段简文讲述了一个关于汤与小臣（伊尹）的传说故事，即汤射获赤鹄一只，并在汤去堲以前，既命小臣羹之，未曾想汤走后其妻纴宄强食赤鹄羹，小臣亦食之。待汤返，小臣进"羹"于汤，汤怒曰："孰洀吾羹？"小臣惧，逃往夏。

此中最值得注意的是"洀"字，简文作"🔲"。于其释读，说法亦多，盖分为两类。一者，主从水、舟声，如《清华三》整理组读"调"，训"发取"；① 范常喜亦读为"调"，训"调和"；② 梁月娥读为"盗"，训"偷取"；③ 侯乃峰读为"偷"，训"偷盗窃取"；④ 又王辉读为表欺诳义的"俦"，并认为"简文'孰洀吾羹'与《诗经》'谁俦予美'意思相关"。⑤ 二者，主从水从舟，乃"盤（盘）"之异体，如吴雪飞读为"班"，训"班赐"；⑥ 于茀亦读为"班"，训为"分"。⑦ 我们认为，释为"洀（盘）"（训"班赐""分"）者于文意上更为通顺。

综合上述玺文、陶文、简文，可将"🔲"形释为"舟"字。如此，《玺汇》0363玺首字可隶定为"洀"。以下简略梳理一下前贤关于"洀"字的释读。

"洀"字除屡见于金文、陶文、玺文、简文外，亦见于甲骨文和传世典籍。如甲骨文作"🔲"（《合集》11477）⑧、"🔲"（《合集》

---

① 李学勤主编《清华大学藏战国楚简》（叁），第169页。

② 范常喜：《清华简、金文与〈管子·小问〉"洀"字合证》，"出土文献与传世典籍的诠释"国际学术研讨会，2017。

③ 其云："'舟'声与'兆'声相通，从'兆'声的字与'盗'相通，所以从'舟'声的字可通假为'盗'。"参见梁月娥《说〈清华（叁）〉〈赤鹄之集汤之屋〉之"洀"》，简帛网，http://www.bsm.org.cn/show_article.php?id=1793，2013年1月8日。

④ 侯乃峰：《也说清华简〈赤鸠之集汤之屋〉篇的"洀"》，《中国文字研究》第24辑，上海书店出版社，2016，第64~67页。

⑤ 王辉：《清华简"孰洀我羹"与"谁俦予美"合证》，《说文论语》第3辑，澳门汉字学会，2018，第52~54页。

⑥ 吴雪飞：《也谈清华简（三）〈赤鹄之集汤之屋〉之"洀"》，简帛网，http://www.bsm.org.cn/show_article.php?id=1817，2013年1月16日。

⑦ 于茀：《清华简〈赤鹄之集汤之屋〉补释》，《北方论丛》2017年第2期。

⑧ 11477辞："甲戌卜，争贞，来辛子，其旬洀。"于省吾先生释卜辞末二字为"旬洀"，读为"徇盘"，即"巡盘"。参于省吾《甲骨文字释林》，商务印书馆，2010，第93页。何琳仪先生从姚孝遂先生释"乇"，训"'拓盘'，大事盘游"。参见何琳仪《释洀》，《华夏考古》1995年第4期。

11478）、"▨"（《合集》11479）、"▨"（《合集》41317）、"▨"（《合集》20272）①。典籍如《管子·小问》："意者君乘驳马而洀桓，迎日而驰乎。"尹知章注："洀，古盘字。"于省吾、裘锡圭、赵诚、何琳仪先生等为认同尹氏之注的代表。②如，于省吾先生云："汎③即洀，即盘，古文从舟、从凡一也。……盘山，谓山之盘回者，蔓山谓山之蔓延者，盘山与蔓山相对为文。"④又，裘锡圭先生说其系由战国货币里一种方足布其字作"▨""▨"而著文。他开始以为此形所从"舟"乃"俞"省体，遂将"洀"形释为"渝"；后从李家浩先生改释"洀"，读作"盘"，并云："币文'洀'字，似乎也有可能是地名'舟'（州）⑤的繁文。"⑥再者，于甲骨文"洀"如"▨"等形，赵诚先生云："洀。从水从双舟，表示船在水里行走。或写作'▨''▨''▨'从水从单舟，构形之意同。甲骨文用作动词，即后世之'盘'字，在卜辞为乘舟盘游之义。"⑦另，何琳仪先生亦释"洀"为"盘"，读作"般"或"班"。不过，何先生认为商周文字"洀"为会意字，其同《管子·小问》之"洀"，读若"盘"；而战国秦汉文字"盘"为形声字，从水、舟声，其同《集韵》之"洀"，读若"舟"。⑧可见，前贤释"洀"为"盘"几成定论。

由上看出，诸玺同文之形乃"舟"字无疑，即0363玺首字，从水从舟，是"洀"字。然其音是"盘"还是"舟"？结合下文所考，我们

① 20272 辞："庚寅卜，王洀，辛卯易日。" 20273 辞："辛未卜，今日王洀，不风。"此二卜辞乃占卜王"洀"是否易日、是否无风；知"洀"即为王预行之事，或即盘游河上。

② 另有一派意见主"洀"释"复或覆"，如马叙伦、马承源、吴匡、蔡哲茂、汤余惠等。详见后文注。

③ 于省吾："典籍中从'凡'与从'巳'字往往通用。"参见于省吾《释凡》，《甲骨文字释林》，第 426~427 页。

④ 于省吾：《释洀》，《甲骨文字释林》，第 93~94 页。

⑤ 裘先生云："'洀'字应是州水的专字，跟《集韵》的'洀'字只是偶然同形。州邑即濒州水，所铸货币当然可以用'洀'作地名字。"（《裘锡圭学术文集》第 3 卷《金文及其他古文字卷》，第 427 页）按，裘先生谓"洀"为地名，由我们所论之《玺汇》0363玺显见为是，然其是否为"州"地，还需商榷。

⑥ 裘锡圭：《裘锡圭学术文集》第 3 卷《金文及其他古文字卷》，第 207~208、227、425~427 页。

⑦ 赵诚编著《甲骨文简明词典》，第 352 页。

⑧ 《集韵》平声尤韵之由切"周"小韵有"洀"字，训"水文"。参见何琳仪《释洀》，《华夏考古》1995 年第 4 期。

以为该字音"盘",且玺文第二字为"水"。即此玺首二字释"盘水",其为"盘山水"之专称。详下。

（二）释"洀水"（盘山水）、"盘山"

0363玺第二字作"𡸫"，第三字作"𚅰"，又有《玺汇》5437玺作"𡹼"；显见"𡸫""𡹼"之下部与"𚅰"同形。关于"𡸫"字，对其构形有两种意见：一者以吴振武、何琳仪先生为代表，认为其"从水从山"，吴先生释为"水"、何先生释为"汕"；一者以朱德熙、李家浩先生为代表，认为其"从四斜画从山字形"，释为"谷"。于0363玺第三字"𚅰"，前贤所释多无异议，皆释为"山"。① "𡸫""𡹼"是否同文，上从是否为"水"，三形（𚅰）是否"同字"，同字是否"山"字？下文一一考之。

按玺文"𡸫""𡹼"，上部所从可分两类、四形，即"ㄥㄥ、ㄟㄟ"和"ㄟㄟ、小"，前者独自成形，后者借"山形"中竖成形。就此四形而言，"ㄟㄟ"为"ㄥㄥ"之省；"小"为"ㄟㄟ"之省，当无疑。于此四形间，当以"ㄥㄥ"最可注目，以此入手，乃得堂奥。

玺文"ㄥㄥ"者，仅见《玺汇》3485玺单独成字，然其作为部件习见于"谷"字。如玺文"谷"字，见《玺汇》3316玺作"𧮫"、3141玺作"𧮦"、3434玺作"𧮩"，又3098玺"欲"字作"𣥍"。谷，《说文·谷部》曰："泉出通川为谷。从水半见，出于口。"许氏将"ㄥㄥ"释为"水半见"，很是关键。甲骨文、金文、简文所见"谷"之构形，与玺文"谷"字基本形近，如甲骨文作"𧮫"（《合集》17536）、"𧮦"（《合集》24471）；启作祖丁尊作"𧮩"（《集成》5983.1）、格伯簋作"𧮫"（《集成》4263.1）；楚简文作"谷"（《郭·性》简62）；秦简文作"谷"（《睡·日甲》简23背）、"谷"（《睡·日乙》简189）等。可见战国文字之"谷"，承继了甲骨、金文之形，亦即"谷"字从"水半见"若"ㄥㄥ"者，构形没有太大变化。然"谷"字，非仅此一形，见甲骨文中有作"𠔁"（《前》2.5.4）者，朱歧祥先生释其为"谷"。其云："'𠔁'从'分、口'

① "山"字《玺汇》习见，如3108玺作"𚅴"、3284玺作"𚅮"、3849玺作"𚅯"，可作互较。

隶作'谷'。……字又作'□'，从'□'从'八'通用。《说文》讼字或作'□'，容字或作'□'，颂字或作'□'，松字或作'□'是。卜辞用为田狩、祭祀地名，与'□'、天邑商、宫、衣、寅林等地同辞。由辞例互较亦见'□'、'□'同字。"[1]朱先生认为，"□"字下部从"口"；上部所从双作者为"□"，单作者为"八"，系因单双无别；加之卜辞文义，是故"□""□"同字。我们以为朱先生所释"□""□"同字者甚确。此一释，于我们所论，亦至为关键。

是"谷"之"□""□"同字，互较"□""□"单双无别，推及玺文，"□"（0363 玺）"□"（5437 玺），亦当同字。然，如前文所述，李家浩先生从朱德熙先生释"□"为"谷"，另认为"□"与"□"非同字，释"□"为"㕣"。李先生认为，战国文字"口"旁或写作"山字形"，其演变情况为□→□→□→□→□；"□"字，从"四斜画"从"口变体（山字形）"；并谓："'□'的字形结构与上揭'□'的'㕣'字相同，唯前者比后者多一个'八'字形。此正是'谷'与'㕣'的区别所在。"[2]一者，李先生认为二形下部同字同形（山字形）；二者，二形上部之"四斜画"与"'八'字形"迥然有别，为其区别之处。不过，对此我们认同朱歧祥先生的看法，即"□""□"二形上部之"'四斜画'、'八字形'"，正一繁一省，且单双无别，又下部作"□"乃同形，故"□""□"同字。"□"形不仅为上揭二形所共从，又即 0363 玺第三字；诸家同释为"山"字，此谓"□""□"下部所从即为"山"字。下再谈"□"旁。

有"□""□"同字，若依李家浩先生释，其为"谷"，如此者是玺第三字"□"，当释作"口"，然李先生却释为"山"。疑李先生认为战国文字"口"字作偏旁或写作"山字形"，然其却不能单独成字。盖于一玺之中，见其"连文同形"作"□□"，然一释"口"旁，另一则"山"字，这种看法颇让人疑惑。我们以为，一玺之中作此"□"者，应为一字，要么"山"字，要么"口"字。至此，再看《说文》释"谷"字：

① 朱歧祥：《甲骨学论丛》，李圃主编《古文字诂林》（九），上海教育出版社，2004，第 302~303 页。

② 李家浩：《著名中年语言学家自选集·李家浩卷》，第 153~154 页。

"从水半见,出于口。"季旭昇《说文新证》亦云"谷"字:"象形。上象水半见,下象山口。"[①]要之,许慎当认为"水全"者作"⧼水全⧽",[②]则"水半"者作"⧼水半⧽",又"水半"再省作"⧼再省⧽";而"水半再省"许君亦名之曰"水半",如"酉"字,小篆作"⧼酉⧽",《说文·酉部》谓:"绎酒也。从酉,水半见于上。"由许君云"谷"字从"水半",可推知"⧼玺文1⧽"亦从"水半","⧼玺文2⧽"从"水半"再省。故"⧼玺文1⧽""⧼玺文2⧽"同字,从"水半"从"山"。

当然,还有一种可能,即玺文"⧼玺文1⧽"不是从"⧼水半⧽"从"⧼山⧽",而是从"⧼水全⧽"从"⧼口⧽"。二者初看无甚区别,实则差之毫厘,失之千里。依此而论,此形似"全水"若"⧼水全⧽"者如何而来?想来,必由"水半(⧼水半⧽)"借"⧼山⧽"之中"丨"笔方成;再细究之,欲成此"⧼玺文1⧽"字,则须"⧼山⧽"形必备中笔"丨"。反推再观,是知"⧼山⧽"非"谷"、"⧼口⧽"非"口";假使"⧼山⧽"乃"口"字,必然要求"口"之上横中凸以成"丨"形,此非"口"字必备"构件"。然"山"字古文,当中竖笔作"丨"乃其主笔,为其必备,无有非"山"。概而论之,成此"⧼玺文1⧽"字应分两种情况:一者,从"水半(⧼水半⧽)"从"山",直接而成;二者,成字乃分为两步,首先由"水半(⧼水半⧽)"借"⧼山⧽"之"丨"笔以成"水全(⧼水全⧽)",遂再与"山"字合文而成。然无论哪种情况,均是上部从"水半",下从为"山"字;否则,"水半"无"丨"笔,无以成其"水全"之形。由是推及,"⧼玺文2⧽"字亦必从"山"字,成字亦必由此理。论及此,再加一旁证,有陶文作"⧼陶文⧽"(《陶汇》3.497),高明先生释其为"岳"字;[③]何琳仪先生将其摹作"⧼摹文⧽",并认为其与玺文"⧼玺文1⧽"同文,释作"从水山声"之"汕",读作"鲜"。[④]其从"山"更为明显,是"⧼玺文1⧽""⧼玺文2⧽"所从乃"山"的又一力证。至此,我们得证"⧼玺文1⧽"字从"水"从"山",然

---

① 季旭昇:《说文新证》下册,第153页。
② 同此形者,如秦陶文"水"字作"⧼水⧽"(《陶征》秦729),秦睡虎地简文作"⧼水⧽"(《睡·秦》简4),从水之"泰"字"⧼泰⧽"(《陶征》秦1197)。另"雨"字从"水",故雨字古文及从雨之字多作上揭之形,如番生簋"⧼電⧽(電)"、善夫克鼎"⧼霝⧽(霝)"等,此不赘举。
③ 高明编著《古陶文汇编》,第27、167页。
④ 何琳仪:《战国古文字典》,第1049页。

其释读如何？我们以为，0363 玺之前四字当是"盘水山金"，详释如下。

欲释"盘水"，须知"盘山"具在何地？若详释此地，还得从"山"字入手。如前述，吴振武先生释玺文"山"字为"水"，认为其从"山"，当是依山名而专造之字。我们以为，吴先生所释"水"者可从，且可继续补充证据。前文已揭，"山"字首从"〈〈"，再借"山"之"丨"笔成"〈丨〈"，而成"专用"。盖此形，最可琢磨者有《玺汇》0359 玺"洵城"①之"洵"作"洵"②，其从"水"旁，显见与我们所论之"〈丨〈"是同形同字。且 0359 玺、0363 玺乃同属燕系，③此间之同形，并非偶合，实有渊源。

名"洵城"者除 0359 玺外，还有《玺汇》0017 玺"洵城都司徒"、0019 玺"洵城都广（尉）"、5543 玺"洵城都右司马"、5551 玺"洵城都旲（遽）皇（驲）"等。④于"洵城""洵水"之地望，黄盛璋先生认为："《水经注·鲍丘水注》：'洵水又东南径临洵城北，屈而历其城东，侧城南出。《竹书纪年》：'梁惠成王十六年齐师及燕师战于洵水，齐师遁。'即是水也，洵水现在还叫洵河，临洵城在今三河县境（或即县南三里的城子村，可能就洵城旧址设置），不管怎样说，洵水皆在燕境，与洵水有关的洵城亦必在燕境，是无可怀疑的。"⑤曹锦炎先生从之。⑥又何琳仪先生先谓："洵城（0017），河北蓟县。"⑦后再改为"河北三河"。⑧至此，知"洵水"定在燕境，古"洵城"盖在河北蓟县（今天津市蓟州

---

① 《十钟山房印举考释》于此玺云："《集韵》音句，水名。"参见陈继揆《十钟山房印举考释》，第 22 页。

② 另石志廉先生文《馆藏战国七玺考》录有一印"安阳水玺"，其"水"字作"水"。石先生将其定为"魏器"。又何琳仪先生在论战国燕国故地出土币文时，释"安阳"地在"河北阳原"。结合我们所论之 0363 玺、0329 玺而言，或"安阳水玺"地在燕国之"安阳"的可能性大。参见石志廉《馆藏战国七玺考》，《中国历史博物馆馆刊》1979 年第 1 期；何琳仪《战国文字通论（订补）》，第 121 页。

③ 亦有认为 0359 玺属齐系者，如肖毅《古玺文分域研究》，第 57 页。

④ 释文从朱德熙、裘锡圭先生释，见朱德熙、裘锡圭《战国文字研究（六种）》，《考古学报》1972 年第 1 期。

⑤ 黄盛璋：《所谓"夏虚都"三玺与夏都问题》，《中原文物》1980 年第 3 期。

⑥ 曹锦炎：《古玺通论》，第 139 页。

⑦ 何琳仪：《战国文字通论》，第 100 页。

⑧ 何琳仪：《战国文字通论（订补）》，第 124 页。

区）、三河附近。然"沟水"之源头若何？其与我们所论之"盘水""盘山"又有何关系？

按《水经注·鲍丘水注》谓："鲍丘水自雍奴县故城西北，旧分笥沟水东出，今笥沟水断，众川东注，混同一渎，东径其县北，又东与沟河合。水出右北平无终县西山白杨谷，西北流径平谷县，屈西南流，独乐水入焉。……沟水又左合盘山水，水出山上，其山峻险，人迹罕交，去山三十许里，望山上水，可高二十余里。素湍皓然，颓波历溪，沿流而下，自西北转注于沟水。"①从中可以得知，"鲍丘水"东与"沟水"合，"沟水"即"沟河"，水出右北平无终县西山白杨谷；"盘山水"自西北转注于"沟水"，其水出"盘山"，按"去山三十许里，望山上水，可高二十余里"云，足见"山高水长，绵延不绝"。盘山者，按清人杨守敬《水经注疏·鲍邱水》云："《名胜志》，盘山一名盘龙山，高二千仞，周百余里。"又"盘山在今蓟州西北二十五里。《一统志》，盘山水下称旧志云，今有沙河，在州西，源出盘山，流经沙岭之麓，东南入沽河，盖明成化间，盘山水发，始溃流而东南入沽河也。然则此水出盘山，本西北注沟水，即郦氏所称之水矣"。②杨守敬先生所言之"蓟州"，即今天津市蓟州区。此地自古有名，古称无终、渔阳、蓟州，春秋时名"无终子国"，战国时名"无终邑"，秦置右北平郡辖"无终县"，隋大业年间改名"渔阳县"，唐置"蓟州"辖渔阳县，明撤渔阳县名"蓟州"，清初沿旧制，民国称蓟县；中华人民共和国成立后先属河北省，1973年划归天津市管辖，2016年撤县设区，是为今天津市蓟州区。

盘山，即在今天津市蓟州区去西北二十五里。因其蜿蜒磅礴，神似巨龙，言其名"盘龙山"。盖其位置在无终子国故地，即又名"无终山"；又智朴《盘山志》和乾隆《钦定盘山志》皆云其名"四正山"。再者，其乃佛教圣地，与"山西五台山"相对而称为"东五台山"。凡此诸名，皆"盘山"也，且其驰誉古今，有"京东第一山"之盛名。历史上众多将相王侯、文人墨客竞游此山，留下大量诗文墨迹。尤以乾隆

---

① 陈桥驿校证《水经注校证》，第341页。
② 杨守敬、熊会贞疏《水经注疏》（京都大学藏钞本），辽海出版社，2012，第694页。

为是，其曾三十余次登临盘山，对其情有独钟，并有"早知有盘山，何必下江南"之慨叹；又御制文赞之曰："连太行，拱神京，放碣石，距沧溟，走蓟野，枕长城，是为盘山。盖冀州之天作，俯临众壑，如星拱北，而莫敢与争者也。"①得乾隆帝如此赞誉，足见是山之奇伟蜿蜒、天作俯壑、莫敢与之争。称其"盘山"者，系因其山势盘亘连绵成"三盘"之景，以"奇松、怪石、清泉"名之，曰"上盘以松，中盘以石，下盘以水"。我们致意于此"清泉""下盘以水"，谓此"泉水"，系因"上盘""中盘"之"百泉倾泻"汇于"下盘"，以致其"素湍皓然，颓波历溪"而成"盘山水"。

由上可知"盘水"即"盘山水"之简省，山上"泉水"，"百泉倾泻"汇成"盘山水"。"盘山水"又转注于"洵水"，"洵水"丰沛又合于"鲍丘水"，此即前引《水经注·鲍丘水注》所说。此故，将玺文"𤃉𣲖"隶为"洵沓"，读作"盘水"；且"𤃉𣲖"是古蓟州"盘山水"之专字。

于玺文首二字释"盘水"，需要再说明一下。

一者，释"洵（盘）"，合于于省吾、裴锡圭、赵诚、何琳仪等先生释"洵"即"盘"：读"盘"，义为"山之盘回屈曲"。二者，于"洵沓（盘水）"字，合于吴振武先生言，若"崑崙""崆峒""峄山"等专造之字。且我们又补证其"专用"体现在"𣲖"字首从"〣〣"，再借"⊥"之"丨"笔成"〣〣"，又此"〣〣"与 0359 玺"洵城"之"洵（𤃉）"其从同形；表面上看"𣲖""𤃉"二字②所从同形或为偶然，实则自然。即"盘水"专指"盘山水"，而"盘山水"又注入"洵水"，二水合为一水，故有"盘山水"专字作"𤃉𣲖"、"洵水"作"𤃉"者，一水相承。

至此，0363 玺印文释为"洵（盘）沓（水）山金贞鍴（瑞）"。为通释玺文，这里对印文后三字"金贞鍴（瑞）"，再加疏解。

---

① 乾隆：《游盘山记》，《钦定盘山志》卷首二，《景印文渊阁四库全书》第586册，台北：台湾商务印书馆，1986，第15页。

② 何琳仪先生曾将此二字置于一起类比。参见何琳仪《古玺杂识再续》，《中国文字》新17期。

最末一字多无分歧，释"鍴"即"瑞"。①《周礼·春官·典瑞》："瑞，节信也。"《说文》："瑞，以玉为信也。"又"卪，瑞信也。"0363玺形制为"长条形"（阳文），此为燕玺之一大特色。类此形制又末一字为"鍴"者，如《玺汇》0362玺"东易海泽王勹鍴"、0361玺"易文身鍴"、0367玺"右朱贞鍴"②等。凡此类"长条形"玺，一般行款为"某地＋某官（职事）＋鍴"。如"单佑都市王勹鍴"（《玺汇》0361），即"单佑都"示地；③"市王"示"职事"；④"勹鍴"⑤即"伏（符）瑞"，亦即"信鉨"。于0363玺，董珊先生将其行款列为"无官署名"一类，并认为末一字"鍴"乃系"此类玺印质地为铜，所以字从'金'旁；另玺文"金"字其亦认为"是讲玺印为铜质"。再，董珊先生于"贞"字（其从何琳仪先生训"信"），将其与其他长条形玺印文之"勹（卪）""身"等均归为"衬字"，效用或为"叠加、修饰"。⑥于"鍴"字，石志廉先生认为玺之功用或与"铸造"有关。⑦又吴振武先生云："用玉做的信物叫'瑞'，字从'玉'作；用金

---

① 参见朱德熙《战国文字中所见有关厩的资料》注④，常苏豪主编《古文字学论集（初编）》。吴振武先生亦引此文，并谓："自丁佛言《说文古籀补补》（1925年）开始，以至后来的《古玺汇编》《古玺文编》（罗福颐主编，文物出版社，1981年）等书都径将燕玺中的'鍴'释为'鉨''玺'，实在是错误的。"参见吴振武《释双剑誃旧藏燕"外司圣鍴"玺》，《于省吾教授诞辰100周年纪念文集》，吉林大学出版社，1996，第165页。

② 陈光田从朱德熙、裘锡圭先生将"朱"读"厨"，并曰："'贞'当读作'鼎'，此方玺当是右厨用来戳打在铜鼎或陶鼎，以表明其功用之玺。"此玺与0363玺有同文"贞"字，其释"贞"可资借鉴。参见陈光田《战国玺印分域研究》，第91页。

③ 李学勤先生云："'单佑都市节鍴'，是单佑地方管理市场官员的玺印，据《金文分域编》卷八于晚清光绪初年出土于河北易县西北西关，其属燕物无疑。"李学勤：《东周与秦代文明》，第254页。

④ 如牛新房先生认为："由王得声之皇与黄相通假；又由黄得声之横与衡相通假，古'王'可以读为'衡'。""市王"即"市衡"，管理市之资货征税之官。牛新房：《古玺文字考释（三则）》，《中国文字研究》第13辑，2010，第72~74页。

⑤ 于省吾释"勹"："象人侧面俯伏之形，即伏字的初文。"何琳仪先生云："'勹'可读'符'。……'符'是先秦时期用作凭信的信物，即'符节'。《说文·竹部》："符，信也。"《周礼·掌节》："门关用符节"，注云：'如今官中诸官诏符也。'"又《孟子》"若合符节"。故"勹鍴"，读作"符瑞"，自丁佛言《二补》（9·3）释为"卪"，亦有从者，我们以为作"符瑞"为宜。参见于省吾《甲骨文字释林》，第374~375页；何琳仪《古玺杂识续》，《古文字研究》第19辑，第470~489页；后收入黄德宽主编《安徽大学汉语言文字研究丛书·何琳仪卷》，第249~250页。

⑥ 董珊：《战国题铭与工官制度》，博士学位论文，北京大学，2002，第193页。

⑦ 石志廉先生释《玺汇》0365玺为"外司炉鍴"，云"乃燕国主管铸造钱币炉次的官吏所用之印"。石志廉：《战国古玺考释十种》，《中国历史博物馆馆刊》1980年第2期。

属做的信物叫'鐪',字从'金'作。"①即于"贞"字,释读观点总略有二。一者认为"贞"即"鼎",盖此玺与铸造有关。持此观点者,如,李学勤先生云"0363、0367②两钮有'金贞(鼎)'等字,也可能与冶铸业有关";③再如前文所述李家浩先生从李学勤、朱德熙先生读"金鼎"。二者,即以何琳仪先生为代表,认为:"'贞',信。'贞鐪'读'贞瑞',犹'信玺'。"④结合上述,愚以为"贞鐪"二字,以何琳仪先生之释为是,即"贞鐪"犹"信玺"。

如上诸先生所释诚然均有所据,然亦有可商之处。如言玺文"金""鐪"从"金"即在昭示玺之"质地为铜"之说,或不由生疑:春秋战国古玺迄今数以万计,然玺文含"金"字者寥寥无几,又万千计古玺多为铜质,质"玉、角"者少,质铜者自然为人所共识,⑤况玺为何质地视而便知,为何只0363玺予以"标明"?再说官玺印文皆以示官事为上,印文最为规矩典雅,且一玺之中"寸土寸金",一般不为标示其质地而缀加印文。亦如赵平安先生云:"众所周知,在战国玺印中,玺文直接说明玺印质地,是没有先例的。这是由玺印的性质和功能决定的。玺印打在封泥或实物上,凭印文本身发挥作用,玺印质地的信息是无须传达出去的。"⑥如此,0363玺"金"者,当是表明其功用与"金"(金属)有关,何琳仪先生所释可从:"'山金''山铜',见《管子·国准》'益利搏流,出山金立币'。"又赵平安先生认为0363玺之"金"应是职官名称,他说:"《周礼·地官·卝人》:'卝人掌金玉锡石之地,而为之厉禁以守之。'《秋官·职金》:'职金掌凡金、玉、锡、石、丹、青之戒令。'……'江永云:卝人与秋官职金联事。卝人掌金玉锡石之守禁,

---

① 参见吴振武《释双剑誃旧藏燕"外司圣鐪"玺》,《于省吾教授诞辰100周年纪念文集》,第165页。
② 《玺汇》0367"右朱贞鐪"。
③ 李学勤:《东周与秦代文明》,第254页。
④ 参见何琳仪《古玺杂识再续》,《中国文字》新17期。
⑤ 如叶其峰先生云:"官名玺除铜质外、还有玉质,而官署玺是不可能有玉质出现的,相反,却发现有陶质。"而0363玺,显见非赐发给某官的官名玺,而是"洀水"地之官署公玺,故官署玺节是为"铜质"盖战国之际人尽皆知。叶其峰:《古玺印通论》,第21页。
⑥ 赵平安:《金文释读与文明探索》,第236页。

而职金受其入征，以入于诸府也。'玺文金无'守禁'和'入征'之别，大约和《汉书·地理志》桂阳郡的金官相当，置于地方负责守护和开采金矿。"① 再者，齐官玺有"长金之玺"（《玺汇》0223、0224）两方，曹锦炎先生云："'长金'，职官名，职掌金属等库藏之官，即见于周礼之'职金'。……'长金'之官需分辨入征的金属等物品的数量和好坏，'揭而玺之'，故有专门之印。"② 可见，"山金"未必"长金"，当以赵平安先生所言为是："玺文'金'无'守禁'和'入征'之别。"然其事理却可通：有"入征"和"守禁"之事，则必有地方之"上缴"，凡此诸事均需"揭而玺之"。我们以为0363玺之"金"可以综合何琳仪、赵平安二先生之释来确定其义，即此"山金"有两层含义：一者，指燕国"盘水"地方所产之"山铜"；二者，亦是官职，即职于此地负责矿产开采等事之官。以下再证，此地自古即产"山金"。

前文已述，"盘山"所在乃古"无终子国"境，故其又名"无终山"，按典籍载此山自古即产"金"。《管子·揆度》谓："燕之紫山白金，一策也。"黎翔凤注曰："张佩纶云：《水经注·鲍邱水注》：'地理志濡水出俊靡县，南至无终，东入庚，庚水世亦为之柘水也，南径燕山下。'《鲍邱水注》又云：'黄水又西南径无终山，即帛仲理所合神丹处也。又于是山作金五千斤以救百姓。'帛仲理事本荒诞，然必无终山本产金，故有是言。疑'燕之紫山'即无终之燕山矣。"③ 黎翔凤先生虽否认帛仲理之事，但于"无终山本产金"，则无疑义。结合前文所疏，是《管子·揆度》所言"燕之紫山"、《水经注·鲍邱水注》所言"无终山"，即今蓟州区之"盘山"（燕山山脉南缘）；"白金"者，姜涛谓"银"。④ 于帛仲理"作金五千斤"，见杨守敬按语云："《寰宇记》引《神仙传》云，仙人帛仲理者，辽东人也。隐居无终山中，合神丹，又于山中作金五千斤，以救百姓。"⑤ 又见陈桥驿先生于《水经注地名汇编·矿藏》"鲍

---

① 赵平安：《金文释读与文明探索》，第236页。
② 曹锦炎：《古玺通论》，第128页。
③ 黎翔凤：《管子校注》，第1383页。
④ 姜涛：《管子新注》，第526页。
⑤ 杨守敬、熊会贞疏《水经注疏》（京都大学藏钞本），第697页。

邱水"列"无终山金矿"条目。① 故此"金"者，自义同于《管子·国准》所言"出山金立币"之"山金"（山铜）。② 前文已揭"盘水"即"盘山水"之专称，"盘山"地望在战国之际"无终子国"境，是知玺文第三、四字"山金"，当即《管子》之"山金（铜）""白金（银）"、《水经注》之"金（铜）"，盖以"山金"总名之。要之，铜、盐等均属国家管控之重业，既然是地产"铜"等金属，自要设官负责，故有关金属矿产之开采、守护、上缴、运输等均有可能属其职事，置官铸印盖本自然。

三　释玺义

0363 玺，印文当隶定为"洀岙山金贞鍴"，读为"盘水—山金—贞瑞"。"盘水"即"盘山水"之专称，"山金"即"山铜"，"贞瑞"即"信玺"。③ 是知此玺乃古燕国"盘水"地管理"山铜"之开采、冶炼、运输、拣选上缴等事属官所用之印。玺之"盘山"，又名"无终山"，地望乃战国之际"无终邑"所在，即今天津市蓟州区西北"盘山"。《管子》《水经注》等典籍载"无终山"出"白金""山金"，与 0363 玺"盘水—山金—贞瑞"若合符节。

第二节　借由释"洀""𠆢"推断考释相关问题

以下再由释 0363 玺之"洀""𠆢"等字的过程，归纳其他相关玺印、金文的问题。

---

① 陈桥驿编著《水经注地名汇编》，中华书局，2012，第 770 页。
② 马非百先生云："所谓'出山金立币，成菹丘，立骈牢'，不是人民自营，也是很明显的。"非民营，自是官办，此即可推论至 0363 玺之"山金"自当是官署管理，亦合典籍。马非百：《管子轻重篇新诠》，第 80 页。
③ 见邾国、滕国陶文中有单字作 （《新季木》0622），即"嵩"，单字落款著是字，颇疑非陶工名，殆即是"玺"之意，乃"鍴"之简省。

一　借由"泗"字推释相关问题

如上文所释，玺文"𣶒"字释"泗"，从"舟"可定。借由此释，一系之相关问题、玺印皆得而释。

（一）"泗州"或"郙州"，未必非"㴚州"

吴振武先生释 0363 玺首字为"泉"，除上述证据之外，另有一关键佐证，即 1973 年出土于河北易县燕下都 23 号遗址的"燕王职戈"，[①] 其铭文如图 4-1 所示。

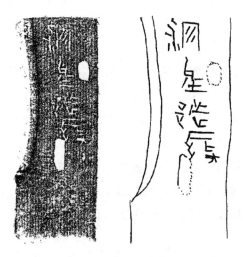

图 4-1　燕王职戈铭文

戈背铭文首字为"泗"。吴振武先生释作"㴚（泉）型（州）都馭"；谓："'㴚（泉）型（州）都'即燕国泉州县的县城，其地在今天津市武清县西南。"[②] 且吴先生认为此"泉州"又同辽宁凌源安杖子古城址出土秦"泉州丞印"封泥之"泉州"。[③] "又"，于该戈铭，何琳仪先生释作"泗

---

① 石永士：《燕下都第 23 号遗址出土一批铜戈》，《文物》1982 年第 8 期，图版八 1、2。参见《集成》11304。

② 吴振武：《〈燕国铭刻中的"泉"字〉补说》，张光裕、黄德宽主编《古文字学论稿》，第 233~234 页。

③ 封泥参见李恭笃、高美璇《辽宁凌源安杖子古城址发掘报告》，《考古学报》1996 年第 2 期，第 230 页图二九，10。

塱都緱”，何先生谓：“燕兵铭‘洀州’‘洀塱’均应读作‘郁州’，地名。《水经注·湿水注》‘湿水又东经阳原县故城南。’《地理志》曰‘代郡之属县也。北俗谓之比郁州城。’”① 可见，戈铭释作“渫”可通，然释作“洀”亦可通，若合以我们所释，当以释“洀”更佳。

（二）若干“洀”字异体与相关玺印等释

甲骨文、金文中另有诸形与我们所论之“洀”形近，如甲文作“𦨶”（《屯南》2922）、“𦨵”（《合集》11479）、“𦩼”（《合集》41317）、“𦨶”（《合集》20272）等，金文作“𦨶”（圯簋）、“𦩝”（启作祖丁尊，《集成》5983）“𦨵”（麦尊）、“𦩝”（簋征三八）、“𦨶”（作册夨令簋，《集成》4300）、“𦩼”（白者父簋，《集成》3748））等，显见诸形“从水从舟”，或又附加“从辵”“从宀”等，这与《玺汇》0363玺“𦩝”、2508玺“𦩼”、5361玺“𦨵”、3313玺“𦩝”，新见晋玺“𦩝”，新见梁十九年鼎铭“𦩝”，② 皆同属一类情况。系因如此，上述诸形“舟”字，或从“水”，或从“宀”，或从“彳、辵”，在金文里用法相同，③ 何琳仪、吴匡、蔡哲茂、汤余惠等先生以为均是“洀”字之异体。如前所述，于省吾、赵诚、何琳仪等先生属主释“盘”一派，另有马叙伦、马承源、吴匡、蔡哲茂、汤余惠等先生为代表一派主释“复”或“覆”；④

---

① 何琳仪：《释洀》，《华夏考古》1995年第4期。

② 吴振武：《〈燕国铭刻中的"泉"字〉补说》，张光裕、黄德宽主编《古文字学论稿》，第231~232页。

③ 参见汤余惠《洀字别议》，广东炎黄文化研究会等编《容庚先生百年诞辰纪念文集（古文字研究专号）》，第164~171页。

④ 马叙伦首读金文数见（如圯簋、麦尊、白者父簋、作册夨令簋等）之"逆洀"为"逆覆"（参见马叙伦《读金器刻识·中禺彝》，原载《国学季刊》第51卷第1号，1935年；刘庆柱等编《金文文献集成》第27册，线装书局，2005，第414页）。马承源先生训保员簋铭文"逆洀"为"逆復"（参见马承源《新获西周青铜器研究二则》，《上海博物馆集刊》第6期，第150~154页）。又马承源先生《晋侯稣编钟》训钟铭"左洀""北洀"之"洀"均为"倾覆"之"覆"（参见马承源《晋侯稣编钟》，《上海博物馆集刊》第7期，上海书画出版社，1996，第1~17页）。吴匡、蔡哲茂训"洀"为"复"（参见吴荣曾主编《尽心集——张政烺先生八十庆寿论文集》，中国社会科学出版社，1996，第137~145页）。又汤余惠先生云："'逆洀'即'逆复''逆报'，亦即《周礼》之'复逆'；所不同的是《周礼》用为动词，而金文则是名词，指面君奏事者。"（参见汤余惠《洀字别议》，广东炎黄文化研究会等编《容庚先生百年诞辰纪念文集（古文字研究专号）》，第164~171页）

但无论哪一派，大多都赞同甲文、金文、玺文所见诸形可隶作"洀"，我们所论玺文隶作"趙"者亦乃"洀"字之异体。故诸玺可释如下。

2508玺释"鑾洀"，3313玺释"趙朱"，5361玺释"趙"。

2316玺释"阳汎（洀）府"。第三字吴振武先生释"坣（府）"。① 第二字施谢捷释"泒（狐）"。② 是字作"𣲗"，显见其左从水，右从当是"凡"；见《四声篇海·金部》"钒"字作"鉂"，玺文之形盖为其本。

0329玺隶作"晀悦邦"。此玺首字，吴振武先生读为"朝"。③ 第二字，旧释"恭"，何琳仪先生等释"悦"，疑首二字读"寿光"。④ 第三字，丁佛言释"邦"，⑤ 陈光田释"封"。⑥ "晀"字见《玉篇·日部》，谓："光也。"

1856玺隶作"事舿一千在"。此玺第二字《玺汇》阙释，按，是字作"𦩖"，从舟从千，其从"舟"旁与2657玺"朝"字作"𣎒"者同形，是为明证。该玺为吉语玺，"𦩖"可能为两字，玺文或可读作"事千舟一千在"。

2657玺释"闵朝"。《珍战》78玺释"孙朝"。

4065玺释"韩城朝"。韩城，当是以地为氏之复姓。

3094玺释"鮉给"。吴振武先生谓："'鮉'字不见后世字书，疑即'韶'或'䢉'异体。"⑦何琳仪先生谓："从食，舟声。"⑧

前所揭新见之两玺，则一释"事朝"（图版⑧），一释"舳頭"（图版⑨）。

① 吴振武:《〈古玺汇编〉释文订补及分类修订》，常宗豪主编《古文字学论集（初编）》，第506页。
② 施谢捷:《〈古玺汇编〉释文校订》，广东炎黄文化研究会等编《容庚先生百年诞辰纪念文集（古文字研究专号）》，第647页。
③ 吴振武:《〈古玺汇编〉释文订补及分类修订》，常宗豪主编《古文字学论集（初编）》，第492页；吴振武:《〈古玺文编〉校订》，第348页。
④ 何琳仪、冯胜君:《燕玺简述》，《北京文博》1996年第3期；参见何琳仪《战国古文字典》，第185页。
⑤ 丁佛言:《说文古籀补补》，第29页。
⑥ 陈光田:《战国玺印分域研究》，第94页。
⑦ 吴振武:《〈古玺文编〉校订》，第205~206页。
⑧ 何琳仪:《战国古文字典》，第186页。

另，"𢘆𢘆鲁辟"亦即"盘盘鲁辟"。"起、趄"等字古文从"走、辵"互作习见。吴振武先生文《〈燕国铭刻中的"泉"字〉补说》言及的新见晋玺之"𩒳"、新见梁十九年鼎铭"𢘆"，与前揭5361玺之"𦫳"、3313玺之"𦫳"均属"洀"之异体，皆可隶作"趙"。故，"𢘆𢘆鲁辟"亦即"盘盘鲁辟"。按《汉书·儒林传》："鲁徐生善为颂。"颜师古注引三国魏苏林云："徐氏后有张氏，不知经，但能盘辟为礼容。"又明唐顺之《重修宜兴县学记》谓："是故学校以教士而养之，以礼乐以柔伏其速成躁进之心，使其终日从事于俎豆、筐筥、象勺、干籥、盘辟、缀兆之容。"由是，"盘盘鲁辟"者，即古代行礼时其盘桓徐进之动作仪态。故新见梁十九年鼎一作"盘盘鲁辟"，一作"穆穆鲁辟"；与戎生编钟铭文"趄趄（桓桓）趩趩（翼翼）""趆趆（爰爰）穆穆"同属一类"礼容"之辞。

二 借由"𤽄"字推释相关玺印

如前所述，由"谷"作"𤽄""𠔌"同字，推及从"水"而作"𤽄""𤽄"同字；相较互证"𠂇冫""丷八"单双无别，"冫氵""丷"简省亦无别。即"𤽄"字从"水半"，"𤽄"从"水半"再省，亦即水全作"冫氵"、水半作"𠂇冫"，水半再省作"丷八"。可见：水字作水全、水半、再省无别，且往往互作。归纳推演，则含"水半"之一系列字，借此或皆可得释。试疏如下。

（一）《玺汇》0123玺释"簳（容）谷桓广（尉）"

图4-2　簳（容）谷桓广（尉）《玺汇》0123

此玺首二字作"▨▨"，旧不识，《玺汇》释作"□□和丞"。后吴振武先生释"岗（上）谷和丞"。[①]徐畅先生释此玺为"堂谷和户"，归为燕玺。[②]曹锦炎先生释"堂（上）谷和丞"，首字从吴振武先生释，并谓："'和丞'，职官名，或以为应释作'桐丞'，可备一说。"[③]按，第二字释"谷"是对的，首字释"岗""堂"或不确。吴振武先生摹玺文首字作"▨"，按是字上部实从"竹"（系与上边栏粘连不易辨识），下部从"容"，隶作"箈"，见《集韵》谓："余封切，音容。箈箬，矢也。一曰文竹。"即玺文"箈"读作"容"。《说文·宀部》曰："容，盛也。从宀、谷。宓，古文容从公。余封切。臣铉等曰：屋与谷皆所以盛受也。""▨"初看从"公"，实则从"水半"亦即"谷"；再细究之，其从乃我们所言之水半再省"八"，且与"宀"粘连。又《玺汇》1069玺"容"字作"▨"，可较参看。此玺第三、四字作"▨""▨"，异释亦多。第三字有"和""桐"等说；[④]第四字有"丞""户（詹—瞻）"[⑤]"仙"等说，于此仅举数例代表性释说。如：第三、四字李家浩先生释"桐""户"；[⑥]于释"桐"，吴振武先生改从之，而第四字吴先生释"监"，三四字读作"苑监"，谓"是掌苑囿的官"，并定其为晋玺。[⑦]何琳仪先生释"尚谷柜名（仙—掾）"，对其域属定为"晋"，又为"燕"。[⑧]又陈光田先生，从吴振武释"堂"，读"上"；从李家浩先生释"桐""户（尉）"，他说："上谷应该就是燕的上谷郡，战国末年曾属赵，其地在今河北怀来县一带，该玺从风格看属燕系。"[⑨]再者，肖毅先生从吴振武先生释首字、从何琳仪先生释第二字、从李家浩先生释第四字，作"岗谷柜户

---

① 吴振武：《〈古玺文编〉校订》，第345页。
② 徐畅编著《古玺印图典》，第206页。
③ 曹锦炎：《古玺通论》，第149~150页。
④ 曹锦炎：《古玺通论》，第149~150页。
⑤ 陈汉平：《屠龙绝绪》，第324~327页。
⑥ 李家浩：《战国官印考释（六篇）》，中国古文字研究会第九届年会，1992；李家浩：《战国官印考释（三篇）》，《出土文献研究》第6辑，上海古籍出版社，2004，第12~23页。
⑦ 吴振武：《战国玺印中所见的监官》，《中国古文字研究》第1辑，吉林大学出版社，1999，第117~121页。
⑧ 何琳仪：《战国古文字典》，第1048、1547页。
⑨ 陈光田：《战国玺印分域研究》，第93页。

（尉）"，亦主其域属为晋。[①] 按，该玺首二字"容谷"与前文我们所论燕系"水半"之形相近，应为燕玺，又其地望亦应在燕境。今河北容城县，位于京、津、保三角腹地，此地历史悠久。秦置上谷郡辖容城县；汉景帝中元三年（前147）设容城侯国；明清沿旧制。新中国成立后曾并入徐水县；1962年复置容城县，隶属河北省保定市辖；2017年即入今雄安新区。是地，春秋战国时在燕境，见《汉书·地理志》"代郡"辖"广昌"，注曰"涞水东南至容城入河"；又云："燕地，尾、箕分壄也。武王定殷，封召公于燕，其后三十六世与六国俱称王。东有渔阳、右北平、辽西、辽东，西有上谷、代郡、雁门，南得涿郡之易、容城……皆燕分也。"[②] 前文提及的燕王职戈即出土于容城县城东14公里的南阳村南之南阳遗址（今雄安新区南阳遗址），盖此地春秋战国之际，乃燕境无疑。容城，秦属"上谷郡"辖，今容城镇亦有行政村名曰"谷家庄"。凡此可见，此地自古至今命名皆与"容""谷"相关，0123玺之"容谷"即在"容城"境内。

综上，0123玺释"簽（容）谷杻广（尉）"，"容谷"位在战国时燕境，即今河北容城县，是玺为"容谷"地"杻广（尉）"官所用职事之印，域属燕系无疑。于0123玺前二字同文的还有《玺汇》3549玺，同理，是玺可改释作"簽（容）谷地"。[③]

（二）《玺汇》0218玺释"所舍（舍）之鉨"

图4-3　所舍（舍）之鉨《玺汇》0218

① 肖毅：《古玺文分域研究》，第649~653页。
②《汉书》，中华书局，1962，第1622、1657页。
③ 是玺，一者可能是以"容谷"地为氏之私玺，二者可能为该地之官玺。

是玺首二字作"![字]""![字]"，旧不识。施谢捷先生释为"新畲（舒）之鉌"。[①]《玺典》2602 从施先生之隶定，[②]于其地望则从吴良宝先生释："'新舒'可能和《汉志》庐江郡的'舒县'（今安徽庐江县）有关。"[③]于此玺，陈光田先生释作"舒閒之玺"，曰"舒閒，地名，具体地望待考"；[④]肖毅先生释作"新舍之玺"。[⑤]按，肖毅先生释"舍"者，可信。

玺文此形，属楚系文字风格，见楚简文"舍"字作"![字]"（《郭·老甲》简 10）、"![字]"（《郭·老乙》简 16）、"![字]"（《上博·从甲》简 2），显见此数形亦可隶作"舍"，读"舍"。施谢捷、肖毅等先生均将 0218 玺"右起横读"，如此则"![字]"为首字，释为"新"。按该字，左从"斤"是对的，然其右边未必是"亲"，就字形可见，更似"戶"。见楚简文"所"字作"![字]"（《包》简 2.139 反）、"![字]"（《包》简 2.179）、"![字]"（《包》简 2.259）、"![字]"（《郭·穷》简 1）、"![字]"（《郭·老甲》简 20），玺文虽有些模糊，然依笔势可见其与简文字体相近，其应是"所"字。故该玺确是"右起横读"，读若"所舍之玺"，其系楚玺无疑。

玺文"所舍"者，其职事或与诸多周官相关，如天官之"宫人""掌舍"等。略举典籍记载如下。

《周礼·天官·宫人》："凡寝中之事，埽除、执烛、共炉炭、凡劳事。四方之舍事亦如之。"注："从王适四方及会同所舍。"贾疏曰："为王巡守、征伐及会同所舍之处，亦如上掌凡劳亵之事。"[⑥]孙诒让云："王行所至之地，则掌舍为宫以舍，宫人亦从而掌其舍中之事也。"[⑦]此见，"舍"即"所舍"，"宫人"掌王之"会同所舍"，其职事与"掌舍"有关。

《周礼·天官·掌舍》："掌王之会同之舍，设梐枑再重。"贾疏云："会同者，谓时见曰会，殷见曰同，皆为坛于国外，与诸侯相见，而命

① 施谢捷：《〈古玺汇编〉释文校订》，广东炎黄文化研究会等编《容庚先生百年诞辰纪念文集（古文字研究专号）》，第 644 页。
② 徐畅编著《古玺印图典》，第 127 页。
③ 吴良宝：《战国楚简地名辑证》，武汉大学出版社，2010，第 280 页。
④ 陈光田：《战国玺印分域研究》，第 138 页。
⑤ 肖毅：《古玺文分域研究》，第 609 页。
⑥ 阮元校刻《十三经注疏·周礼注疏》，第 1455 页。
⑦ 孙诒让：《周礼正义》，第 512 页。

以致禁之事焉。王至坛所舍息也。"孙诒让曰："贾据会同常礼之行于国城外者，唯为坛壝宫而已。其十二年王巡守，会诸侯于畿外方岳及殷国，道路较远，或于道庐宿市之舍，则备此三宫四门，各随时地设之。"[1] 楄柲者，林尹今注："杜子春云：行马也。按行马系以木交互而相连之，所以为障碍而禁人之行者。"行马，盖今日以木交错之路障栅栏。故"掌舍"乃掌王"行于国城外于'庐、宿、市'随时而设"栅栏等事。"舍"者，于王可专名"王舍"，夏官"土方氏"职掌此事。《周礼·夏官·土方氏》："王巡守，则树王舍。""舍"者，于王亦可专名"野舍"。《周礼·秋官·司隶》："守王宫与野舍之厉禁。"郑玄注："野舍，王者所止舍也。"孙诒让云："谓王师田、巡守、会同等在道路所止舍，若掌舍所掌者也。"[2]

前文已揭，0218 玺乃楚玺，可知楚国亦置"舍"官。典籍见《左传》僖公二十八年："楚师背酅而舍。"注："酅丘陵险阻名。"疏曰："《正义》曰：兵法右背山陵，前左水泽，楚师背酅而舍，知其背丘陵也，盖所舍之处有丘陵名'酅'，其处有险阻也。"[3]

由上可知"舍"者即"所舍"，其与"王舍""野舍"（天子或诸侯于都城外之行宫）有关；其职事类似于宫人、掌舍、土方氏等。故 0218 玺释"所舍之玺"，"所舍"非专指某地，其乃负责楚国王室行宫相关事务。

（三）《玺汇》0112 玺释"谷（余）啬夫"

图 4-4　谷（余）啬夫　《玺汇》0112

① 孙诒让：《周礼正义》，第 513 页。
② 孙诒让：《周礼正义》，第 3475 页。
③ 阮元校刻《十三经注疏·春秋左传正义》，第 3961 页。

0112 玺,《玺汇》释"公啬夫"。是玺首字作"🏮",李家浩先生认为该字非"公",可能是"从'予'声"的字。[1] 施谢捷先生释"旨啬夫"。[2] 肖毅先生释"予啬夫"。[3] 按旧释"公""旨"均需斟酌;释"予"虽亦可,然亦未免生硬。我们以为是字为"谷"。王辉先生曾指出"🏮"字,不是"公",而是"宫",并谓:"侯马盟书'皇君晋(或释出)公',公作'🔺',而'定宫'、'不守二宫'宫作'🏮'。又湖南出土六年格氏令戈(周世荣《湖南楚墓出土古文字丛考》)'工师恒宫'宫作'🏮',足证所谓公、宫通用之说,全然无据,而其原因在于未仔细分析字形。"[4] 王辉先生所言极是,只是先生所论"🏮"字与我们所论玺文仅是同形,非是一字,或正如学者所论"糸、午"形同作"🔺"。

古文"谷"音"浴、欲",故该玺当读若"余啬夫","余"者当"余(馀)子"之省。晋玺中有官"余子"者数钮,若《玺汇》0111 玺"余子啬夫",0109、0110 玺"左邑余子啬夫"。叶其峰先生云:"余子文献作馀子。馀子是卿大夫的子弟,因是贵族,可做官,这种官亦称馀子。"[5] 裘先生亦有《啬夫初探》一文于"啬夫"所论甚详,其释 0112 玺"公啬夫",云"其似三晋印、职掌待考",介绍说李家浩先生认为非"公","可能是从'予'声之字";又谓:"余子啬夫应是主管役使余子的啬夫。"[6] 按,今释 0112 玺为"谷(余)啬夫",其域属归晋系,职掌同"余子啬夫"。

(四)《玺汇》0046、0353 玺等同文是字释"泯"

《玺汇》0046、0353 玺(图版⑩、⑪)同文者,还有《玺汇》1514、1495、2027、4072、4070、4071、2893、0680、0921、3022、2268 玺。

① 裘锡圭:《古代文史研究新探》,江苏古籍出版社,1992,第 451 页。
② 施谢捷:《古玺汇考》,博士学位论文,安徽大学,2006,第 115 页。
③ 肖毅:《古玺文分域研究》,第 433 页。
④ 王辉:《古文字通假字典》,自序,第 13 页。
⑤ 叶其峰:《战国官玺的国别及有关问题》,《故宫博物院院刊》1981 年第 3 期。
⑥ 裘锡圭:《啬夫初探》,中华书局编辑部编《云梦秦简研究》,中华书局,1981,第 244 页。

0046 玺，《玺汇》释"阳州邿右□司马"，倒数第三字旧不识。叶其峰先生在讨论《玺汇》0109、0110 玺时，曰："邿，是左邑两字的合书。据《汉书·地理志》属河东郡。……左邑即今之闻喜（魏地）。"[①]后见吴振武先生释"阳州左邑右□司马"。[②]何琳仪先生首释作"阳州邿右未（督）司马"，谓："'未'的上部所从虽似'止'而实非'止'。《韵学集成》'茉与苿同'，尚保存'未'作'苿'的这一变体。……《玺文》附六九'未'或作'苿'形，其下从四点。……可知两点或四点本是装饰笔画，故多寡不一，并无实际意义。"[③]后又易作"阳邑州左右未司马"，并谓："'未'应读'少'，《释名·释亲属》'叔，少也。'是其证。《周礼·夏官》有'小司马'，即'少司马'。"[④]于"未"字，李家浩先生亦有提及，其云："原印说'邺（句）犊（渎）五未□'（《玺汇》0353，引者注），'未'字亦见《古玺汇编》0046'阳州左邑右未司马'印，即'叔'字所从的声符。与'校'字古音近，疑印文'五未'、'右未司马'应读为'五校'、'右校司马'。"[⑤]该字，隶作"未"，诸贤多从之，如施谢捷、陈光田、肖毅等。[⑥]我们以为，此字释读仍有讨论的空间，为此先将相关字形分列如次：

《玺汇》0046 [字]、0353 [字]、1514 [字]、4072 [字]、1495 [字]、2027 [字]

《玺汇》0921 [字]、3022 [字]、2268 [字]

《玺汇》2893 [字]、4070 [字]、4071 [字]、0680 [字]

《玺典》5831 [字]、6729 [字]、9111 [字]

守丘刻石 [字]（[字]）

① 叶其峰：《战国官玺的国别及有关问题》，《故宫博物院院刊》1981 年第 3 期。
② 吴振武：《〈古玺汇编〉释文订补及分类修订》，常宗豪主编《古文字学论集（初编）》，第 488 页；吴振武：《〈古玺文编〉校订》，第 344 页。
③ 何琳仪：《长沙铜量铭文补释》，《江汉考古》1988 年第 4 期，第 97 页。
④ 何琳仪：《楚官肆师》，《江汉考古》1991 年第 1 期，第 81 页。
⑤ 李家浩：《十一年皋落戈铭文释文商榷》，《考古》1993 年第 8 期，第 758~759 页。
⑥ 施谢捷：《古玺汇考》，博士学位论文，安徽大学，2006，第 96 页；陈光田：《战国玺印分域研究》，第 189 页；肖毅：《古玺文分域研究》，第 159、414 页。

为识此字，非从形义中求不可，然此诸形多见于私玺，其语境过于宽泛，往往若甲若乙者皆可。故，于此可资求义者，一者 0046 玺等官印为上；二者即"守丘刻石"铭。"守丘刻石"又名"河光刻石"，是石刻铭十九字，倒数第三字作"㐰"，显见与 0046 等玺同字。于该石铭文，李学勤先生释为："监罟尤（囿）臣公乘得，守丘兀（其）臼（旧）牆（将）曼，敢谒后未（俶）贤者。"①李先生释"㐰"为"未"。黄盛璋先生则有不同意见。他释该铭作："监罟有（囿）臣公乘导（得）守丘，其臼（枢）将溃，敢谒后先贤者。"并云："《简报》引李释此字为'未'，乃根据形似而误认，于文字结构则没有根据，文义也讲不通。数年前曾和王人聪同志分析此字，其上所从为'止'，与石刻最后一字'者'（'箸'，引者注）上面所从'止'相同，其下所从好像是'介'字，但构不成字。实际上乃是从'人'而从'止'。从'人'乃是'先'字，两边各加一点，乃是相配以求上下相称。战国印有'帟阴'、又作'帟阴'，证明两边所加之点皆为陪衬与增饰。'后先'即'后前''前后'。"②黄先生释"先"字，亦提及上揭同文诸玺，他将 0046 玺释作"阳州左右先司马"、4071 玺释作"先阴事"、4072 玺释作"先阴"，且云："'先'字下有从两点与四点之别，从而证明与不加点之'先'皆为一字。'先司马'即'前司马'，此印小朱文方印是三晋标准的官印，故此种'先'字为三晋特有写法，和其他国皆不相同。"③可见，黄盛璋先生释该字为"先"，从"止"从"人"，且其认为字下"两点"或"四点"皆为"陪衬与增饰"。又前文已述，何琳仪先生亦云"两点或四点"乃"装饰笔画"，无实际意义。黄、何二先生尽言此"两点""四点"为

① 李晓东：《中山国守丘刻石及其价值》，《河北学刊》1986 年第 1 期，第 74~75 页。参见张守中、郑名桢、刘来成《河北省平山县战国时期中山国墓葬发掘简报》，《文物》1979 年第 1 期。
② 黄盛璋：《平山战国中山石刻初步研究》，《古文字研究》第 8 辑，中华书局，1983，第 43~58 页。
③ 黄盛璋：《平山战国中山石刻初步研究》，《古文字研究》第 8 辑，第 53 页。黄先生此释，见曹锦炎先生从之，《古玺通论》论及《玺汇》1495 玺时，谓："'先'字旧不识，按上部之'止'同于三晋玺中'者''都'字上部之构形，下左右两点（或作四点）为饰笔。"可见曹先生亦主其上所从乃"止"，然亦以为其下数点为"饰笔"。曹锦炎：《古玺通论》，第 86、168 页。

饰笔，或也不妥；且 4070 玺同文是字作"□"，显见其有合文符号，第二字为"阴"，首字"□"并未与"阴"合文，即"□"自身为合文，此亦可力证其下所从"数点"并非饰笔，即前文屡见之"水半"（"水半再省"）。再者，诸形上部所从"止"或"似止"，下部是"人"或"小"者，就一定是"先"或"耒"吗？这似有讨论空间。

诸玺同文是字，徐畅先生释"耒"，并谓："耒字构形各异，点画不同达十一种。耒读叔。"[1]徐畅先生所言，为其微异，就其大类而言，除去下部所从之"水半"，上部所从大致可分两类。

一者，0921 玺"□"和 2268 玺"□"为一类，其上从同晋系"长"字习见字形，如《玺汇》0839 玺作"□"、0677 玺作"□"。"长"者，《说文·长部》谓："久远也。从兀从匕。兀者，高远意也。久则变化。亾声。亍者，倒亾也。凡长之属皆从长。夫，古文长。兎，亦古文长。臣铉等曰：倒亡，不亡也。长久之义也。直良切。亢，古文长。萑，亦古文长。"季旭昇先生说："甲骨文长字，余永梁以为象人发长貌（《殷墟文字续考》），可从。唯与'老'、'发'等构字取义相近。手形下或加杖形、杖形或讹为'匕'形，《说文》因误以为从'匕（化）'。战国文字或从立、或从止。"[2]"长"字金文加"杖形"者如史墙盘作"□"、长子沫臣簠"□"，从止者若车大夫长画戈作"□"。二者，如 1514 玺"□"、0680 玺"□"等为另一类，其上从"止"，下从"人"，较为明显。此诸玺均属晋系，而晋系"止"两斜笔作"×"者乃其一大特色，如《玺汇》0895 止作"□"。再如从"止"之"步"字，《玺汇》0906 作"□"、2472 作"□"，《中山王兆域图》作"□"，如此者常见。然细心观察可见，我们所论诸形，于常见止作"□"者开口方向有左右之别，如 3022 玺"□"开口向右，其余者皆向左；向右者其形即同止作"□"者，向左者则多一"竖笔"作"□"，如 0046 玺作"□"、4071 玺作"□"等。又显见第一类情况 0921 玺"□"和 2268 玺"□"亦是如此，即 0921 玺同习见"长"字开口向左未加"竖笔"，而 2268 玺反向向右则加一"竖

① 徐畅编著《古玺印图典》，第 293 页。
② 季旭昇：《说文新证》下册，第 88 页。

笔"。此虽毫末之别，然亦可知此一"竖笔"可能仅是反向"指示"之用，[1] 于字形无义。综此二类，该字诸形，虽亦可言其从"止"从"人"，然如此者未必非"先""朱"，盖古文"长"字亦如是作，且依我们所疏凡此诸形者皆从"长"[2] 从"半水"之"漲"字，其下从"两点""四点"亦非饰笔，乃"水半"，若 0680 玺作"▨"者，乃显见"水半"借"人"之右笔而成"水全"形。此古玺文"康""雨"字所习见，毋庸赘述。如此者，诸形所见作"▨、▨""▨、▨""▨、▨"者皆可得释，无有"饰笔"之说。

如此，同文诸形是字，虽有二类，然均为从"长"从"半水"之字，且 4070 玺作"▨"，其合文符亦可力证。区别仅在第一类乃从晋系习见"长"字；第二类者从"止"，与长囟簋作"▨"、长囟盉作"▨"者类同。再者，是字如 0680 玺作"▨"等从"水半"、1514 玺作"▨"等从"水半再省"，前文已揭，单双无别，均系"水"。故同文诸形是字，从"长"从"半水"，可隶定作"漲"，读作"长"。"漲"字，《玉篇·水部》谓："大水也。"《集韵》曰："与涨同。""涨"，见《广韵》《集韵》《韵会》《正韵》，均曰："知亮切，音帐。水大貌。"

如上，0046 玺即"左邑右漲（长）司马"，0353 玺即"五长"，守丘刻石铭即"敢谒后长贤者"。以"长"释此三辞例，或更通畅。

《周礼·夏官·司马》："凡制军，万有二千五百人为军，王六军，大国三军，次国二军，小国一军，军将皆命卿；二千有五百人为师，师帅皆中大夫；五百人为旅，旅帅皆下大夫；百人为卒，卒长皆上士；二十有五人为两，两司马皆中士；五人为伍，伍皆有长。"孙诒让疏曰："周法，五人为伍，五伍为两。两之言辆也，二十五人而车一辆。百乘成师，则二千五百人；五百乘成军，则万二千五百人。"[3] 又"云'将、帅、长、司马者，其师吏也'者，将即军之师吏，帅即师旅之师吏，长即卒伍之师吏，司马即两之师吏也"。[4] 依孙诒让说，"长"即掌"卒伍"

---

[1] 抑或是将"杖形"上移所致。
[2] 如前揭同文诸形，形下竖笔或直作，或右斜作，此与习见"长"字竖笔亦同，不可不察。
[3] 孙诒让：《周礼正义》，第 2695 页。
[4] 孙诒让：《周礼正义》，第 2700 页。

之官，"司马"即掌"两"之官，而一卒百人，一两二十五人，显见官"长"高于"司马"。亦即曰，凡"伍皆有长"，是"五长"即一伍之"伍长"，或是一"卒"之长。从用印来看，一伍即要用玺当不可能，当是一"卒"之"伍长"。按《左传》所见之"司马"者，"在宋郑诸国为执政大臣之一，掌军事；晋国，则仅军中之军法长官而已，位为大夫。甚至晋国诸强臣及鲁国三桓家臣中亦有司马"。①孙诒让所疏之司马，当是指晋国、鲁国之"司马"，其官阶不高。0046 玺之"司马"，当即此类。由是，则诸玺可得释如次。

0046 玺，当释为"阳州左邑右浜（长）司马"，乃阳州左邑所辖卒伍之"右长"下属官"司马"守防职事之用印。"左邑"之地，叶其峰、何琳仪②、曹锦炎等先生均言其即今山西闻喜，如曹先生从叶先生释，云："'左邑'两字合文。左邑，地名，见《汉书·地理志》，地在今山西闻喜县。《汉书·武帝纪》元鼎六年冬十月：'（武帝）将幸缑氏，至左邑桐乡，闻南越破，以为闻喜县。'从地望看，战国时左邑正属魏地。"③官"司马"者，晋系亦有"司马"（《玺汇》3828、3829、3830）、"左司马"（《玺汇》0049）、"右司马"（《玺汇》0056、0057）等，如《玺汇》0044 玺"左郭司马"即与我们所言之"右长司马"当属一类。

0353 玺释"邨（句）罩（渎）五（伍）浜（长）囗"，乃"句渎"地职"卒伍"之"伍长"官之用印。地"句渎"，朱德熙先生谓："'句犊'疑当读为句渎。《左传·桓公十二年》'囚王豹于句渎之丘'，杜注'即谷丘'。"④曹锦炎先生云"句渎，古地名。《左传》桓公十二年：'公欲平宋、郑。秋，公及宋公盟于句渎之丘。'杜注：'句渎之丘即谷丘也。'其地在今山东菏泽北，春秋时属鲁。"⑤吴振武先生则认为："从《左传》所述之事和此二玺风格看，旧说句渎之丘为宋邑是正确的。其

① 杨伯峻、徐提：《春秋左传词典》，中华书局，1985，第 190 页。
② 何琳仪：《战国文字通论》，第 124 页。
③ 曹锦炎：《古玺通论》，第 168 页。
④ 朱德熙：《古文字考释四篇》，《古文字研究》第 8 辑，第 15~22 页。
⑤ 曹锦炎：《释牵——兼释续、渎、窦、鄍》，《史学集刊》1983 年第 3 期。

地在今河南省商丘县东南四十里，战国时属韩或魏。"①又杨伯峻、徐提先生云："《左传》四见（襄公十九年、二十一年、二十八年，哀公六年）之'句渎之丘'，齐地，或云在临淄城内。"②对于"句渎"地望虽有分歧，然其"伍长"之释当是可定。释"伍长"或能更好地读通玺义。

"守丘刻石"铭后六字释"敢谒后长贤者"，"长贤者"即"年长而贤明者"。如《史记·齐太公世家》："五十八年夏，景公夫人燕姬嫡子死。景公宠妾芮姬生子荼，荼少，其母贱，无行，诸大夫恐其为嗣，乃言愿择诸子长贤者为太子。"又《史记·孔子世家》曰"公良孺"者："其为人长贤，有勇力。"盖是铭此句即谓"敬告后来之年长而贤明者"。此释较之"未贤""先（前）贤"对于该铭文义更为合适。

侯马盟书有此"㳟"字，其形作"㳟"（《侯马》三二七），从水从长，左右作，而我们所论诸形则上下作，小异如此。其在盟书中，用作人名。③同属晋系，可与众多晋系私名"㳟"者相印证：《玺汇》0921释"肖（赵）㳟"，1514释"孙㳟"，0680和《玺典》5831释"长㳟"，1495释"畋㳟"，2268释"霍㳟"，2893释"文是㳟"，3022释"周㳟"，4070释"㳟（长）阴益"，4071释"㳟（长）阴筋"，4072释"㳟（长）阴疢"，2027和《玺典》6729释"郵（董）㳟"，《玺典》9111释"梁㳟（长）"。

（五）释其他相关私玺

1.《玺汇》1492、1831、1839、2083玺同文释"豫"新解

《玺文》511页，将《玺汇》1831玺"㸚"、1492玺"㸚"、2083玺"㸚"列为一栏，又将《玺汇》1839玺"㸚"置于相邻一栏；按此两栏四形，形近当为同字。何琳仪先生曾曰此诸形"形体诡异"，先言其"左从'八'从'吕'，右从'象'抑从'兔'"，后说是字当隶作"餱"，释为

---

① 吴振武:《古玺合文考（十八篇）》,《古文字研究》第17辑, 中华书局, 1989, 第268~281页。

② 杨伯峻、徐提:《春秋左传词典》, 第182页。

③ 何琳仪:《战国古文字典》, 第687页。

"豫",并言"'予'疑即'吕'分化"。① 按何琳仪先生释该字为"豫"是对的,不过"予"由"吕"分化一说,仍需做些讨论。故将 0112 玺和"谷""公""予""豫"等字置于一起讨论。

如前所揭,"谷"字,甲骨文作"□""□"二形,沿袭至战国文字,亦是如此,然作"□"者,系与"公"作"□"(番生簋盖)、"□"(《包》简 2.85)者同形,然玺文"公"亦有作"□"(《玺汇》0266 玺)者。② "□"字口部已有讹变,似带尾巴,即与"予"字小篆"□"形略近。于《玺汇》1831 玺"□"、1492 玺"□"、2083 玺"□"、1839 玺"□"诸形,何琳仪先生隶为"馀",释"豫",并谓"'予'由'吕'分化"。③ 他认为玺文所从"□"同蔡侯镈铭豫字"□",即"□"乃"吕",其上所从似"八"形,应是装饰笔画,无义。④ 但我们认为此似"八"之形,正是"水半再省"(亦许慎曰"水半"),并非饰笔。"□"不仅可作为偏旁,也可单独成字,见《玺汇》0112 玺作"□"、六年格氏令戈作"□"。如上揭,0112 玺是字,旧释为"公""予""昌"等。我们认为1492 玺等之"□"字,非"公"字,亦非"吕"字,而是"谷"字;是谷作"□"者再加一"口",或"□"者省去"水半"所致。如楚简文有"豫"字若干形,作"□"(《包》简 2.11)、"□"(《郭·六》简 33)、"□"(《上博·曹》简 19)、"□"(《包》简 2.72)、"□"(《包》简 2.191)、"□"(《包》简 2.52)、"□"(《包》简 2.7)等。

可见,豫字简文从"水半"作"谷"者乃其常态,作"□"从似"吕"者乃"谷"之省形。由此诸形,可见"谷"本有四种形体,从繁至简排列为:"□→□→□→□(□)"。其上所从乃"水半",而非饰笔。

按玺文当隶作"馀",从"谷"声;"谷"可读作"予",即"馀"读为"豫"。《尔雅音训·释言》"谷"字,谓:"《老子》'谷神不死',

① 何琳仪:《古玺杂识续》,《古文字研究》第 19 辑。
② 从吴振武先生释。吴振武:《〈古玺汇编〉释文订补及分类修订》,常宗豪主编《古文字学论集(初编)》,第 490 页;吴振武:《〈古玺文编〉校订》,第 346 页。
③ 刘钊先生在讨论《玺汇》1492、2083 玺时亦主此说。刘钊:《古文字构形研究》,博士学位论文,吉林大学,1991,第 557~559 页。
④ 何琳仪:《古玺杂识续》,《古文字研究》第 19 辑。

河上本作'浴',注:'浴,养也。'是"谷"又与"浴"通。"①1973年冬在湖南长沙马王堆汉墓出土的帛书《老子》甲、乙本,较多地保存了《老子》的原貌,是目前所见最古老的版本,其亦作"浴神不死"。②又洪颐煊云:"'谷'、'浴'并'欲'之借字。《易·损》'君子以惩忿窒欲。'孟喜本'欲'作'浴',其例证也。《孟子·尽心章》:'养心莫善于寡欲。'是以欲神不死。"③另外,在我国历史上西北有一民族政权,名曰"吐谷浑",《资治通鉴》载:"河南王吐谷浑卒。吐谷浑,史家传读,吐,从暾入声;谷,音欲。"④是故,"谷"读"浴""欲",《说文·水部》:"浴,从水谷声。余蜀切。"又《欠部》:"欲,从欠谷声。余蜀切。"亦即"谿",从"谷",且亦由"谷"得声。

如此,诸玺可确释如下。

1831玺释"事豫",1839玺释"事豫",1492玺释"畋豫",2083玺释"郪豫"。

2.《玺汇》3485玺释"安水"

此玺旧不识,玺文作"⿱宀⿰"。⑤肖毅先生释首字"⿱宀⿰"为"安",并将其定为燕玺。⑥第二字作"⿰",即许慎所言之"水半"。又0363玺、0359玺皆为燕系,肖先生之说可从。

3.《玺汇》5442玺释"谷",5462玺释"水",5444、5469皆释"氺"

5442玺独字作"⿱谷",见《玺典》9140释其为"谷",⑦可从。又《玺汇》5462玺独字作"⿰",显见其与5442上从同形,此形盖与常作之"⿰"小异,然亦为"水半"无疑,可释为"水"。再《玺汇》5444、5469玺独字同形作"⿰",其当从"水半再省"从"一",隶定为"氺",俗"之"。见魏《比丘道璦记铭》谓:"苦行授记氺后。"

---

① 黄侃:《尔雅音训》,黄焯辑,黄延祖重辑,中华书局,2007,第38页。
② 高明:《帛书老子校注》,中华书局,1996,第247页。
③ 高明:《帛书老子校注》,第248页。
④ 司马光:《资治通鉴》卷九〇,中宗元皇帝建武元年,中华书局,1956,第2852页。
⑤ 若此玺残损至此,或其当为吉语印。疑其原本当与《玺汇》3408玺"欲安"同文。
⑥ 肖毅:《古玺文分域研究》,第62页。
⑦ 徐畅编著《古玺印图典》,第442页。

4.《玺汇》5455、5456、5457 玺同字释为"酋"

5455 玺独字作"![字形]",5456 玺独字作"![字形]",5457 玺独字作"![字形]",三者形近,应是同字。李家浩先生释 5456 玺为"从八从言,即'詹'字的省写"。[1]《玺典》释 5457 玺为"酋"。[2]"酋"字,小篆作"![字形]",《玺汇》5268 玺作"![字形]",《说文·酋部》谓:"绎酒也。从酉,水半见于上。《礼》有'大酋',掌酒官也。"此三玺,其上部皆从"八",下部从"酉",当以 5457 玺之形为标准形,5455、5456 玺从"酉"省。即5455、5456、5457 玺均可释为"酋"。

---

① 李家浩:《著名中年语言学家自选集·李家浩卷》,第 151 页。
② 徐畅编著《古玺印图典》,第 441 页。

第五章 从"勹"部相关古玺文异释汇考

本章所论古玺主要有八方，共同之处是每方印皆有一玺文从"勹"，包括《玺汇》0198""、0199""、0200""、0201""、0202""、0322""（图版①~⑥），《吉玺》1""（图版⑦），[①] 以及《玺汇》0148""（图版⑧）。其中，前七方印从"勹"之玺文为同文，隶作"逦"。然此释只代表部分学者的看法，关于诸玺同文异释众多。我们尝试在梳理旧释的基础上，予以新解，此即第一节的主要内容；第二节则专门讨论0148玺。

第一节 "易都邑壄逦盐之鉨"及相关玺考

《玺汇》0198玺，齐官印，旧释"易□邑□□盈（盦）[②]之鉨"。此玺曾收录于光绪十八年（1892）潍县郭裕之《续齐鲁古印攈》[③]，其异释众多，正如曹锦炎先生言："宋书升最早释为'徙卢'，近年有人或释为

---

① 吉林大学历史系文物陈列室编《吉林大学藏古玺印选》，文物出版社，1987，第 1 页。

② "盦"字，《玺文》注："或释'盦'字省。"故宫博物院编《古玺文编》，第 109 页。

③ 又黄浚《尊古斋古玺集林》亦录。按孙慰祖先生考，《玺汇》《续齐鲁古印攈》《尊古斋古玺集林》著录之"易都邑"玺版本不尽相同，当出于三件宝物。孙慰祖：《可斋论印新稿》，上海辞书出版社，2003，第 163 页。

'徙庐'，或释为'徙盟'，或释为'徙屯'，终觉未安，其义待考。"① 与该玺同文者还有六方，可见诸玺所掌官事当是习见通行之事（玺用频而数众）。然，旧释诸说，除"徙盐"外，余说均非平常之事。我们以为，诸玺同文当释"遡"，读若"麹"，即 0198 玺释"易（阳）都邑堅遡（麹）盐之鉩"，乃"阳都"辖下"邑堅"职掌"麹盐"之造煮、征税、关市通商等事之公玺。阳都本春秋阳国，秦统一后置琅琊郡辖阳都县，秦印"琅邪左盐"正是 0198 玺之沿袭。0322 玺释"鬴巷遡（麹）盐金鉩"，麹"盐""金"者，为历代官府重点管控行业，并言称之，制玺而管理征税，自古如此。

一　异释旧说

关于 0198 玺的释读，肇始于宋书升《续齐鲁古印攈·序》，其释作"易（阳）向邑堅②（聚）徙庐之鉌"。宋氏认为"阳"即《春秋》闵公二年"齐人迁阳"之"阳（阳国）"，③"向"即《春秋》宣公四年"伐莒取向"之"向"。④第三字释"邑"，《说文古籀补》从之。⑤丁佛言《二补》释"易郇邑堅徙盟之鉌"。⑥李学勤先生先是释"易郇（党）邑圣遱盟之玺"，⑦后改释"易都邑圣遱盟之玺"。⑧就其第二字，朱德熙先生释"都"，⑨诸家多从之。可见，该玺第一、二、三、七、八字"易都邑……之鉌"多无分歧，异释主要集中在了第四、五、六字上。如：牛济普先生释"易郇邑遠圣盟之鉌"；⑩石志廉先生释"易都邑圣遡盟之鉌"；⑪

---

① 曹锦炎：《古玺通论》，第 81 页。

② 于"邑堅"，宋书升云："邑之村落曰'阳向邑堅'，国大于邑，邑大于堅，相统之辞。"

③ 宋书升云："故阳国是阳都，在今山东沂州府沂水县境，此玺确出沂水界中。"

④ 宋书升：《续齐鲁古印攈·序》，郭裕之编《续齐鲁古印攈》，上海书店出版社，1989，序，第 1~8 页。

⑤ 吴大澂于《说文古籀补》"邑"字之"邑"曰出自该玺。吴大澂辑《说文古籀补》，中华书局，1988，第 25 页。

⑥ 丁佛言：《说文古籀补补》，第 57 页。

⑦ 李学勤：《战国题铭概述（上）》，《文物》1959 年第 7 期。

⑧ 李学勤：《东周与秦代文明》，第 253 页。

⑨ 朱德熙：《战国匋文和玺印文字中的"者"字》，《古文字研究》第 1 辑，第 119 页。

⑩ 牛济普：《古玺初探》，《河南文博通讯》1979 年第 4 期。

⑪ 石志廉：《馆藏战国七玺考》，《中国历史博物馆馆刊》1979 年第 1 期。

陈世辉、汤余惠先生释"易都邑圣逖盟之鉨";① 陈炜湛、唐钰明先生释"易都邑圣徙盟之玺";② 曹锦炎先生释"易都邑堅（聚）徙昷之玺";③ 后晓容等先生释"易都邑圣逖盟之玺";④ 庄新兴先生释"阳都邑囗徙昷之鉨";⑤ 董珊先生释"易都邑（？）圣（？）徙盐之玺";⑥ 孙慰祖先生释"易都邑堅逖昷之玺";⑦ 施谢捷先生释"易（阳）都邑𤬣遲之鉨";⑧ 徐畅先生释"易都邑聚徙盟之鉨";⑨ 陈光田先生释"易（阳）都邑堅徙盐之鉨";⑩ 刘建峰先生释《玺汇》0198 、0202 ""、0200 ""、0201 "" 玺同文作"逢";⑪ 0202 玺 "" 字，陈继揆先生谓"殆即《说文》'趨'字"。⑫

由上可见，第四字分歧在"堅""圣"之间；第五字分歧在"逖""徙"之间；第六字分歧在"盐""昷""昷""盟""昰""卢""氓""盟"之间。此即形成了"逖（铸）盟（蠱）""徙盱""徙（誓）盟""徙盐"等多种释说。简介如下。

叶其峰先生《试释几方工官玺印》一文将《玺汇》0198、0200~0202 玺置于一起讨论，释 0198 玺为"易郿邑堅逖盟（蠱）之玺"，他认为此四玺"逖盟"二字同文，"盟"为"蠱"之省，"蠱、蠱"异体，"逖盟"即"铸蠱"，诸玺乃"管理铸造铜蠱手工业的工官玺印"。⑬ 后叶先生《古玺印与古玺印鉴定》释作"易都邑圣逖（铸）盟（蠱）之

---

① 陈世辉、汤余惠：《古文字学概要》，第 125 页。
② 陈炜湛、唐钰明：《古文字学纲要》，第 285 页。
③ 曹锦炎：《古玺通论》，第 79 页。
④ 该书于 0198 玺首字释"易"。参见后晓荣、丁鹏勃、渭父编著《中国玺印真伪鉴别》，第 34 页。
⑤ 庄新兴：《战国玺印分域编》，第 119 页。
⑥ 董珊：《战国题铭与工官制度》，博士学位论文，北京大学，2002，第 192、195 页。
⑦ 孙慰祖：《可斋论印新稿》，第 64 页。
⑧ 施谢捷：《古玺汇考》，博士学位论文，安徽大学，2006，第 54 页。
⑨ 徐畅主编《先秦印风》，第 7 页。
⑩ 陈光田：《战国玺印分域研究》，第 44 页。
⑪ 刘建峰：《战国玺印文字构形分域研究》，博士学位论文，山东大学，2012，第 300 页。
⑫ 陈继揆：《十钟山房印举考释》，第 32 页。
⑬ 叶其峰：《试释几方工官玺印》，《故宫博物院院刊》1979 年第 2 期，第 72~73 页。

铄"，①《古玺印通论》释作"易都邑圣遇盟之铄"。②不同之处是将"鄘""聖"分别易为"都""圣"，第四、五字释作"遇盟"未变。

何琳仪先生于1989年版《战国文字通论》将诸玺同文二字隶作"遇盟"，读若"告盟"，他说："告盟，是列国会盟时的盟礼。"③后何先生于1998年版《战国古文字典》将《玺汇》0198、0199、0201、0202、0322、5272、0408玺及《吉玺》1所收玺置于一起讨论，并改易前释，隶定出现了"遲（屦）畐""遲盟（盟）"两种，均读为"誓盟"。④后出《战国文字通论（订补）》，亦作"徒（誓）盟"说。⑤

葛英会先生《战国齐玺"徒町"玺与"爰土易居"》将《玺汇》0198~0202、0322玺置于一起探讨，同文二字，葛先生释为"徒町"。他认为此六方古玺属于同类，且具有同等功用，皆齐"爰土易居"制之产物，并解释说："爰土易居，是井田制下的一种定期分配土地即徒居换田进行耕作的制度。"⑥

曾宪通先生之释，除言及《玺汇》0198~0202、0322玺外，又增加了《玺汇》0294玺（图版⑨），并释其为"须久或丘立盟杁"。他隶定诸玺同文作"遲（屦、屦）盟"，读作"誓盟"，即诸玺为"誓盟礼之印信"。曾先生认为：0322玺释"滋礒遲盟金玺"，"滋礒"即齐国著名的制陶之地"諎乡"；0198玺释"易都邑圣遲盟之玺"，"邑圣"指精通邑事之人，该玺乃阳都内邑间誓盟之专印；0294玺释"须久或丘立盟杁"，读作"须句或丘涖盟祈"，"须句"为周时封国（风姓子爵），"或丘"为"须句"所辖比邑高一级的区域名称，"涖盟祈"指参加誓盟之衅礼。⑦

赵平安先生释同文二字为"徒盐"，即"运盐之意"。于0198玺，

---

① 叶其峰：《古玺印与古玺印鉴定》，第4页。
② 叶其峰：《古玺印通论》，第47页。
③ 何琳仪：《战国文字通论》，第271~272页。
④ 何琳仪：《战国古文字典》，第724~725、1231~1232页。
⑤ 何琳仪：《战国文字通论（订补）》，第105页。
⑥ 葛英会：《战国齐玺"徒町"玺与"爰土易居"》，《中国历史博物馆馆刊》1991年第15~16期。
⑦ 曾宪通：《论齐国"誓盟之玺"及其相关问题》，《华学》第1辑，中山大学出版社，1995，第72~81页；广东炎黄文化研究会等编《容庚先生百年诞辰纪念文集（古文字研究专号）》，第619~635页。

前四字释为"昜都邑圣",认为"邑圣"乃"繇鄩(巷)"属下的地名。
于 0294 玺,释为"须久(句)或丘立盐旂",谓"或丘"乃"须久"属
下人或地名,"立盐旂"读为"莅盐事"。①

王恩田先生先后有两释。首释作"昜(阳)都邑□遄盟之鉨",认
为"遄"通"举",又"举,立也"。②后改释玺文第四字作"堅",读作
"寻",以为"立"通"涊","堅遄盟"读作"寻涊盟",该玺是"阳都
邑续盟,涊盟所用之印"。③

刘洪涛先生将 0198 玺释为"昜(阳)都邑堅遅(徙)盟(盟)之
鉨",其认为"堅""伺"异体,"堅遅盟"读为"伺选矿",并说:"此印
为阳都邑主管探察选矿之事的职官所用的印。"④

鉴上,各说均有所依,然亦有可商榷之处。同文玺印数量有七方,
想来古人铸玺,职事为重,此诸玺所掌官事应是习见通行之事。如此,
我们以为同文二字可释"麹盐",详疏如下。

二　汇考

(一)释"▨(堅)"

0198 玺,玺文八字,与同文诸玺相较可知,是玺后四字可单独成玺,
且为惯例,即 0198 玺前四字应该连读。第四字之歧主要在于"堅""聖"
之间。我们赞同叶其峰先生的看法,即释"▨"为"堅",同"聚"。依形
可见其上部从耳从"𠂔",下部从"土";"𠂔"即"爪"字,金文、玺文、

---

① 赵平安:《战国文字中的盐字及相关问题研究——以齐"遅(徙)盐之玺"为中心》,《华学》第 6 辑,紫禁城出版社,2003 年,第 107~113 页;赵平安:《战国文字中的盐字及相关问题研究》,《考古》2004 年第 8 期,第 56~61 页。

② 王恩田:《莒公孙潮子钟考释与臧家庄墓年代——兼说齐官印"阳都邑"巨玺及其辨伪》,《远望集:陕西省考古研究所华诞四十周年纪念文集》上卷,陕西人民美术出版社,1998,第 313~318 页。

③ 王恩田:《阳都邑涊盟玺简释》,复旦大学出土文献与古文字研究中心,http://www.fdgwz.org.cn/Web/Show/2478,2015 年 3 月 31 日。

④ 刘洪涛称李家浩先生读"选矿"。刘洪涛:《论掌握形体特点对古文字考释的重要性》,博士学位论文,北京大学,2012,第 208~216 页;刘洪涛:《战国官印考释两篇》,复旦大学出土文献与古文字研究中心,http://www.fdgwz.org.cn/Web/Show/1666,2011 年 9 月 27 日。

币文、陶文常见与其形近者。下面我们以"为""受""爱""绥"字所从"爪"为例。如："为"字铸客鼎作"[图]"、大腐镐作"[图]";"受"字盂鼎作"[图]"、秦公镈作"[图]"、牧马受簋作"[图]",陶文作"[图]"(《陶征》3.1350);"爱"字《玺汇》3769玺作"[图]",古币文作"[图]"(《币文》页143)、"[图]"(《先秦币》页52);"绥"字《玺汇》1414玺作"[图]"。可见,诸字所从"爪"形即与玺文形近。古文"爪""又"可通,故"[图]"即"取"字,此形乃"耳"与"又"之合文。如此合文者,亦如《玺汇》0365玺"外司圣鍴"之"[图]"字,旧不识,吴振武先生释"圣",说该字是"由'耳'([图])和'呈'([图])两部分组成的"。[①]玺文"聖""聖(圣)"均合文处理,并非偶然。详揭如下。

于省吾先生《释圣》将甲骨文"圣"字"[图]、[图]、[图]、[图]、[图]、[图]"诸形隶作"垦、坚、堲"。并指出:"圣字原作[图],从土从又,从土带三点,象土粒形……就构形而言,则圣即坚,又孳乳为堲;就'圣、坚、堲'形音义三方面论证的结果,则'圣、坚、堲'为会意字,'垦'为后起的通假字,'塈'为常用的俗字。"[②]可见"圣"乃"垦"之母字,训"发田、起土",即开垦土地。赵诚先生云:"'垦'字从臼从土,臼象双手向下用力,土是用力的对象,整个字为聚土之意,训为'聚也'即后世的裒字。裒田就是整治荒地,聚土造新田。"[③]可见"圣",本义即为"聚"。"裒"字典籍屡见,如《诗·小雅·常棣》"原隰裒矣",马瑞辰《毛诗传笺通释》云:"《传》'裒,聚也'。瑞辰按《说文系传》本及《玉篇》并引《诗》'原隰捊矣',《艺文类聚》引《诗》作'褒'。《尔雅》'裒,聚也'。《释文》'裒,古字作裒,本或作捊'。《易》"君子以裒多益寡"。《释文》'裒,郑、荀、董、蜀才作捊,《唐石经》作裒'。与此《诗》裒,或作捊,或作褒者正同。据《说文》'捊,引聖也','聖,土积也',《诗·绵》《释文》引《说文》作'引取土'者,乃传写

---

① 于该玺,吴先生认为:"'司圣'即《管子》中所见之'司声',古'圣''声'二字每相通。"参见吴振武《释双剑誃旧藏燕"外司圣鍴"玺》,《于省吾教授诞辰100周年纪念文集》,第162~165页。

② 于省吾:《甲骨文字释林》,第235页。

③ 赵诚编著《甲骨文简明词典》,第337页。

者误分'聖'字为二。'聖'与'聚'同义。《广雅》'捊，取也'。取与聚义亦相近。字当以捊为正，裒乃捊之同声假借字。裒字为《说文》所无，又裒字之俗也。"[1] 按马说"'聖'与'聚'同义"，[2] 可从；然其谓"捊为正，裒乃捊之同声假借字，裒字……又裒字之俗也"不可信。依上所疏，则"皇"为初文，"裒""裒""捊"皆由其分化。

由上，则"圣"训"聖"，亦即"聚"。[3] 于玺文"🔲"字，若释"圣"，当从其开垦土地之义；若释"聖"，[4] 当从其聚落之义。我们以为当释"聖"，亦如丁佛言、马叙伦、曹锦炎、孙慰祖、徐畅等先生均作此释。如此，玺文第三、四字即为"邑聖"。下从典籍相关记载来解其义。

《周礼·地官·小司徒》曰："乃经土地而井牧其田野。九夫为井，四井为邑，四邑为丘，四丘为甸，四甸为县，四县为都。以任地事而令贡赋凡税敛之事。"可见，周代以"井牧"之法以"分田"，且依此法来征税。井、邑、丘、甸、县、都均为不同之建制，"邑"乃"都"之下属。《国语·齐语》云："三十家为邑，邑有司。"即三十家为一邑。又《管子·乘马》谓："方六里命之曰暴，五暴命之曰部，五部命之曰聚，聚者有市，无市则民乏，五聚命之曰某乡，四乡命之曰方。"《国语》《管子》所述之"邑、聚"应为齐国之实际情形，"邑、聚都是古代较小

---

① 马瑞辰：《毛诗传笺通释》，第503页。

② 系由聖、圣同义，即可通假。见袁梅《诗经异文汇考辨证》有关"聖"字疏。《诗》曰"捄之陾陾"，按段注《说文》作"捊，引聖也"，云："聖，各本作取，今正。《〈诗〉释文》作'聖'，今本讹为'取土'二字，非也。聖义同聚，引聖者，引使聚也。《玉篇》正作'引聚也'。"黄焯云："北监本作'圣'，正'聖'字之误。案：段说顾广圻已疑其不然。钮树玉、徐灏皆有驳议。考孔《疏》引《说文》作'引取也'，今《说文》同。'土'字盖'也'字之讹，'取土'二字合而为'聖'，北监本'圣'字当又因'聖'字而讹也。惟宋本叶钞及小字本所附皆作'引取土'，阮谓或《释文》旧如此，当是也。"黄焯先生云"北监本作'圣'"，并非"聖"之误，"聖""圣"表"聚"同义，北监本作"圣"正为明证。见袁梅《诗经异文汇考辨证》，齐鲁书社，2013，第655页。

③ 即0198玺"🔲"、0365玺"🔲"均作合文，当系由此因。

④ 何琳仪先生曾释该字作"望"（《战国古文字典》，第1539页）。按，此字释为"望"，与《玺汇》0605、5334玺之"望"字形近，省"月"字，可理解为上从"臣"，下乃人立于土上；《左传》僖公三十一年及《榖梁传》僖公三十一年均言"犹三望"，范宁注"郊之细也"，故"望"同"聖"一理，皆为"聚落"（郊）属之地名，释"望"亦无改印文通读之大义，略表于此。

的居住单位，即聚落"。① 又陆德富先生于齐国古陶文等所见之"聚"亦有探讨，他说："齐国古文字资料中所见的那些聚应是分布于都城之外的自然聚落。"② 综合看来，0198 玺之"邑聖"即"阳都"下辖之"聚落"。

（二）释"遯"

诸玺同文首字作：0198 玺"□"、0199 玺"□"、0200 玺"□"、0201 玺"□"、0202 玺"□"、0322 玺"□"、《吉玺》1"□"。我们以为，其从"勹、米、辵"，可隶定作"遯"。

旧释"徙"者，以为 0198 玺"□"等同文从"尾、米、辵"，所从"□、□、□、□、□、□、□"乃"尾"，遂将同文右部隶作"屟"或"屟"，再从"辵"旁则作"遲"。此释认为古文从"尾、尸"无别，再据《说文》"□，古文徙"，遂成释"徙"说。要之，此释可商榷之处大致有三：一者，"徙"之古文"□"，今隶作"屟"，其从"尸、火、米"，言"屟""屟"即"屟"，③字形相异之"火"字如何解释？二者，古文所见构形与玺文诸形几近者如莒公孙潮子钟（镈）（简称"莒钟"）铭文"竱"作"□"，④徐在国先生等隶其作"竱"，⑤其右从"屟"，若释"徙"，则该字左从之"立"如何解释？三者，正如刘建峰所疑："如果将'□'释作'屟'即为'徙'，那么多余的'辵'部作何解？"⑥如此，诸玺同文释"徙"，恐难信从。

对于 0198 玺"□"等同文，叶其峰、石志廉、陈世辉、汤余惠、何琳仪（旧释）、王恩田、后晓容、孙慰祖等先生均隶作"遯"，即同文所从"□、□、□、□、□、□、□"乃"勹"，可从。以下结合其他古玺文及金文、陶文等所见"勹"旁，做进一步探讨。

① 曹锦炎：《古玺通论》，第 117~118 页。
② 陆德富：《战国时代官私手工业的经营形态》，第 179 页。
③ 曾宪通先生认为"屟""屟"乃一字之异写。曾宪通：《论齐国"誓盟之玺"及其相关问题》，《华学》第 1 辑。
④ 是器乃一套（两组）器物，其中编钟 9 件、编镈 7 件，各器重文铭文"竱"字，用作人名。任日新：《山东诸城臧家庄与葛布口村战国墓》，《文物》1987 年第 12 期。
⑤ 徐在国先生等于《战字》隶是字作"竱"，附录"立部"后。参见黄德宽主编，徐在国副主编《战国文字字形表》，第 1447 页。
⑥ 刘建峰：《战国玺印文字构形分域研究》，博士学位论文，山东大学，2012，第 134 页。

0198、0202 玺"ㄱ、勹"与《玺汇》0148 玺"▨"所从完全一致；又《玺汇》0272 玺"▨（旬）"字所从与 0198、0202 玺"勹"旁亦相近。

0199、0200、0201、0322 玺及《吉玺》1 之"▨、▨、▨、▨、▨、▨"的写法与金文中"䳄、匍"等所从"勹"旁形近，如："䳄"字，莒钟作"▨"；"匍"字，大盂鼎作"▨"、师克盨盖作"▨"（《集成》4467）；"旬"字，筍伯大父盨作"▨"（《集成》4422.1）、鵩公剑作"▨"（《集成》11651）、㝸律鼎作"▨"（《集成》2073）；"鄒"字，陶文作"▨"。[1]

对比上列字形可见：同文所从"ㄱ、▨、▨、▨、▨、▨、▨、▨"与 0148 玺"▨"、0272 玺"▨"、莒钟"▨"所从基本一致；它们与其他金文、陶文诸形相较，区别只在尾部"饰笔"。值得注意的是，同文诸玺与 0148 玺、0272 玺以及莒钟皆是齐国器物，此正可印证尾部略加"饰笔"乃齐系古文之特有写法。汤余惠先生将齐系玺文的这一特点称为"辅助性笔划"，[2]曹锦炎先生则更鲜明地指出其"可作为判断齐玺的一条标准"。[3]综合看来，0272 玺"▨"释"旬"为学界所公认，莒钟"▨"释"䳄"为不少学者所认可，我们释 0148 玺"▨"从"勹"亦可旁证（详见本章第二节），故诸玺所从"ㄱ、▨、▨、▨、▨、▨、▨"是乃"勹"。

这样看来，诸玺同文所从为"勹"，其中从"米"，即"匊"。[4]古文从匊之字，除上揭莒钟"䳄（▨）"外，学者多引番匊生壶铭"匊

---

[1] 高明、葛英会：《古陶文字征》，中华书局，1991，第 245 页。

[2] 汤先生以 0199、0202 玺为例，并云："齐文字又有一种尾形饰笔，一般多加于横划或斜划末端。"汤余惠：《略论战国文字形体研究中的几个问题》，《古文字研究》第 15 辑。

[3] 曹先生以 0198、0272 玺为例。曹锦炎：《古玺通论》，第 80~81 页。

[4] 一部分学者认为"匊"与"勹"无涉，如赵平安先生认为其来源于"靮"。周宝宏先生认为"番匊生壶"铭"▨（匊）"所从"ㄱ"旁也许是从"彐（手）"形之讹，如此"匊"正从手从米会意，后加手作掬，形符重复。但强调"这只是合理的推测，没有证据"。我们以为，"匊"从"勹"，本有屈曲义；于省吾先生认为"勹"甲骨文作"▨"，象人侧面俯伏之形，乃伏字之初文，金文"匊"从勹。按，手屈曲与人俯伏皆在局曲之内，于省吾先生释说可从。参见李学勤主编《字源》（中），第 801 页；赵平安《释"靮"及相关诸字》，《语言》第 3 辑，首都师范大学出版社，2002；于省吾《甲骨文字释林》，第 374~375 页。

（▢）"（《集成》9705）为据。再者，玺文、陶文、简文所见还可增加一些佐证，如：《玺汇》3213玺"匊"作"▢"；①《十钟山房印举·周秦》页三玺"匊"作"▢"。②从"匊"之"鞠"，陶文作"▢"（《陶汇》9.83），秦印作"▢"（《秦风》168页玺，见图5-1），简文作"▢"（《里耶》8-2191背）③。

由上所述，我们以为0198"▢"等同文从辵从匊，隶作"邋"。"邋"者，当是"匊"之后起字。"邋"从"匊"，亦从"匊"得声，即"邋、匊"同声，二字音同可通。④

这种情况从"匊"与其之分化诸字屡屡相通亦可得证。

"匊"，《说文·勹部》："在手曰匊。从勹、米。臣铉等曰：今俗作掬。"《系传》："在手曰匊。臣锴曰'手掬米，会意'。"《诗·小雅·采绿》"不盈一匊"，《毛传》："两手曰匊。"《礼记·曲礼》"受珠玉者以掬"，郑玄注："掬，手中。"《释文·礼记音义》："两手曰掬。"何琳仪先生谓："匊，从米，勹声。掬之初文。本义为两手捧米，故从米。古玺'匊'（3213玺），读'鞠'。"⑤番匊生壶铭文"匊"，刘钊先生认为："字从'勹'从'米'，应是'鞠躬'之'鞠'的本字，从'勹''米'声。《说文》'在手曰匊。从勹米。'也可能就是掬字初文，字从勹（有包意）米声。"⑥王力先生谓："'匊、鞠、掬、臼'四字同音，实同一词，

---

① 从何琳仪先生释。参见何琳仪《战国古文字典》，第240页。

② 陈介祺：《十钟山房印举》（据1922年涵芬楼影印），中国书店，1985，周秦三·九。

③ 参见黄德宽主编，徐在国副主编《战国文字字形表》，第372页。

④ 按，"邋、匊"可通用，亦可由"勹"部"复"字构形演变过程得以旁证。于省吾先生《释复》云："《说文》：'复，重也，从勹复声。复或省彳。'甲骨文有复无复，可见复为初文，复为后起字。又甲骨文有复无复，复作'▢'，金文复与复互见。《说文》：'复，行故道也。从夂，富省声。'又：'复，往来也，从彳复声。'《说文》即误认为复从富省声，又不知复为复之古文。……魏《三体石经·左传》古文'复'字作'▢'，从'辵'与从'彳'古同用。"可见，甲骨文有复，孳乳而有复，又甲骨文有"复"无"复"，因古文从'彳'从'辵'往往无别，故金文习见之"复"作"▢"（禹比盨）、"▢"（散氏盘）等；另一类则从"勹"，如多友鼎"▢"（《集成》2835）；《三体石经·左传》古文作"▢"，《古老子》作"▢""▢"。此数形隶定之则为"邋"，即"复"同"邋"，同理推及，"匊"与"邋"当亦可通。引文参见于省吾《甲骨文字释林》，第378~379页。

⑤ 何琳仪：《战国古文字典》，第240页。

⑥ 刘钊：《古文字构形学（修订本）》，福建人民出版社，2011，第162页。

不必强生分别。……'鞠（鞠）、麯、籟、趜'实同一词。"①王力先生所言是从同源词的角度谈诸字之间的关系，其字形分化当因之。即匊，掬也，"鞠"之初文，"鞠（鞠）、麯、籟、趜"等皆是后起字。

对于"勹"字本义，有如于省吾先生云："'𠂆'与'𠂤'象人侧面俯伏之形，即伏字之初文，周代金文匍、匐、匊、匋、匐等字均从勹。……匍、匐二字系有象形的勹字附加'甫'和'畐'以为音符，遂发展为双声謰语。"②上揭，匊，双手捧米，则两手必屈掌合拢，手之"屈曲"之状，正同勹之"人曲身俯伏"之形。可见"匊"，其义即"双手曲合捧米"，会意兼形声字。又马叙伦先生释"匊""趜"，其言："（匊）从'伏'之初文作'𠂤'者，米声，为'匐'之转注字。……或曰，此（匊）从米，匊省声，为'籟'之异文"，③"匊之本义乃曲身手行也，此（趜）从走匊声，为'匊'之后起字"。④分析看来，马先生认为"勹"为"𠂤"，"匊、籟"为异文，"趜"为后起字，其说可信。趜，《广韵·屋韵》"渠竹切，音鞠"，《集韵·屋韵》"趜，居六切，音'掬'，义同；趜趚，伛偻也；趜趚，足不伸"，玄应《一切经音义》卷一三引《通俗文》"趜，体不申"。可见，"趜"亦源于"曲"义。再看"籟"，《说文·米部》："酒母也。从米，籟省声。鞠，籟，或从麦，鞠省声。"《系传》："籟"，酒母。臣锴曰：'麴，糵也。酒主于麴，故曰酒母。'鞠，或从麦，鞠省声，曰：'俗作籟。'臣锴曰：'今鞠字也。'"《段注》"鞠，籟或从麦。鞠省声。作麴或以米、或以麦。故其字或从米、或从麦。"《集韵·屋韵》："籟，或作鞠、鞠、麴、麱、麷。"《广韵·屋韵》并《玉篇·麦部》"麴，麴糵"。

由上可见，匊乃初文，"掬、趜、麴（籟）、鞠、鞠、麱、麷"皆为后起字。要之，"匊"从"勹"（本义为"曲身"），遂成其义"曲手捧米"，后起之字当皆由"曲"之音义孳乳而来。归纳分析，当有两条演变路径。

①　王力：《同源字典》，第305~306页。
②　于省吾：《甲骨文字释林》，第374~375页。
③　马叙伦：《说文解字六书疏证》（五），第62页。
④　马叙伦：《说文解字六书疏证》（一），第132页。

第一条，缀加一"手"则"掬"，义"曲手"；缀加一"走"则"趜"，义"体不申、伛偻、足不伸"；缀加一"革"则"鞠"，鞠躬，义亦"曲"。

第二条，"匊"从米，而"米、麦"一属，皆可制麹，是此相讹：一者，于"匊"旁增一"麦"而"麹"，增一声符"革"（臼声）则"鞠"；二者，将"勹"内以"麦"易"米"旁增声符"革"，而成"鞠"；三者，增声符"曲"而"麹"，酿酒用"麹"，谓之"酒麹""酒麹""酒粬""酒曲"等。故，"匊"乃初文，后起之"掬、趜、鞠、麹、鞠"等①皆音义相通。

玺文"迷"者，即"麹"。"麹"从"麦"，《说文》："麦，从来，有穗者；从夂。"关于"麦"字，罗振玉先生曾言："案，此与来为一字，许君分为两字，误也。"②马叙伦引章太炎先生云："（麦）此从'夂'有来往义，与《三体石经》古文'来'从'辵'盖同一字。"③按，《三体石经》"来"字古文作"𧾷"，单伯钟作"𧾷"，长由盉作"𧾷"；楚简文作"𧾷"（《九》简56.44），"𧾷"（《上博·容》简47），"𧾷"（《新零》简146）；可见，太炎先生所言甚确，"麦"与"来"本为一字。归纳可知，0198"𧾷"等同文所从之"辵"实为"来（麦）"字省体，故"迷"④即"麹"。⑤再者，还可以理解为"麹"是玺文"迷"后起之本字。按裘锡圭先生《文字学概要》之"本字后造"说来看，⑥则玺文"迷"假借为"酒麹"之"麹"，"麹"为后起的本字。即"酒麹"之"麹"在齐

---

① 细究而言，诸字从米或从麦，属"表义构件"；从革或从臼，属"表音构件"。正如赵学清先生言："表义构件虽然不一样，但它们意义相近，经常可以互换。……构件的示音与所构字的读音并不一定完全相吻合，有时只是读音相近，起到提示读音的作用。"参见赵学清《战国东方五国文字构形系统研究》，上海教育出版社，2005，第17~29页。

② 李圃主编《古文字诂林》（五），上海教育出版社，2002，第630页。

③ 马叙伦：《说文解字六书疏证》（三），第85页。

④ 按，马叙伦先生说"匊本义'曲身手行'"，或"匊"本有"行"义。

⑤ 此为一种释读思路，另一种方式亦可证得"迷"可释为"麹"。古文从"走、辵"常互作，如"逾"即"趋"，"迡"即"起"，同理可知，"迷"即"趜"，或玺文乃是假"迷（趜）"以为"麹"。关于"走、辵"互作，唐兰先生谓之"义近通转"；高明先生将这种情况归纳为"形旁通用"。参见唐兰《古文字学导论》，齐鲁书社，1981，第241页；高明《中国古文字学通论》，北京大学出版社，1996，第129~159页。

⑥ 裘锡圭：《文字学概要》，商务印书馆，1988，第179~182页。

国官玺中用"逾"字来表示，后来才为它造了本字"麴"。

如上，我们以为诸玺同文之"逾"，释"麴"，义"酒母"。

（三）释"逾（麴）盐"

于各玺同文第二字，我们从赵平安先生释"盐"；则 0199~0202 玺印文，即"麴盐之鉨"。"麴盐"何以并言？下继证之。

"麴"为酿酒（醋、酱、菹、豉）所必需，《汉书·食货志》"夫盐，食肴之将"，"麴盐"皆为食肴必备要物。

有关记载最早见于甲骨文。如：

己未卜，贞：燎，酒、卤①，册大甲。（《合集》1441）

卜辞所见，商王以"酒、卤"来祭祀先王。《说文·卤部》"卤，西方咸地也。从西省，象盐形"。制酒又必用麴。可见，早在商代，"麴、盐"间即建立起了并言之联系。大盂鼎铭"率肆于酒，故丧师矣"，可见殷商臣僚嗜酒，亦知"酒麴"之悠久。

典籍中"麴、盐"常见。如《左传》宣公十二年："有麦麴乎？有山鞠穷乎？"《尚书·说命》："若作酒醴，尔惟麴蘖；若作和羹，尔惟盐梅。"②因酿酒必用麴，酒合于"礼"，常用于祭祀。如《诗经·小雅·楚茨》："以为酒食，以享以祀。"先秦时期麴用普遍，且酒制、酿酒之法业已完备。《周礼·天官·醢人》记载有"醢醢"，郑注曰："醢，肉汁也。……作醢及臡者，必先膊干其肉，乃后莝之，杂以粱麴及盐，渍以美酒，涂置甄中百日则成矣。"《周礼·天官·酒正》："酒正掌酒之政令，以式法授酒材。"郑玄注："式法，作酒之法式。作酒既有米麴之数，又有功沽之巧。"又《周礼·月令》："乃命大酋，秫稻必齐，麴蘖必时，湛饎必洁，水泉必香，陶器必良，火齐必得。"可见，周人"作醢及臡者"，必用"麴盐"之物；酒正授米、麴等酒材于酒人，酒

---

① 是字作"🔳"，释"卤"，或释"乃"，待考。

② 宋人蔡沉曰："酒非麴蘖不成，羹非盐梅不和。"蔡沉：《书集传》，朱杰人等主编，华东师范大学出版社，2010，第 120 页。

人以《月令》"六必"之法，酿以成酒。除酿酒外，酿醋、酿菹、酿豉者，皆需麹、盐，[1]食用所需，自然构成了"麹、盐"之间密不可分的关系。

此外，亦有"麹盐"连文言之者。如《汉书·货殖传》："通邑大都，酤一岁千酿……蘖麹盐豉千合，鲐鮆千斤，鲰鲍千钧……"颜师古注："麹蘖以斤石称之，轻重齐则为合。盐豉则斗斛量之，多少等亦为合。合者，相配偶之言耳。今西楚荆沔之俗，卖盐豉者，盐豉各一升则各为裹而相随焉，此则合也。"[2]如此，进一步印证了"麹、盐"之紧密联系。李丽霞等曾介绍一"汉代盐豉方合"，铭文曰"齐盐齐鲁豉"（见图5-1），[3]可见颜师古所言极是。[4]

"麹盐"者，在汉简中亦有相关记载。如悬泉汉简《过长罗候费用簿》："入鞠（麹）三石，受县（63简）；出鞠（麹）三石，以治酒之酿（64简）。"[5]居延简《劳边使者过界中费》："盐豉各一斗，直三十。"[6]又简曰"布麹六斗"（237.5）。[7]上列简文，可见汉代边地于"麹、盐"之管理记录。此虽战国以降之事，然亦可旁证"麹、盐"并言，一脉相承。

三 释玺义

如上所考，诸玺同文二字即"麹盐"。按此诸玺皆为齐国官玺，有如盐豉方合铭文"齐盐、鲁豉"所昭示，齐鲁大地自古即是"麹盐"重地，即诸玺功用应与"麹盐"事相关。

---

① 北魏贾思勰《齐民要术》载有"12种制麹法、40余种酿酒法、33种酿醋法"。参见任玉华《〈齐民要术〉中的女麹》，《华夏文化论坛》2013年第1期。

② 《汉书》，第3687、3689页。

③ 李丽霞、徐婵菲：《汉代盐豉方合赏析》，《中原文物》2009年第2期。

④ 按铭文曰"齐盐、鲁豉（制豉用麹）"，或并非陶器仅装齐鲁所产盐豉，当是齐鲁所产之"盐豉"品质最优。

⑤ 胡平生、张德芳：《敦煌悬泉汉简释粹》，上海古籍出版社，2001，第148页。

⑥ 甘肃省文物考古研究所编《居延新简释粹》，薛英群等注，兰州大学出版社，1988，第129页。

⑦ 甘肃省文物考古研究所编《居延新简释粹》，第9页。

齐以鱼盐为著。[①]典籍所见，齐相管仲献策齐桓公实施盐政改革，如《管子·地数》"齐有渠展之盐，燕有辽东之煮"，《海王》"海王之国，谨正盐筴"。"海王"者，言以负海之利而王其业；"正"，税也。[②]管仲建议齐桓公要利用好齐国近海盛盐的优势，实施盐税，"规定制盐的海滩归官府所有。从此以后，盐归国有，凡民制之盐，由政府收买，归官府运销"。[③]如此，有关盐之"贾售""转运"自当用"玺节"事。又《国语·齐语》："通齐国之鱼盐东莱，使关市几而不征，廛而不税。"可见齐实施宽松政策之际，与"东莱"交换"鱼盐"，只检查而不征税；亦可说明齐"官府"通过"关市"对"盐"运销，予以征税。

汉盐豉方合铭文　　　汉洛阳盐豉方合　　　《秦风》168页玺　　　河北满城县出土
"齐盐—齐—鲁豉"　　　　　　　　　　　　　"鞠毋望"　　　　金代"鞠使司印"

图 5-1　"易都邑堲逾盐之鈢"相关玺及器物

有关"鞠盐"之事，自要用"玺节"。《周礼·掌节》："门关用符节，货贿用玺节，道路用旌节。"又《周礼·司市》："凡通货贿以玺节出入之。"郑玄注："玺节，印章，如今斗检封矣。使人执之以通商。"用玺印以掌"鞠盐"事，必然有承继，在秦印、汉印中屡见"盐"事玺。如《大系》收录秦封泥01767"琅邪左盐"、01492"江右盐丞"、01496"江左盐丞"、03348"无盐丞印"、03452"西盐"、03453"西盐丞印"等，汉官印07496"楗盐左丞"、10320"无盐丞印"等，新莽官印14583"无盐大尹章"、14584"无盐太守章"、14585"无盐太尉章"、14707"盐无庐丞"等。后至金朝，亦置掌"鞠"官，如"鞠

---

① 典籍所见，如《战国策·苏秦从燕之赵》"齐必致海隅鱼盐之地"，《张仪为秦连横齐王》"献鱼盐之地三百于秦"。
② 《管子》，房玄龄注，刘绩补注，刘晓艺校点，上海古籍出版社，2015，第421页。
③ 于云洪：《论古代潍坊的盐政管理》，《潍坊学院学报》2012年第1期。

使司印"（见图 5-1）①。《金史·百官志·中都都麹使司》："使，从六品。副使，正七品。掌监知人户酝造麹蘖，办课以佐国用。馀酒使监酝办课同此。"

如上所述，0199~0202 玺和《吉玺》1 释"遨（麹）盐之玺"，为齐管理"麹盐"之造煮、运销、征税等事之公玺。0198、0200、0202 玺印面上缘突出，当为"麹盐"关市通商之际"门关"征税校验所用。

0198 玺，释"昜（阳）都邑圣遨（麹）盐之鉨"。《管子·乘马》"聚者有市"，此玺即"阳都"辖下"邑圣"职掌"麹盐"造煮、征税、关市通商等事之公玺。要之，齐之阳都，在春秋时属阳国，地在今山东沂水县。前 221 年，秦置琅邪郡，下辖阳都县。按，"盐铁官主要设置在盐铁矿产地"，②即战国齐有"阳都邑圣麹盐之鉨"掌阳都"麹盐"事；秦有"琅邪左盐"掌阳都"盐"事，承继有序。

0294 玺，释"须久或丘立盐旅"，即为"须久"辖下"或丘"用于"莅盐事"之玺。

0322 玺，释"繇巷遨（麹）盐金鉨"。此玺山东临淄出土，③"繇巷"又见齐陶文"繇巷东陶里喜"（《陶汇》3.115），李学勤先生说："它们都是临淄城的巷里，在陶文里是陶工的籍贯。"④玺文"金"字，我们以为同《玺汇》0363 玺之"金"，即《管子·国准》"出山金立币"之"金"，义"铜"。此知 0322 玺，即为古临淄城"繇巷"管理"麹、盐、铜"税收等事所用之印。对于 0322 玺"金"字，吴振武先生说："可能是用在包装封缄上的……回过头来再看各家对于'徙盐'诸印的考释，若要连《玺汇》56.0322 上的那个'金'字也解释得通，大概也只有赵平安先生的'徙盐'说较为可信。假如将来学界再出新说，也同样必须

---

① 该玺于 1988 年出土于河北满城县城内，铜质，"印面近方形，长方柱形纽。印边长 7×6.9、厚 1.3、带纽通高 5.5 厘米"。参见张学考《河北满城发现金代"麹使司印"》，《文物》1990 年第 5 期。
② 王伟：《秦玺印封泥职官地理研究》，第 153 页。
③ 施谢捷：《古玺汇考》，博士学位论文，安徽大学，2006，第 53 页。
④ 李学勤：《秦封泥与齐陶文中的"巷"字》，《陕西历史博物馆馆刊》第 8 辑，三秦出版社，2001，第 25 页。

解释得通这个'金'字。"[①] 我们释"麴、盐、金"者，为历代官府重点
管控之行业，并言称之，玺而管之，征而税之，自古如此。

"麴盐"为民生所需，既关乎民之生计，又关乎国之大计。以上所
论诸玺得释，可供有关研究者参考。

第二节　"趵右工师"玺考

《玺汇》0148 玺"🔲右攻师"，首字阙释；何琳仪先生释为"路"；
陈光田先生释"逈"。我们以为，该字上部所从非"夊"，其与我们上一
节所论 0198、0199、0200、0201、0202、0294 玺"麴"字所从"勹、
勹、勹、勹、勹、勹"相同，尤其是与 0202 玺"勹"完全一致，
即"勹"。故该字从"勹"从"足"，可隶作"匐"，是"趵""跑"的
初文。

玺文"趵"者，即今济南"趵突泉"之"趵"，古之齐人呼"趵"
音如"瀑""豹""灼"等。春秋战国之际，济南为齐国之泺邑，上古
"趵""泺"音近义通，故 0148 玺"趵右工师"，乃齐国置于泺邑之工官
"右工师"的官印，其执掌建造、冶铸、漆事等。

一　异释旧说

《玺汇》0148 玺，旧释"□右攻师"。

首字"🔲"，何琳仪先生释"路"，以为其从足、各声，足、各借用
"口"偏旁。且云："读卢，《庄子·天地》'无落吾事'。《吕览·长利》
'落作虑'，是其佐证。《左·隐三年》'冬，齐、郑盟于石门，寻卢之盟

---

① 吴振武:《关于战国"某某金玺"的一个解释》,《简帛》第9辑, 上海古籍出版社,
2014, 第1~9页。

也'。在今山东长清西南。"① 此释，徐畅先生从之。② 此外，亦有其他释说，如施谢捷先生释"夅（路）";③ 曹锦炎先生释"屍（胥）";④ 董珊先生释"各";⑤ 陈光田先生释"迿"，并说："'迿'可能是地名。"⑥

我们以为，该字从"勹"从"足"，隶作"匐"，即"趵""跑"之初文。详释如下。

二 汇考

（一）释""

"趵"字，今楷体所见其从足从勹。勺，《说文·勺部》："象形，中有实，与包同意。"勹，《说文·勹部》："裹也。象人曲形，有所包裹。"《广韵·肴韵》："勹，包也。"《正字通·勹部》："勹，包本字。"桂馥《义证》："勹，通作包，勹、包声亦近。"可见，"趵"本从"勹"。《玉篇·足部》："趵，足击声。方卓切。"《集韵》："跳跃也，从足击也，足齐貌，迹也。"可见，"趵"有四个义项，即足击声、跳跃、足齐貌、迹，义皆与"足"有关。"跑"字，从"足"从"包（勹）"，《广雅·释言》："跑，趵也。"跑，《广韵·觉韵》："足跑地也。"《西京杂记》："滕公驾至东都门，马鸣，局不肯定，以足跑地久之。"元稹诗："牛吒吒，田确确，旱块敲牛蹄趵趵。"这里说"牛蹄趵趵"，即牛足击声，亦牛蹄跑地之声。于二字之读音，《广韵·觉韵》："跑，薄交切、蒲角切。"《广韵·觉韵》："趵，北角切。"《广韵·肴韵》"趵，巴校切"。可见"趵""跑"音近义同。由此，我们以为玺文"（匐）"为"趵""跑"之初文。故"趵""跑"往往互作。

---

① 何琳仪:《战国文字通论》，第 90 页。
② 徐畅编著《古玺印图典》，第 163 页。
③ 施谢捷:《古玺汇考》，博士学位论文，安徽大学，2006，第 57 页。
④ 曹锦炎:《古玺通论》，第 124 页。
⑤ 董珊:《战国题铭与工官制度》，博士学位论文，北京大学，2002，第 190 页。
⑥ 陈光田:《战国玺印分域研究》，第 40 页。

济南趵突泉，其侧有一泉名为"马跑泉"。①刘献廷《广阳杂记》："若济南之趵（按'趵'原作'跑'）突泉然。"②与刘说相同者，如清人郭嵩焘，其云："所以为趵突者，盖因其旁有马跑泉，因'跑'而误'趵'也。"③结合上疏，我们以为刘献廷、郭嵩焘所言由"跑"讹为"趵"，不可信；实则"趵、跑"皆本源于"🔲"，读作"趵突"或"跑突"皆可。"趵突"亦读作"暴突"或"爆流"，如下。

趵突泉，乃泺水之源。《水经注·济水》云："济水又东北，泺水入焉。水出历城县故城西南，泉源上奋，水涌若轮。《春秋·桓公十八年》'公会齐侯于泺'，是也。"郦氏所言"水涌若轮"，即指"趵突泉"，对此历代文献均有记载。如北宋曾巩《齐州二堂记》："自渴马崖以北，至于历城之西，盖五十里，而有泉出，高或数尺，曰趵突之泉，其注而北，则谓之泺水，达于清河以入海。"④曾巩所记，使用"趵突"为名，但该泉所在当地人读作"爆流"。⑤如清顾祖禹《读史方舆纪要·山东舆图》云："趵突泉，府西，一名'瀑流'。"⑥郝懿行《证俗文》卷一七："齐人谓泉涌高数尺曰'瀑流'，又曰'趵突'。元好问《济南行记》'爆流泉在城之西南，泉，泺水源也，近世有太守改泉名槛泉，又立槛泉坊，取《诗》义而言。然土人呼爆流如故。爆流字又作趵突'。鲍山甫云'济南德王府内，池水皆趵突高数尺，即民间处处皆然。济水善伏，济南水多趵突者，以伏流所积故也'。"⑦爆，《说文·火部》："灼也。从

---

① 泉曰"跑"者亦众，遍及大江南北。若今甘肃天水市东南，地曰"马跑泉镇"；河北易县东北二十里，泉曰"马跑泉"；今安徽含山县北十五里昭关境，泉曰"马跑泉"，又名"昭关泉"；今河南禹州市东北，泉曰"马跑泉"；今湖北京山县北，泉曰"马跑泉"，又名"虎跑泉"；广西柳城县西南，泉曰"马跑泉"，又名"涌珠泉"；今广西宁明县东明江镇，泉曰"马跑泉"，又名"太子泉"；今贵州镇宁布依族苗族自治县南，泉曰"马跑泉"。

② 刘献廷：《广阳杂记》，汪北平等点校，中华书局，1957，第51页。

③ 郭嵩焘：《郭嵩焘日记》，梁小进主编，岳麓书社，2012，第248页。

④ 杨守敬、熊会贞疏《水经注疏》（京都大学藏钞本），第417页。

⑤ 曰泉水"爆流"者，其"流"者形似"水流"之"流"，然声绝非，其音即"突、宊、𠓶、㝏"。故此，有如元好问所言："近世有太守改泉名槛泉，又立槛泉坊，取诗义而言。然土人呼'爆流'如故。'爆流'字又作'趵突'。"（狄宝心校注《元好问文编年校注》，中华书局，2012，第355页）

⑥ 顾祖禹：《读史方舆纪要》，第5619页。

⑦ 郝懿行：《证俗文》，李念孔等点校，管谨切通校，齐鲁书社，2010，第2583页。

火暴声。蒲木切。臣铉等曰：'今俗音豹，火裂也。'"明刘三吾云："趵突，土人呼为'豹度'。"① 这样看来，"趵"齐人呼"豹"，又呼"爆"；"爆"即火爆炸裂之声，② 与"趵"之"泉涌声""足击声"等皆音近。正如张生汉先生《释"趵突"》所言："总之，'趵突'与'爆突''瀑突''瀑流''趵流'等音义同，其名取义于泉水喷涌凸出之状。"③

（二）释"趵"和"泺"

我们以为"泺、趵"音近义通。依上所疏，"趵"从"勹"，以王力先生的古音系统来看，"勹"上古音"帮母幽部"。上揭齐人一贯呼"趵"为"瀑""豹"，④"瀑"上古音"并母药部"，"豹"上古音"帮母药部"，⑤ 帮并旁纽双声。又《集韵》："趵，职略切，音'灼'。"《说文·火部》："灼，勺声。""勺"上古音"章母药部"。可见，"趵"之今音有二（bào、bō），其古音当亦有二，或从"勹"声，或从"勺"声。尤其需注意的是，"泺"上古音"来母药部"，来章准旁纽双声，即"趵""泺"音近可通⑥。下从"趵突泉"乃"泺水"之源，继证之。

泺，《说文·水部》："齐鲁间水也。从水乐声。《春秋传》曰：'公会齐侯于泺。'卢谷切。"《段注》曰："《经典释文》引《说文》'匹沃反'。此盖音隐文也。《玄应》曰：凡陂池、山东名为'泺'，匹博切。邺东有'鸬鹚泺'是也。幽州呼为淀，音殿。按'泺、泊'古今字。如'梁山泊'是也。"刘三吾于《书传会选》云："趵突，上音剥，足击声，下陀没反。今济南府城西有碑云'趵突泉'，土人呼为'豹度'，盖字与音皆转矣，而见如字。泺，庭各反，音与'粕'同。《春秋·桓公十八

---

① 刘三吾：《书传会选》，岳麓书社，2013，第 324 页。

② 《段注》"谓火飞所灸也"；王筠曰"今俗火迸散为爆"。

③ 张生汉：《释"趵突"》，《中国语文》2011 年第 5 期。

④ "趵"又呼曰"爆"。王力先生以为"暴、爆"同音，"暴、瀑"并帮旁纽，可资佐证。王力：《同源字典》，第 305 页。

⑤ 胡安顺先生曰："声符为入声、被谐字为去声字，勺：豹。"胡安顺：《音韵学通论》，中华书局，2003，第 292 页。

⑥ 趵，从"勺"；泺，从"乐"。典籍习见"勺药"，若《诗·郑风·溱洧》"赠之以勺药"；"勺药"乃联绵词，叠韵。此又不可不察。

年》会齐侯于泺，注云：水出济南历城县西北，入济。"① 由上可见，泺，音"粕"，滂母铎部；音"泊"，并母铎部；滂并旁纽双声。如刘三吾所言"趵"又音"剥"，② 其上古音"帮母屋部"。按"泊、粕、剥"上古音，同为入声韵，构成屋铎旁转。另外，"趵突泉"系"泺水"之源，既然"趵"之音义源于"泉涌声貌"，一水相系，"泺水"音读自然与其相关。综上可见，"趵、泺"音近义通。

三　释玺义

如上，《玺汇》0148 玺，即释"匋（趵）右攻（工）帀（师）"。

玺文"右工师"为职官名，其职当类同"工师"，此类玺印多见。如《玺汇》0149"右攻（工）帀（师）鍴"、0147"喁攻（工）帀（师）鍴"、0150"东武城攻（工）帀（师）鍴"，又《玺典》3261"攻（工）帀（师）酃（区）鍴"③、《玺考》57 页"攻（工）帀（师）相玺"。此外，相对者亦有"左工师"，如《玺汇》0157"左攻（工）帀（师）职柰（漆）帀（师）鍴"。下略疏其职事。

工师，司空属官，掌百工之长者。其职事，亦如曹锦炎先生所言："工师是主管工匠的长官。"④ 此官，典籍习见，如《礼记·月令》："（季春之月）命工师令百工……（孟冬之月）命工师效功。"《孟子·梁惠王下》："则必使工师求大木，工师得大木则喜。"《荀子·王制》："论百工，审时事，辨功苦，尚完利，便备用，使雕琢文采不敢专造于家，工师之事也。"我们所论 0148 玺乃齐玺，典籍所见，亦可印证，如《管子·立政》："使刻镂文采毋敢造于乡，工师之事也。"

右工师、左工师，当是对置之职官。除上揭玺印外，金文中亦常见，如二十三年敂令戈铭"右工师"（《集成》11299）；"左工师"者，如二年主父攻正戈（《集成》11364）、三十四年顿丘戈（《集成》

---

① 刘三吾：《书传会选》，第 324 页。
② 又《通俗编》谓："趵，北角切，直读若'剥'。"参见翟灏《通俗编》，颜春峰点校，中华书局，2013，第 496 页。
③ 见《湖南博物馆藏古玺印集》18 玺，第三字当释"酃"，从邑、区声，作人名。可参《玺汇》0577"王酃"。
④ 曹锦炎：《古玺通论》，第 79~80 页。

11321）、六年汉中守戈（《集成》11367）等。王辉先生云："长沙出土的昭王二十九年漆匜戈铭有'右工师'，辽宁出土的元年丞相斯戈铭有栎阳左工去疾，'左工'即'左工师'之省，说明秦中央和地方有时设左、右两种工师。"[1] 又珍秦斋藏二十三年秦戈，其铭"左工丞"，王辉先生认为其乃"'左工师丞'省"。[2] 如上所述，可见先秦之际，齐、秦等国均设有"左（右）工师"，职掌冶铸、漆事等。

综上，0148玺文"趵"，即"趵突泉"之"趵"。春秋战国时代，济南为齐国之泺邑，因"趵、泺"音近义通，故玺文"趵"地即齐之"泺邑"。故此，0148玺"趵右工师"，乃齐国置于泺邑的工官"右工师"之印，执掌建造、冶铸、漆事等。

---

① 王辉：《秦兵三戈考》，《陕西历史博物馆馆刊》第4辑，西北大学出版社，1997，第17~23页。

② 王辉、萧春源：《珍秦斋藏王二十三年秦戈考》，《故宫博物院院刊》2004年第4期，第68~75页。

第六章 "浮阳渔师鉨"与"鉊门罗网"玺及相关玺汇考

　　本章所论古玺文主要共同点是"形"之间的字际关系。第一节涉及字形不多，主要在玺文内部进行对比分析；第二节除玺文内部对比分析外，既有与陶文等的横向对比，又有与甲骨文、金文等的纵向对比。

　　所论同文玺文是《玺汇》0158玺"🦐"、0159玺"🦐"和0161玺"🦐"（图版①、②、④），旧释多认可此三形为一字。此三形上部形近，但下部"迥异"，对于字形下半部分旧释或以不同隶定体释之，或解之为"装饰部件"。我们以为此三形同文，释作"鲁（鱼［渔］）"，三形均可视为"鱼"之整体象形，下部象"鱼尾"，其"异"正是"鱼"孳乳为"鲁"之痕迹，非"装饰部件"。

　　此外，主要讨论了《玺汇》0312玺（图版⑨）等同文"🔲"字，我们通过分析甲骨文、金文、玺文、陶文等相关构形，发现此字直观看从"土"，实际上从"糸"，系因"糸、午"形同义通互作所致，可隶作"累（或𡈼）"。读为"罗"。

第一节 "浮阳渔师鉨"及相关玺汇考

　　《玺汇》0158玺"🦐"、0159玺"🦐"、0161玺"🦐"当属同文。

此外，另有诸多玺印与 0158、0159 玺存在同文，如与 0158 玺前二字同文者有《玺汇》0060、0192 玺（图版⑤、⑥），与 0159 玺首字同文者有《玺汇》0010 玺和《古玺通论》图 204 玺（图版⑦、⑧）。

0158 玺"🐟"、0159 玺"🐟"，《玺汇》隶作"曾"，旧释"铸""镂"等，异释比较多。我们以为，该字可隶作"鲁"，读作"鱼（渔）"；另外，玺文"甫易"即"浮阳"，"帀"即"师"。故 0158 玺释"浮阳渔师鈢"，即浮阳地官"渔师"者之印。浮阳在今河北沧州市东南，濒临渤海，渔业盛行。虽春秋战国时期"浮阳"曾分属齐、晋、燕等国，但从其与 0159 玺同文来看，此玺当是燕官玺。0159 玺首字当释"郖"，读"涿"，故该玺释"涿渔师鈢"，乃燕之涿邑官"渔师"者之公玺。"涿邑"春秋战国时期属燕，地在今河北省涿州市，其地亦产鱼。此二玺同文之"渔师"，乃掌鱼官，屡见于典籍，其职掌"捕鱼、登龟、禁川泽、收水泉池泽之赋"等事。0161 玺释"鱼巽客鈢"，其中"鱼"示地、"巽"示职、"客"示官，该玺乃楚之"鱼邑"（今重庆市奉节县）官"客"者铸造"巽"贝事之印。借此，其他相关玺皆可得释。

一 异释旧说

与 0158、0159 玺同文相关玺印较多，下将有关异释分三部分进行梳理。

（一）0158 玺与 0060、0192 玺

1."甫易铸帀（师）"说

叶其峰先生曾讨论过 0158 玺，他释该玺作"甫易铸帀玺"。认为"甫易，殆即文献的蒲阳。蒲阳战国时属魏，此可能是魏印。……'铸帀'当是管理冶铸手工业的工官。"[1]该玺首二字隶作"甫易"，多无异议。如赵超先生释"甫阳铸师玺"，将"🐟"隶作"㘚"，从"甾"声，

---

[1] 叶其峰：《试释几方工官玺印》，《故宫博物院院刊》1979 年第 2 期，第 72~73 页。

从"火"。[①] 徐畅先生亦释 0158 玺为"甫易铸币鉨"。[②]

亦有持不同意见者，如吴振武先生释 0158 玺作"帚易（阳）曾币（师）"，并认为 0060、0192、0158 玺首二字同文，[③] 释作"帚易（阳）"。施谢捷先生从之，他释 0060、0192 玺为"帚阳都封人""帚阳右司马"；又释日本书道博物馆藏印为"帚阳都鉨"。[④]

2. "浮阳镂师"说

何琳仪先生释 0158 玺为"甫易曾师玺"；释 0060、0192 玺分别为"甫（浮）易（阳）都右司马""甫（浮）易（阳）都封人"。他认为"甫易"读"浮阳"，地在今河北沧州东部。对于"曾币"，其云："疑读'镂师'，大概是掌管雕镂之事的职官。"[⑤] 又说："曾，从'曰'，'丽'声。疑喽之异文，与谭同。"[⑥] 继以上释说之后，何琳仪先生于"娄"字之释略有改易，他说："'娄'原篆作'曾'，上从'娄'之初文，下为装饰部件。"[⑦]

何先生的"浮阳镂师"说，曹锦炎先生从之。[⑧]

3. 其他

肖毅先生释 0158 玺为"甫易（阳）娄币玺"，并认为 0158、0060、0192 玺皆为燕玺，"甫易"非蒲阳，燕之"甫易"或另有其地。[⑨]

陈光田先生既从叶其峰先生释"铸"，又从何琳先生释"浮阳"；其释 0158 玺为"甫（浮）易（阳）曾（铸）币（师）鉨"。他将该玺归为燕系，并说："浮阳，该地可能因在浮水之北而得名；'铸师'相当于

---

① 赵超:《"铸师"考》,《古文字研究》第 21 辑,中华书局,2001,第 293~300 页。

② 徐畅编著《古玺印图典》,第 209 页。

③ 吴先生认为此三玺皆为燕玺,"帚易（阳）"应为燕地。吴振武:《〈古玺文编〉校订》,第 287~288 页。

④ 参见施谢捷《古玺汇考》,博士学位论文,安徽大学,2006,第 79~80 页。施谢捷先生所言"帚阳都鉨"由日本书道博物馆收藏;另外,肖毅先生疑"甫易都鉨"为伪品。肖毅:《古玺文分域研究》,第 505 页。

⑤ 何琳仪:《战国文字通论》,第 100~101 页;又参何琳仪、冯胜君《燕玺简述》,《北京文博》1996 年第 3 期。

⑥ 何琳仪:《战国古文典》,第 338 页。

⑦ 何琳仪:《战国文字通论（订补）》,第 124~125 页。

⑧ 曹锦炎:《古代玺印》,第 43 页。

⑨ 肖毅:《古玺文分域研究》,第 504 页。

晋地的'工师'和楚地的'冶师',他们均为负责冶铸业的工官。"①

《天津市艺术博物馆藏古玺印选》(简称《津博》)释 0158 玺同文作"**鐳**"。②

对于释"甫"字,亦有持中立态度者,如田炜《古玺探研》对 0060、0192 玺首字既没有从某说亦未做新释。③

对于此三玺,异释情况可归纳为三个方面:第一,首二字隶作"甫易",或是"帛易";第二,"甫易"读作"蒲阳",或是"浮阳",抑或其他;第三,0158、0159、0161 玺同文隶定字体各异,如"**鐳**"(《玺汇》)、"**鐳**"(《津博》)、"**鐳**"(吴振武、何琳仪、施谢捷)、"**鐳**"(陈光田)、"**鐳**"(赵超)等;对于其释读亦不同,如"铸""镂""娄"等。

(二)0159、0010 玺和《古玺通论》图 204 玺

0159 玺首字"**物**"和 0010 玺、《古玺通论》图 204 玺同文,对其释读亦有分歧。④

1. "郂(涿)"说

黄盛璋先生释 0159 玺首字为"郂(涿)"⑤。

何琳仪先生释 0159 玺作"郂(涿)鐳帀(师)玺"。⑥对于 0158、0159 玺同文之"帀",何琳仪先生云"为典型燕系文字"。⑦之后,何先生将 0159 玺首字改释为"郂(易)"。⑧

曹锦炎先生从黄、何二先生释 0159 玺,同时释 0010 玺作"郂(涿)都司徒",释《古玺通论》图 204 玺作"郂(涿)都□"。他说:"'郂',读为'涿',即今河北涿县,战国时属燕。"⑨

① 陈光田:《战国玺印分域研究》,第 93~94 页。
② 天津市艺术博物馆编《天津市艺术博物馆藏古玺印选》,第 4、157 页。
③ 田炜:《古玺探研》,第 96 页。
④ 早期如丁佛言曾释"郂"。丁佛言:《说文古籀补补》,第 67 页。
⑤ 黄盛璋:《所谓"夏虚都"三玺与夏都问题》,《中原文物》1980 年第 3 期。
⑥ 何琳仪:《战国文字通论》,第 100 页。
⑦ 参见何琳仪《古玺杂识再续》,《中国文字》新 17 期。
⑧ 何琳仪:《战国文字通论(订补)》,第 124 页。
⑨ 曹锦炎:《古玺通论》,第 141~142 页。

2."郘都"说晚

李家浩先生认为 0159 玺首字"从邑从易",乃燕易下都之"易"的专字。① 此字,赵超先生释为"易"。②

3."郘鄩(县)"说

赵平安先生认为燕国古玺屡见之"都"字,当释作"鄩",读为"县"。其释 0010 玺作"郘鄩司徒"、《古玺通论》图 204 玺作"郘鄩吴(虞)"。③ 对于"郘(易)"地,他解释说:"《史记·绛侯周勃世家》'以将军从高帝击反者燕王臧荼,破之易'下,《索隐》:'易,水名,因以为县,在涿郡。'"赵先生释 0060 玺作"甫易鄩右司马"、0192 玺作"甫易鄩封人"。对于"甫易",其从何琳仪先生释"浮阳",即"《汉志》渤海郡之浮阳县"。④

4."阳都"说

《玺汇》0010 玺,曾录于陈介祺《万印楼藏印》卷六四,《十钟山房印举考释》:"簠斋曰:'左邑,右易省',即'阳都司徒'。"⑤

(三)0161 玺

有关《玺汇》0161 玺,异释亦众,且此玺域属争议也大。

玺文第二字骈宇骞先生释为"巽",读作"锾"。⑥ 此释,陈光田从之。⑦ 吴振武先生释该玺作"铸巽客玺",⑧ 说:"铸巽客是楚国主掌'巽'币铸造之官。"⑨ 玺文第二字释"巽",系因此形与楚国贯见的一种铜贝币文相同,此铸币被习称为"蚁鼻钱""鬼脸钱"。

---

① 李家浩:《从曾姬无卹壶铭文谈楚灭曾的年代》,《文史》第 33 辑,1990,第 1~18 页。

② 赵超:《"铸师"考》,《古文字研究》第 21 辑,第 293~300 页。

③ 从吴振武先生释。吴振武:《战国玺印中的"虞"和"衡鹿"》,《江汉考古》1991 年第 3 期,第 85~87 页。

④ 赵平安:《论燕国文字中的所谓"都"当为"鄩"(县)字》,《语言研究》2006 年第 4 期,第 77~79 页。

⑤ 陈继揆:《十钟山房印举考释》,第 5 页。

⑥ 骈宇骞:《试释楚国货币文字"巽"》,中国古文字学年会,1979。

⑦ 陈光田:《战国玺印分域研究》,第 139 页。

⑧ 吴振武:《〈古玺汇编〉释文订补及分类修订》,常宗豪主编《古文字学论集(初编)》,第 489 页。

⑨ 吴振武:《〈古玺文编〉校订》,第 278 页。

玺文该字，李家浩先生亦有讨论，他说："疑'蚁鼻'钱'巽'字应当读为'钱'。楚国有'三钱之府'，见《史记·越王勾践世家》。可见楚国确实把货币称为'钱'。"[1] 郑超先生认为，"铸巽客"当读为"铸钱客"，是玺为主管铸造蚁鼻钱的技术官吏所用之印。[2] 肖易夫先生亦主此说，他认为楚国曾大量引进技术人才，且为所聘外国技师设官"铸客""铸冶客"，他说："'铸钱客玺'，就是楚国专门聘请来负责铸钱的技师官印。"[3] 曹锦炎先生亦认同李家浩先生的"巽"读为"钱"说，并解释说："铸钱客，指职掌冶铸货币之工官。"[4]

叶其峰先生释 0161 玺作"黑□客鍨"，且将其列为楚官印的标准品。[5]

刘建峰对 0161 玺旧释及分域界定，持有不同意见。首先，他怀疑 0161 玺"鍨"、0158 玺"鍨"、0159 玺"鍨"非一字。其次，他认为战国"客"字的构形地域特点十分鲜明，通过对比楚、晋两系"宀""夂"部诸字形体，以为"0161 玺客字作'客'确为晋系文字无疑"。再次，他认为楚官不见"铸巽客"，旧释将"铸巽客"与"铜官"等同则"十分牵强"。其质疑之结论为："该玺从文字结构分析，参晋杂楚，互相矛盾；再从玺文字分析，其语义不通，故当属伪作，因此不能将其作为楚玺之标准器。"[6]

要之，上揭释说分歧焦点即在 0161 玺"鍨"、0158 玺"鍨"、0159 玺"鍨"是否为一字；若是一字，下部所从"迥异"作何解释？现试解如下。

二　汇考

（一）《玺汇》0158、0159、0161 玺同文考

1. 0158、0159 玺之同文隶定

我们以为，旧释将 0158 玺"鍨"、0159 玺"鍨"同文隶定为"不

① 李家浩：《战国货币文字中的"𠫑"和"比"》，《中国语文》1980 年第 5 期，第 373~376 页。

② 郑超：《楚国官玺考述》，《文物研究》1986 年第 2 期。

③ 肖易夫：《文物中见到的古代冶铸》，《文物天地》1991 年第 6 期。

④ 曹锦炎：《古玺通论》，第 100~101 页。

⑤ 叶其峰：《古玺印与古玺印鉴定》，第 86、103 页。

⑥ 刘建峰：《战国玺印文字构形分域研究》，博士学位论文，山东大学，2012，第 173~176 页。

同字形",不妥。理由如下。

《玺汇》隶其作"𥈆",即罗福颐先生以为此字下从"白"。

叶其峰先生释"铸",其云:"上部是双手持物之形,下部是皿字异体,像双手持物放入炉中冶炼。"[1] 即叶先生以为是字上部从"某物",下从"皿"。

何琳仪先生 1989 年版《战国文字通论》隶其作"𥇚",读"镂"。即以为该字上从"𦥑",下从"曰"。曹锦炎先生从其释,说该字"从'曰'从'娄'省"。[2] 又何先生《战国文字通论(订补)》隶作"娄",认为:"'娄'原篆作'𥨙',上从'娄'之初文,下为装饰部件。'娄币',疑读'镂师'。"[3]

陈光田先生隶其作"𥈜",认为该字下从"亡"。

赵超先生隶其作"𥇒",以为该字下从"火"。

如上,同文上部所从除叶其峰先生云"某物"外,其他学者多隶作"𦥑";其下从者,分歧较大,除隶作"白""皿""曰""亡""火"等诸多看法外,亦有何琳仪先生"装饰部件"说。以下,即从诸玺同文字形差异入手,继续探讨。

2. 释 0158、0159、0161 玺同文及 3247 玺"𥨚"

(1)0158 玺"𥪡"、0159 玺"𥨙"、3247 玺"𥨚"字形上部

与 0158、0159、0161 玺形近者,另有 3247 玺"𥨚",何琳仪先生释为"鄋"。[4] 如前揭,何琳仪先生释 0159 玺"𥨙"为"娄",即 0159 玺"𥨙"、3247 玺"𥨚"为"娄",何先生将其隶定作"𦥑",并解释说:"古玺'鄋'所从'角'与币文'西'('𩵋'货系 0149)形体完全一致。这也有助于理解'角'讹变为'西'的原因。"[5] 何先生以为"𥨙"从"角",旧释多认可此说。我们以为非是,实乃"鱼"字,下详。

---

① 叶其峰:《试释几方工官玺印》,《故宫博物院院刊》1979 年第 2 期,第 72~73 页。

② 曹锦炎:《古玺通论》,第 141~142 页。

③ 何琳仪:《战国文字通论(订补)》,第 124~125 页。

④ 何琳仪:《战国古文字典》,第 336 页。

⑤ 何琳仪:《战国官玺杂识》,《印林》1995 年第 2 期,第 2~11 页;黄德宽主编《安徽大学汉语言文字研究丛书·何琳仪卷》,第 274~283 页。

（2）0158 玺"▨"、0159 玺"▨"、0161 玺"▨"字形下部

吴先生释 0161 玺'▨'为"铸"，他说："原玺从风格上可以确定为楚玺。而楚鄂君启节铸字作'▨'，上部'▨'正与此字极近。侯马盟书铸字作'▨'，下不从皿，可为其证。"[1] 如上揭叶其峰先生亦释 0158、0159 同文为"铸"，且认为'▨'下从"皿"。可见，同释为"铸"字，但对于其是否从"皿"两位先生的看法并不一致。此即为刘建峰所质疑："比较'▨'与'▨'的字形可见，除了下部从火部外，二者形态差别较大，根据燕文字构形判读楚文字比较冒险。"[2] 刘氏所言可商。结合上疏，我们以为，虽然 0161 玺"▨"、0158 玺"▨"、0159 玺"▨"相较下部有异，但三形同文可定，且"▨"下从非"火"，"▨"下从更非"装饰部件"。

在此分为上、下两部分讨论，只因方便叙述，实则同文三形均为"鱼"之整体象形。下详证之。

（二）释 0158 玺"▨"、0159 玺"▨"为"鲁"，0161 玺"▨"为"鱼"

1. 释形

"角"，《说文·角部》："兽角也。象形，角与刀、鱼相似。"《说文新证》："角，甲骨文象兽角形。金文开始上加饰笔，如鄂侯鼎'▨'，这就是《说文》'角与刀、鱼相似'一句话的由来，意思是'角'字的上部和刀、鱼头相似。"[3] 可见，"角""鱼"金文字形相似，后至小篆亦是。

"鱼"，《说文·鱼部》："水虫也。象形。鱼尾与燕尾相似。"季旭昇先生谓："鱼，象鱼形，战国以后尾部或讹成'火'形。"[4] 分析此字字形，甲骨文和早期金文"鱼"字，均作"鱼"形。如，甲骨文"▨"（《合集》10918）、"▨"（《明藏》726）、"▨"（《合集》10488）；商晚金文鱼鼎作"▨"（《集成》1127）、鱼父癸簋作"▨"（《集成》3216），西周早期金文鱼父乙鼎作"▨"（《集成》1551）、伯鱼鼎作"▨"（《集成》

---

[1] 吴振武：《〈古玺文编〉校订》，第 275~276 条。
[2] 刘建峰：《战国玺印文字构形分域研究》，博士学位论文，山东大学，2012，第 174 页。
[3] 季旭昇：《说文新证》上册，第 355~356 页。
[4] 季旭昇：《说文新证》上册，第 161~162 页。

2618）、伯鱼卣作"🐟"（《集成》5234）。西周晚期以降，该字象形成分减弱，如毛公鼎作"🐟"（《集成》2841）、伯鱼父壶作"🐟"（《集成》9599）、苏冶妊鼎作"🐟"（《集成》2526），亦可见其下部逐渐已讹为"火"形。因"角"与"鱼"相似，又有"鱼"下完全讹为"火"形者，如秦系简文"🐟"（《睡·日乙》简174）、"🐟"（《睡·日乙》简59）。

如上，可见0161玺"🐟"①即"鱼"字。金文中与其形近者除毛公鼎"🐟"外，亦如苏冶妊鼎"🐟"，伯鲁壶"🐟"（《集成》9600.1）、"🐟"（《集成》9600.2）；又从"鱼"之"鲜"字，如鲜盘"🐟"（《集成》10166）、伯鲜盨"🐟"等，此诸形"鱼"形已与"🐟"几近。故，"🐟"下所从，并非"火"部，实乃"鱼尾"。如此，则0158玺"🐟"、0159玺"🐟"，即可释"鲁"。②

《说文·白部》："鲁，钝词也。从白，旅省声。《论语》曰：'参也鲁。'郎古切。"对于"鲁"字，先看甲骨文数形，若"🐟"（《合集》22102）、"🐟"（《合集》7895）、"🐟"（《合集》9810反），可见其上象鱼形，下从"口"，亦即"鱼尾与燕尾相似"，后则讹为"火"形，并与下从"口"字粘连；③有时亦省此"尾形"，由"象鱼身"形直接与"口"字相连。如此孳乳者，如金文数形"🐟"（作周公簋，《集成》4241）、"🐟"（□戈口土□者鼎，《集成》2662）、"🐟"（麓伯簋）、"🐟"（鲁伯厚父盘，《集成》10086）、"🐟"（善鼎，《集成》2820）、"🐟"（无叀簋，《集成》4225）、"🐟"（无叀簋盖，《集成》4228）、"🐟"（伯归夆簋，《集成》4331）、"🐟"（侯盉盖，《集成》9408）等。于此过程中，"口"形又讹为"白""日""甘"等，若"鲁"字《说文》小篆作"🐟"，即讹为从"白"。季旭昇先生云："鲁是鱼的分化字，甲骨文'在圃鱼'，或作'在圃鲁'，可证。甲骨文从鱼，'口'形为分化符号。鱼尾渐与口形相连，遂与'白（自）'形相似（颂鼎'🐟'、鲁侯爵'🐟'）；鲁侯壶'🐟'则径作'白

---

① 疑此形字头当有残佚。

② 见《玺文》将"🐟"隶作"🐟"（《玺文》83页），且将该字列于"鲁"字之后，可知编写组当认为"🐟""鲁"形近。

③ 又见玺文"鱼"字，《玺汇》3729玺作"🐟"，可见其下"黑点"示"口"形，又从于"火"形上部，当是"火""口"形过渡阶段之证明。故该字释"鲁"亦可。

（自）'形，《说文》误以为从'白（自）'。但是书写的人还是知道'鲁'字是从'口'形的。古文字'口'形中常加饰笔作'甘'形，所以一直到东汉，可考的文字材料中的'鲁'还是从'甘'形。"①

如上所述，0158玺"□"、0159玺"□"，似"白"形者，实则"口"。与玺文构形极近者，如士父钟"鲁"字数形作"□""□""□"，又鲁伯厚父盘作"□"、无晏簋作"□"、侯盂盖作"□"，亦可互较。再者，"鲁"字，传抄古文作"□""□""□"（见《海》3.11），此三形中：作"□""□"者，其"象鱼身形"已讹为"角"；作"□""□"者，其"象鱼鳍形"已讹为"⺕"。另有一佳证，西周晚期害簋"鱼"字重文五铭，构形各异，其分别作"□"（《集成》4258.1）、"□"（《集成》4258.2）、"□"（《集成》4259.1）、"□"（《集成》4259.2）、"□"（《集成》4260），此五形"象鱼身"形均已讹作"角"。值得注意的是其"象鱼鳍形"之变化：作"□""□"者，其左部似"手"形，与0158玺"□"、0159玺"□"完全相同；作"□"者，两边"象鱼鳍形"者一倒一正作，其与0158玺"□"两边似"手"形又"倒"作亦相同。我们所论玺文"□""□"②，看上去两边似"手"形中从"角"，实则为"鱼"之"鳍"与"身"。故0161玺作"□"者，下部非从"火"，实乃"鱼尾"。3247玺"□"（图版③），上从"□"乃"鱼"省，下从"邑"，此即"鯫"字③，故该玺可释"毛鯫"。

如上，0158玺"□"、0159玺"□"，即"鲁"，象鱼形，下从"口"形，即为"鱼"分化为"鲁"之符号。"鲁"字，亦有其他古玺文可资，如《玺汇》1591玺"□"、2392玺"□"，可见此二形与0158、0159玺同文亦相近，只是此二形"象鱼身"形中部略有简省，两侧"鱼鳍"形则较似"⺕"形。

---

① 季旭昇：《说文新证》下册，第278页。
② 玺文"□"，其顶部笔画向右，相同者如无晏簋盖"鲁"作"□"，其本象"鱼头"形，向左向右当无别。上揭，"鱼""角"相似，"角"之顶部笔画向左、向右亦无别，如鄂侯鼎左作'□'、角父盂右作'□'。又何琳仪先生谓"□"从"角"似"西"字，此再以"西"字为例。居右者，若《玺汇》3966玺作"□"；居左者，若《玺汇》3077玺作"□"。再《玺汇》2085玺"鯫"开口亦朝右。
③ "鯫"可做姓氏，如《玺汇》2074~2086玺，均以此姓。

0158 玺""、0159 玺""释为"鲁",0161 玺""释为
"鱼",当可回应旧释分歧的一些问题:一者,0161 玺""、0158 玺
""、0159 玺""是一字;二者,该字上部所从非"酋",三形均为
"鱼"之整体象形,下部象"鱼尾",其"异"正是"鱼"孳乳为"鲁"
之痕迹,非"装饰部件"。

释形如上,下继证玺文音义。

2. 释音义

(1)《玺汇》0158、0159 玺"鲁币"读"渔师"

"鲁"字,《说文·白部》曰:"钝词也。从白,鮺省声。"鲁字甲骨文
作"",于省吾先生云:"从鱼从口,口为器形,本象鱼在器皿之中,《说
文》讹为从白。"[1] 如前揭,季旭昇先生言"鲁"乃"鱼"之分化字,且认
为"'鱼'和'鲁'上古音应该几近同音";[2] 而胡淀咸先生云:"'鲁'本
就是'鱼'字。"[3] 我们以为至少到西周晚期"鲁""鱼"仍是一字,如伯鲁
父壶"鲁"字重文,其器铭作"",而盖铭作""(《集成》9600.1),
一字两体,即是明证。故"鲁币"[4],可训为"鱼师",亦即"渔师"。

《说文·鮺部》:"灪,捕鱼也。从鮺从水。渔,篆文从鱼。"此为
"通训",即"渔"之释义中有"鱼"字,"鱼""渔"音同,二字同源。
《段注》:"捕鱼字古多作鱼。如《周礼》'歔人',本作'鱼'。此与取鳖
者曰鳖人、取兽者曰兽人同也。《左传》'公将如棠观鱼者'。鱼者,谓
捕鱼者也。《吕氏春秋》《淮南鸿烈》高注每云,'渔'读如《论语》之

---

① 于省吾:《甲骨文字释林》,第 52 页。
② 季旭昇:《说文新证》下册,第 278 页。
③ 胡淀咸:《甲骨文考释二则》,《古文字研究》第 6 辑,中华书局,1981,第 152~156 页。
④ 疑"鲁币"亦可读作"旅师"。《说文·扙》:"旅,军之五百人为旅。从扙从从。从,俱
也。垅,古文旅。古文以为鲁卫之鲁。力举切。"《段注》:"古文目为鲁卫之鲁。此言古
文假借也。周本纪。周公受禾东土。鲁天子之命。即书序旅天子之命。旅者,陈也。"
故,鲁、旅可相通借,此即"鲁币",疑可读作"旅师"。然,此官亦有二。一者,即周
官之"旅师",其"掌聚野之锄粟、屋粟、闲粟"。如《苏秦列传》:"南有碣石雁门之
饶,北有枣栗之利,民虽不细作,而足于枣栗矣,此所谓天府也。"此知,燕官有"旅
师"掌有关"栗"事,亦合情理。二者,《尚书·周书·牧誓》:"司徒、司马、司空、
亚、旅、师氏、千夫长、百夫长。"《说文》"军之五百人为旅",可见"旅"较"师"更
贵,"旅师"即为军官"旅、师氏"之称。如此,0158 玺,亦可释"浮阳旅师玺"。然浮
阳临海,还是"鲁币"读为"渔师"更佳。

语、读如相语之语。寻其文义皆由本文作'鱼'。……然则古文本作'鱼'、作'鱻''灥'其籀文乎？至小篆则婧为'渔'矣。《周礼》当从古作鱼人，作敍者，次之。作歔者，非也。"可见，"渔师"，即"鱼师"，抑或"敍师"，乃周掌鱼官，屡见于典籍。其职事如下。

《礼记·月令·季夏》："命渔师伐蛟、取鼍、登龟、取鼋。"《月令·孟冬》："是月也，乃命水虞、渔师收水泉池泽之赋。"郑注："月令'渔师'为'榜人'。"又《吕氏春秋·季冬·十二月纪》："是月也，命渔师始渔，天子亲往。"高诱注："是月也，将捕鱼，故命其长也，天子自行观之。"[①]孙希旦《礼记集解》："渔师，《周礼》之歔人也。高氏诱曰：'渔师，掌渔官'。……郑氏曰：'因盛德在水，收其税。'愚谓水虞，泽虞。渔师，歔人也。水泉池泽之赋，若《周礼·歔人》之'歔征'，《掌葛》'征草贡之材于泽农'之类是也。"[②]此即"渔师"者，掌渔官，亦即"榜人""歔人"。

《周礼·天官·叙官》曰："歔人，中士二人，下士四人，府二人，史四人，胥三十人，徒三百人。"此"歔人"，当是"敍人"，亦即"渔人""鱼人"。如孙诒让云："'歔人'者，《释文》云：'歔音鱼，本又作"鱼"，亦作"敍"，同。又因御。'……释慧苑《华严经音义》云：'渔，声类作歔、敍二体'。张参《五经文字》亦云'渔、歔同'。凡经用古字作'歔'，注用今字作'渔'。本职先郑注及《礼运》后郑注引并作'渔人'，用正字也。释文别本作鱼，亦渔之假字。《国语·鲁语》又有'水虞'，韦注亦谓即'渔师'。"[③]如此，可能"渔人"即"歔人"，亦即"渔师"。但是，正如孙诒让所言："然《月令》孟冬有'命水虞、渔师'之文，二官并命，则水虞疑当为夏正之虞人，非即渔师也。韦云：'掌川泽之禁令'，则亦兼据川衡职为释，盖二官本联事通职，未能质定也。"[④]可见，水虞、渔师之职既可并言，其当为两官，然其职事应是相通的。

如上，"渔师"乃掌鱼官，其职"捕鱼、登龟、禁川泽、收水泉池

---

① 吕不韦撰，高诱注，俞林波校订《元刊吕氏春秋校订》，凤凰出版社，2016，第151页。
② 孙希旦：《礼记集解》，中华书局，1989，第492页。
③ 孙诒让：《周礼正义》，第37页。
④ 孙诒让：《周礼正义》，第369页。

泽税赋"等。

"渔师"之官,后世一直有沿袭,可作旁证。如清人梁章钜《称谓录》卷二九《渔》云:"《礼·月令》:'乃命渔师。'《旧唐书》:'上渔师十人,短番渔师一百二十人,明资渔师一百二十人。'《宋书·隐逸传》:'王宏之性好钓,虞江有一处,名三石头,宏之常垂纶于此。或问:"渔师得鱼,卖否?"王曰:"亦自不得,得亦不卖。"'"①

(2)释"浮阳""涿邑"的有关情况

A."浮阳"临海

0158玺与0060、0192玺同文之"甫易",如上所揭何琳仪先生读"浮阳",说地在今河北沧州东部。《太平寰宇记·沧州》谓:"春秋时属齐、晋。七国时属燕、齐二国之境,又为燕、赵、齐三国之域。秦并天下,以齐地置齐郡,以赵地置钜鹿郡,以燕地置上谷郡,为三郡之地。"②又《读史方舆纪要·沧州》云:"春秋战国时为燕、齐二国之境。秦属钜鹿郡。汉置勃海郡,后汉因之,晋仍为勃海郡。"③可见,"浮阳"于春秋战国时域属燕、齐二国之境,战国以降,汉置渤海郡下辖浮阳县,后魏置沧州辖浮阳县,北齐因之,该地即今河北沧州市东南。④

"浮阳"春秋时分属齐、晋,七国时分属燕、齐,域属不定,势必会造成文字风格相杂,故旧释对其分域亦有争议,如叶其峰先生认为是"魏印",何琳仪、陈光田、肖毅等认为是"燕玺"。因0159玺"涿"邑自春秋至战国俱为燕属,二玺同文,相较可知,0158玺当是燕玺。⑤

B."涿"邑多河流

0159玺首字"𨹹"与0010玺、《古玺通论》图204玺同文,何琳仪、曹锦炎先生均隶作"郖",读为"涿"。"涿",即春秋战国之"涿邑"。《读史方舆纪要·涿州》云:"古为涿鹿之野,春秋时为燕之涿邑。

---

① 梁章钜:《称谓录》,冯惠民等点校,中华书局,1996,第457页。
② 乐史:《太平寰宇记》,王文楚等点校,中华书局,2007,第1323页。
③ 顾祖禹:《读史方舆纪要》,第575页。
④ 如施和金先生《北齐地理志·沧州·浮阳郡·浮阳县》云:"后魏、北齐之浮阳县是在今河北沧州市东南四十里。"施和金:《北齐地理志》,中华书局,2008,第90页。
⑤ 抛开0158、0159玺之地望而言,仅就"鈢"字风格来看,该字亦属燕系。刘建峰亦持此见。刘建峰:《战国玺印文字构形分域研究》,博士学位论文,山东大学,2012,第311页。

秦为上谷郡地，汉分置涿郡，后汉因之。三国魏改为范阳郡，晋为范阳国，后魏为范阳郡。"[1] 黄盛璋先生云："涿即今涿县，地望属燕，可能一度为中山所占，最后仍属燕。"[2]

可见，玺文"涿"地，即燕之涿邑，今河北涿州市。该地自古就有涿水、范水、挟河等穿流其间，[3] 今涿州市亦有永定河、白沟河、小清河、琉璃河、胡良河、北拒马河[4] 等。

（3）释《玺汇》0161 玺"鱼巽客""鱼邑"

0161 玺，首字释"鱼"，在玺文中示地；第二字释"巽"，在玺文中示职事；第三字释"客"，在玺文中示官。略疏如下。

A. 释"鱼""鱼国""鱼邑"

玺文"鱼"字，地名，即今重庆市奉节县。此地，周为"鱼复国"，春秋时期为庸国之鱼邑，后属巴，战国时为楚国所占。清仇兆鳌云："（洙曰）《汉·地理志》'鱼复，属巴郡，古庸国'。《左传》'文十六年，鱼人逐楚师'。是也。《水经注》'江水又东径鱼复县故城南，故鱼国也'。鱼复，即唐奉节县，属夔州。"[5]《方舆胜览》："（夔州）周初为鱼复国。春秋庸国之鱼邑。其后楚人、秦人、巴人灭庸，分其地属于巴。"[6] 清顾栋高《春秋大事表·春秋楚人秦人巴人灭庸论》曰："竹山县东四十里有上庸故城，即庸国地。……其所属鱼邑实为今夔州府奉节县，地跨两省，居秦、楚、巴三国之界。故不结巴、秦则不得灭庸，庸灭而秦、楚合势，中国之藩篱撤矣。"[7]

B. 释"巽"

玺文"巽"，即楚国"蚁鼻钱"之"巽"。

春秋战国时期的铜贝，分有、无铭文两类，我们所言之"蚁鼻钱"

---

[1] 顾祖禹：《读史方舆纪要》，第 468 页。

[2] 黄盛璋：《所谓"夏虚都"三玺与夏都问题》，《中原文物》1980 年第 3 期。

[3] 顾祖禹：《读史方舆纪要》，第 470 页。

[4] 杨守敬先生云："巨马河水在孙庄乡北分北、中、南三支自西北而东南贯穿涿县，故言西带巨川，谓巨马河。"杨守敬、熊会贞疏《水经注疏》（京都大学藏钞本），第 113 页。

[5] 仇兆鳌注《杜诗详注》，中华书局，1979，第 1271 页。

[6] 祝穆：《方舆胜览》，祝洙增订，施和金点校，中华书局，2003，第 1007 页。

[7] 顾栋高辑《春秋大事表》，第 2023 页。

即属有文铜贝,又名"鬼脸钱、虵壳、骷髅牌、瓜子金、拉拉子"等(如图6-1)。其体小,乃"小钱",为楚之辅币(主币为黄金)。"蚁鼻钱"铭文有"巽、匋、君、行、忻、金、贝、化"等,其中"巽"字贝数量最多,[1]且在湖南、湖北、山东、江苏、陕西、安徽等省均有出土。"巽"铭作"兲、兲、兲、莽、凹"等,其中以"兲"形最常见。贝铭"巽"字,旧释分歧也大,如释作"贝""哭""咒""半两""凭"等,学者多认同骈宇骞先生释"巽"。金文、简文所见形近者,如曾侯乙钟铭"巽"字作"兲""兲",楚简文"巽"作"兲"(《上博·仲弓》简23)、"兲"(《上博·六慎子曰恭俭》简1)、"兲"(《清华一·皇门》简3)。我们所论0161玺作"兲",上列诸形皆为楚系文字,可资互证。

楚国货币,通行货币是"饼金",币铭"陈爰""郢爰"等。骈宇骞先生认为"巽(饌)"当同"爰(锾)",本是表示重量的单位,"而逐渐变为一个单纯的表示货币的名称符号"。[2]《史记·越王句践世家》:"王乃使使者封三钱之府。"对于此"三钱之府",陈直先生云:"楚币现今可考者,只有饼金一种。每饼十六格,每格一两,共重一斤,有郢爰等字。本文三钱之府,疑楚币有三种,与贾注或赤或白或黄相近(就发现者,仅有饼金一种),亦未可知。又固始沙中所出蚁鼻钱,虽为铜质,恐有地方性之限制。"[3]

可见,楚国主币为"饼金","巽"贝仅为辅币;综合其铭文多、品类繁、[4]出土地点广、铸量大等因素来看,其当由各地方铸造。正如汪本初先生所言:"从出土的楚贝来看,楚贝的开始铸行,铸币权并不集中在国家手中。"[5]如上,"巽"币分地铸造,"鱼邑"为楚地,其当亦有

---

[1] 如1963年湖北孝感野猪湖发掘蚁鼻钱"巽"贝4745枚。参见程欣人《湖北孝感野猪湖中发现大批楚国铜贝》,《考古》1964年第7期。又1987年河南固始县一次性出土"巽"字贝4700多枚。参见方宇光《一批珍贵的楚贝币》,《中国钱币》1990年第3期。

[2] 骈宇骞:《试释楚国货币文字"巽"》,中国古文字学年会,1979。

[3] 陈直:《史记新证》,中华书局,2006,第93~94页。

[4] 2018年咸阳发现一批铜贝(800枚),据党顺民介绍,其有"面凸背平"、"面平背平"、"面凸背凸"、"巽"字、"君"字等"五种八品"之分。党顺民:《咸阳渭河沙坑出土的楚国"蚁鼻"钱浅议》,《收藏》2018年第12期。

[5] 汪本初:《楚国铜贝的特色——兼谈近年来安徽出土的"蚁鼻钱"》,《钱币文论特辑》会议,1988。

"巽"贝之铸造权。

C.释"客"

0161玺"鱼巽客鉨"之"客",官名。[①]楚国官"客"者,楚玺多见。如《玺汇》5548玺"羊坙(府)謁客"、5549玺"郢粟客鉨"、0160玺"群粟客鉨"、0162玺"右□客鉨"。对于"粟客",肖毅先生谓:"燕之'米粟'、齐之'粟'、楚之'粟客'皆当为管理粮食的机构。"[②]又李家浩先生云:"据我们研究,古文字中的'某客'或'某某客'是楚国特有的一种官名。……直到秦汉之际,在刘邦起义军中还袭用楚国'粟客'和'客'的官名。"[③]如此,以5549玺"郢粟客鉨"、0160"群粟客鉨"推之,"粟客"是管理粟等粮食之官,"巽客"即是管理巽币铸造之官;"郢"乃是楚之"郢"都,同理"鱼"乃是楚之"鱼邑"。

D."巽"字申说

0161玺为楚玺,但"巽"字非"楚系"独有,其亦见于晋系、齐系古文。晋系,如《玺汇》3023玺"周巽",其巽字作"🐾"(见图6-1)。齐系"巽"字,见《陶汇》3.164、3.165以及新见一陶文(见图6-1,简称"新见陶")。《陶汇》3.164、3.165"巽"作"🔲";新见陶作"🔲",对照即可发现陶拓该字有失,予以摹写即"🔲"。可见其与楚币"蚁鼻钱""巽"字几近,区别是:"🔲"中作"🔲",币铭作"🔲";"🔲"下从"△",币铭作"○"。可见单以"巽"字构形判别域属,当需谨慎。

楚币"蚁鼻钱"　　　　　　晋玺"周巽"《玺汇》3023

---

① 齐官印亦见"客"官,如《古玺汇考》"左掌客京"玺。"掌客",施谢捷先生认为即《周礼》秋官之"掌客","掌四方宾客之牢礼、飧献、饮食之等数与其政治"。施谢捷:《古玺汇考》,博士学位论文,安徽大学,2006,第33页。

② 肖毅:《古玺文分域研究》,第353页。

③ 李家浩:《楚国官印考释(两篇)》,《语言研究》1987年第1期。

新见齐陶文（临淄皇城出土）　　　　　　　新见齐陶文"蔓圎南里东方巽"拓片

图6-1　战国古文"巽"字相关材料

三　释玺义

如上所述，0158、0159玺同文"鲁市"者，即"渔师"。0158玺首二字隶定作"甫昜"，读"浮阳"；0159玺，首字隶定作"邾"，读"涿"。"浮阳"即今河北省沧州市东南，濒临渤海；"涿邑"即今河北省涿州市，自古多河泽。水多则鱼多，置官"渔师"以掌其事。典籍所见，"渔师"亦称为"歔人""敊人""鱼人"。即0158玺"浮阳渔师鈢"、0159玺"涿渔师鈢"，乃燕国浮阳、涿邑官"渔师"者职掌"捕鱼、登龟、禁川泽、收水泉池泽税赋"等事之用印。

0158、0159玺释定，则与此二玺同文诸印亦可得释，即0060释"浮阳都右司马"、0192玺释"浮阳都封人"、《玺考》79页玺释"浮阳都鈢"、0010玺释"涿都司徒"，《古玺通论》图204玺释"涿都虞"。

0161玺"鱼巽客鈢"，以"鱼"示地，以"巽"示职，以"客"示官；其乃楚之"鱼邑"官"客"者职铸造"巽"贝事之用印。[1]"鱼巽

---

[1] 如前揭，刘建峰认为0161玺非楚玺"标准品"，一者其认为"🖼""🖼"二者区别较大；二者0161玺"客"字风格属"晋系"；三者0161玺首字若释"铸"，然"铸巽客"不见于楚玺。刘氏此三疑，皆可解开。首先，对比字形，区别仅在下部，"🖼"从"白"形、"🖼"从"火"形，分释为鲁、鱼，其下皆"鱼尾"。其次，客字作"🖼"者，或非独晋系所有，楚简者几见。刘氏以为，"宀"部楚系多作"人"，晋系多作拱形；其认为"🖼"之"夂"部亦具晋系特点。此以楚简"客"为例，"宀"部作拱形者若"🖼"（《包》简2.141）、"🖼"（《新甲》简3.272），"夂"部如"🖼"作者若"🖼"（《包》简2.162）、"🖼"（《包》简2.221）、"🖼"（《包》简2.199），可见"🖼"乃楚系文字。最后，楚官虽也不见"鱼巽客"连言者，然"鱼邑"属楚地，"巽"字出楚币，"客"官见于楚玺，分而皆可得到支撑，合者以"鱼"示地、"巽"示职、"客"示官。

客"之官阶与"卿大夫及士介"相当。①

第二节 "鉊门罗网"玺及相关玺汇考

《玺汇》0312"鉊闻⊡⊠"玺，齐官印。该玺"⊡⊠"与《玺汇》0265、0273、0334、0336玺（图版⑩～⑬、⑮）、《玺典》3368玺（图版⑭）均同文。对此同文，前贤异释众多，如释"⊡（垌）冢""坌⊠""⊡冢"等。我们以为，诸玺同文"⊡⊠"，读为"罗网"，即《周礼》夏官之"罗氏"，掌"网狩和禁捕"等事。

除得释玺文外，我们考得：第一，"糸"字本作三形"8、↓、↑"，此三形均象交午之形，"交"义同，首者镂空作，中者填实作，末者小点衍为横划遂成"↑"；第二，"8、↓、↑"作为构件成字时，往往互作；第三，系因"糸、午"形同义通，作为构件成字时，二字四形"8、↓、↑、↑"往往互作；第四，通过对比字形、分析辞例，考得甲骨文"🔲""🔲"、金文"🔲""🔲"、玺文"🔲""🔲"、陶文"🔲""🔲""🔲"等皆是一字之衍化，甲骨文作"🔲""🔲"者，可读为"网"，玺文读为"罗"。

一 异释旧说

（一）⊡

诸玺同文首字。吴大澂释为"宅"。② 陈介祺释为"鉢""田"③。高田忠周释为"窑"，以为是"宝"之省。④ 顾廷龙先生《古陶文香录》隶为

① 典籍所见"客"官，如《周礼·天官·庖人》云："共丧纪之庶羞，宾客之禽献。"孙诒让疏曰："云'宾客之禽献'者，宾谓朝觐诸侯，客谓聘俯卿大夫及士介，此官皆共禽献以与宰夫，使致之也。"可见，官"客"者其品阶相当于"卿大夫及士介"。
② 丁佛言：《说文古籀补补》，第75页，附录二二下。
③ 丁佛言：《说文古籀补补》，第73页，附录二二下，第65页，附录六下。
④ 〔日〕高田忠周：《古籀篇》，古籀篇刊行会，1925，页71、39下。

"坒"。① 金祥恒先生《陶文编》隶作"坒"。②

汤余惠先生释为"匋",即"陶"。③ 陈光田先生从之。④

高明、葛英会先生《古陶文字征》隶为"坒",认为其从"土""向"省声即"堂"字。⑤ 葛英会先生《古陶文研习札记》认为:"从'尚'声、'向'声之字往往通作,古文资料中不乏其例,又《古文四声韵》引《籀韵》堂作"坒",其从'土''向'省声,可资释为"堂"字之佳证。"⑥ 周宝宏先生认为,《古陶文字征》释为"堂"不可信,应为从"土"从"冂",可隶作"坅",读冂(mì)。⑦

李家浩先生认为可能是"坒"字,从"土""几"声,疑为"坧"之异体。⑧ 施谢捷亦隶为"坒"。⑨ 吴振武先生释《玺汇》1229、2286 玺同文为"坅",疑是"畿"字异体。⑩ 徐在国从之,言"畿""坧""祈"古通,故玺文读为"祈"。⑪

曹锦炎先生隶为从"土"从"冂"之"坒",即"垌"字,玺文此字"当是一种地域组织名称,其和乡遂制度可能有关"。⑫

吴振武先生释作"坒",说从顾廷龙先生释,认为此字所从之"冖",西周金文作"冂","跟当覆讲的冥氏之'冥'(幂)音义皆合",

---

① 顾廷龙:《古陶文舂录》,国立北平研究院,1936 年石印本,第 13、4 页。
② 金祥恒编《陶文编》,台北:艺文印书馆,1964。
③ 汤余惠:《略论战国文字形体研究中的几个问题》,《古文字研究》第 15 辑。
④ 陈光田:《战国玺印分域研究》,第 48 页。
⑤ 高明、葛英会:《古陶文字征》,第 59 页。
⑥ 葛英会:《古陶文研习札记》,北京大学考古学系编《考古学研究》(一),文物出版社,1992,第 312~321 页。
⑦ 周宝宏:《古陶文形体研究》,社会科学文献出版社,2002,第 67 页。
⑧ 李家浩:《包山二六六号简所记木器研究》,袁行霈主编《国学研究》第 2 卷,北京大学出版社,1994,第 550~551 页;后收入《著名中年语言学家自选集·李家浩卷》,第 237 页。
⑨ 施谢捷:《古玺汇考》,博士学位论文,安徽大学,2006,第 63~64 页。
⑩ 吴振武:《〈古玺文编〉校订》,第 221 页。
⑪ 徐在国:《释齐官"祈望"》,香港中文大学中国语言及文学系编《第四届国际中国古文字研讨会论文集》,2003,第 565~572 页;黄德宽主编《安徽大学汉语言文字研究丛书·徐在国卷》,安徽大学出版社,2013,第 60~65 页。
⑫ 曹锦炎:《古玺通论》,第 132~133 页。

可读作"幂"。^①

何琳仪先生隶为"坣",认为其从"土""冂"声（或"同"省声），义为郊外之地。^②

陈继揆先生释"社"，曰："'▆'是社主之形，即今土地庙之神位。"^③

刘钊先生从汤余惠释"陶"，他说"陶家大概是指制陶的机构或组织"。^④

（二）罘

诸玺同文第二字。陈介祺释为"家"。^⑤丁佛言释为"卤"。^⑥《玺文》隶定为两字，一为"家"，^⑦一为"罘"。^⑧释"家"者，刘钊先生从之，即其认为前二字即为"陶家"，谓"大概是指制陶的机构或组织"。^⑨

曹锦炎先生释为"豖"，为地方之长官。玺文"坣（坰）豖"，即郊野之地方官。^⑩陈光田先生从"家"释，又认为《玺汇》0312玺与其他玺非同文，当隶作"罘"。^⑪

吴振武先生释为"罳"，认为其从"网"从"豖"，玺文"坣罳"似与《周礼》中的"冥氏"关系密切，或相当于《周礼》之"冥氏"。^⑫玺文隶作"埛罳"，肖毅先生从之。^⑬

---

① 吴振武：《齐官"坣罳"考》，吴荣曾主编《尽心集——张政烺先生八十庆寿论文集》，第153~156页。

② 何琳仪：《战国古文字典》，第787页。

③ 陈继揆：《十钟山房印举考释》，第26页。

④ 刘钊：《古文字构形学（修订本）》，第163~164页。

⑤ 丁佛言：《说文古籀补补》，第25页。又见陈氏后人陈继揆先生亦释"家"。陈继揆：《十钟山房印举考释》，第26页。

⑥ 丁佛言：《说文古籀补补》，第51页。

⑦ 故宫博物院编《古玺文编》，第181页。

⑧ 故宫博物院编《古玺文编》，第204页。

⑨ 刘钊：《古文字构形学（修订本）》，第163~164页。

⑩ 曹锦炎：《古玺通论》，第133页。

⑪ 陈光田：《战国玺印分域研究》，第48页。

⑫ 吴振武：《齐官"坣罳"考》，吴荣曾主编《尽心集——张政烺先生八十庆寿论文集》，第153~160页。

⑬ 肖毅：《古玺文分域研究》，第97、384页。

裘锡圭先生[①]、李家浩先生均隶为"罜"。徐在国先生从之，并介绍说："李家浩先生认为，此字从又网声，玺文'罜'可读为望。"因此，徐在国认为玺文"坌罜"，可读为"祈望"，官名，"当是齐国特设的主管海产品的官员"。[②] 0336玺同文隶为"罜"，刘建峰从之。[③]

董珊先生释0312玺等同文为"同冢"。[④]

王辉先生以为0265玺末字释"冢"，当用其本义；诸玺同文二字释"坰冢"，职略同于墓大夫；又0312玺释为"铅（锴，读为箕）闻（门）坙冢"。[⑤]

许慜慧以为"坕罜"之释读及其具体职掌均待考。[⑥]

二 汇考

诸玺中，除0273玺"□箸坕鈢"仅有"坕"字外，其余均作"坕罜"连文，如此可知：一者，"坕"为"坕罜"之简省；二者，"坕"可单用，只一字即可表其"官"。玺文"坕罜"为官名，此二字前之一字或两字，均为地名。从前贤时彦旧释分歧可见，"坕罜"二字隶定尤为关键，现试释如下。

（一）释"坕"

1. 释字形

为释此字，我们先对旧释略做梳理，大体可分为三类：一者，如隶作"宅""窀"等，认为其上部从"宀"；二者，如隶作"坙""圠"等，认

---

① 裘锡圭：《古文字论集》，第58页。

② 徐在国：《释齐官"祈望"》，香港中文大学中国语言及文学系编《第四届国际中国古文字研讨会论文集》，第565~572页；黄德宽主编《安徽大学汉语言文字研究丛书·徐在国卷》，第60~65页。

③ 盖刘氏认为0336玺与0265玺不同文，见其将0265玺释为"冢"，即认为0336玺该字"从又从网"，而0265玺是字"从宀从冢"，不可信。刘建峰：《战国玺印文字构形分域研究》，博士学位论文，山东大学，2012，第90、101页。

④ 董珊：《战国题铭与工官制度》，博士学位论文，北京大学，2002，第192页。

⑤ 王辉：《秦文字集证》，台北：艺文印书馆，1999；王辉：《古玺印文字杂识（18则）》，《陕西历史博物馆馆刊》第9辑，三秦出版社，2002，第34~40页。

⑥ 许慜慧：《古文字资料中的战国职官研究》，第123~124页。

为其从"土"、从"宀"或"冂";三者,隶作"坙",认为其从"土"从"几"。

　　旧释之异,系因"宀""宀""冂""几"形似,特别是"宀""冂"往往互作。如《三体石经》"网"字作"圖",可见其从"宀"。"守"字从"宀",而金文、陶文亦见其从"冂",如金文守父丁甗作"圖"(《集成》813.1)、守毁作"圖"(《集成》2968.1),陶文"圖"(《陶征》1.75);再如卜辞习见"牢"字平顶作"圖""圖""圖""圖"等。此外,刘建峰认为齐系玺文、金文"宀"部不作尖顶(无上点)而作平顶(两侧直画与横画垂直),若"冂"形者,乃齐文字广泛、特有之构形。他说:"齐系玺文这种构形的独特性表现在两个方面:一是为齐系所独有……除了齐系外,其它诸系均不作此构形;二是这种构形在齐系玺文中非常普遍,查齐系玺文除安字宀作厂形外,其余诸宀部全部作如此构形(齐系宀部之文共有 15 字例,其中 7 例为安字)。齐系宀部不唯玺文作'冂'形,金文也有此例,如《陈喜壶》之客字作'圖',陶文之宦作'圖',可见宀部作'冂'状,应该为战国时期齐文字比较普遍、常见而且独具特点的构形。"[1]

　　我们所论皆齐玺,同文均从"冂",其虽不是"宀"旁,但是可以通过"冂、宀"不分发现玺文的初文。如闻宥先生曾言:"'圖''圖''圖'此字《类编》录为'牢'未言其意。……宥按:此字在卜辞中为地名……其字当为网之别构,《说文》'网从冂,下象网交文。'古文'宀''冂'不分,第以交覆为义,故卜辞从'冂'。'圖''土'则象其纵横交午之文,与'圖'同意。在辞中实孳乳为'罗'字,《汗简》所出古文罗字为'圖',与此全同,可为确证。"[2]闻宥先生所言甚是,下尝试再疏之。首先将隶定为"牢"字之甲骨文、我们所论之玺文,以及金文、陶文所见诸形分列如表 6-1。

---

① 刘建峰:《战国玺印文字构形分域研究》,博士学位论文,山东大学,2012,第 74 页。
② 李圃主编《古文字诂林》(七),上海教育出版社,2002,第 121 页。

表 6-1 甲骨文、金文、陶文和玺文所见 "𡎚" 字构形

甲骨文		金文		玺文		陶文	
〔字〕	《合集》24229	〔字〕	《集成》3608	〔字〕	《玺汇》0312	〔字〕	《新陶录》1097
〔字〕	《合集》29265	〔字〕	《集成》5804	〔字〕	《玺汇》0265	〔字〕	《新陶录》0716
〔字〕	《合集》27920	〔字〕	《近二》117	〔字〕	《玺汇》0273	〔字〕	《新陶录》0713
〔字〕	《合集》30274	〔字〕	《历款》1	〔字〕	《玺汇》0334	〔字〕	《新陶录》1097
〔字〕	《屯》2751			〔字〕	《玺汇》0336	〔字〕	《新陶录》3.393
〔字〕	《合集》30161			〔字〕	《玺汇》2286	〔字〕	《陶征》3.596
〔字〕	《合集》29249			〔字〕	《玺汇》1229	〔字〕	《陶录》2.339.3
〔字〕	《合集》29620			〔字〕	《玺典》3368	〔字〕	《陶录》2.748.4
〔字〕	《合集》29261			〔字〕	《辑存》10	〔字〕	《历博》燕20
〔字〕	《合集》37733					〔字〕	《历博》燕48
						〔字〕	《陶录》4.58.3

表 6-1 所列诸形可见，甲文、金文诸形上部均作锐顶，似从 "宀"，下部从 "❀、❁、❂、❃、❄" 等形。玺文、陶文诸形上部所从均作平顶，从 "冂"，亦有作 "冈" 者，[1]此形似 "八" 形两笔与 "冂" 或连或不连，下部所从作 "土"，或 "土"。[2]按甲文、金文、玺文、陶文诸形虽略有一点不同，然实则均为一字；诸形下部所从有 "异" 之处，正为其 "互作相通" 之处。

甲骨文 "网" 字有从 "糸" 一形作 "𦇚"，省体作 "𥁕"，旧不识，于省吾先生隶作 "𥁕"，释 "网"，并指出："'𥁕'字上从'⋈'即网字的

---

① 《玺汇》0251、1554、5386、3961 玺同文若 "𩹆" 者，多释为 "乘"，系其与《说文·桀部》谓 "古文乘从几，作'𣗥'" 可合；系由此，诸贤乃认为《玺汇》1229、2286 玺同文若 "𥎩" 者，其 "冈" 亦是 "几" 字，认为其 "从土从几"，隶作 "𡊋" 或 "圿"。值得注意的是，如吴振武先生所言 "'𥎩'字皆出于燕玺，陶文所见若此者，亦出于燕系；此与我们所论齐系古玺诸钮同文字形及齐系陶文字形相较，暂不见从 "八" 形，就此而言，一者其即同 "网省" 若 "冂" 者，二则其即是燕系之 "几" 字，我们以为前者为是。引文参见吴振武《〈古玺文编〉校订》，第 221 页。

② 旧释认为此为 "土" 旁。

初文，下从'ξ'即'糸'字的省文。"① 于先生所言极是，在甲文、金文、玺文中"糸"字作为构件成字时，省作"ξ"或作"δ"者常见。"网"，《说文·网部》或体作"羉"，其从"网"从"糸"，当是"𦉫"之分化字，其缀加了声符"亡"。又《汗简》"罗"字作"䍜"、《古文四声韵》引王庶子碑"罗"作"𦉪"、引华岳碑"罗"作"𦉫""𦉨"，可见诸形上部所从形似"宀"者实则均为"冂"，下部皆为"糸"。

如上可知，上部从"冂"下从"糸"之"网（罗）"字，自甲骨文至《说文》、汉魏碑刻古文一脉相传。"糸"字，《说文·糸部》："细丝也。象束丝之形。""羅（罗）"字，《说文》"以丝罟鸟也"。古人织网无非麻丝（绳）之属，故"网"字从"糸"。由"网"分化出"罗"字，有如闻宥先生云："古文之网，既有网作'䍩'诸体，而其义亦兼通捕鱼捕鸟诸事，一形数读，为事不便；后世分析渐细，乃缀'隹'以别之，而缀者不察，误将'δ''ΧΧ'两体并存，遂成'羅（罗）'字。"②

按"δ""ΧΧ"两形皆表"交"意，而"冂"表网之"覆"意，合之则成其"交覆"义。上列玺文、陶文所见作"𦉪"者，当是由"⋈（▨）"之"×"形下移而讹变为"八"形，"八"形两笔与"冂"两垂笔或连或不连，可见其讹变痕迹。再者，"糸"省作"δ"，象网之交午"网格"之形，其表"交"意，亦可从其与"午"字同形来证。甲骨文"午"字作"δ""𠂤""𠂤"等形，可见"午"之第一形即与"糸"（省体）同形。古文中此种情况多见，如"𝔇"既是"月"字又是"夕"字，"𦏆"既是"受"字又是"授"字，"𣲗"既是"永"字又是"辰"字，此种一形多用的现象，裘锡圭先生将其归结为"同为表意字的同形字"，他说："在早期的汉字里，一形多用曾经是相当普遍的一种现象，而且这种现象通常是存在于同时同地的文字里。"③ 这种情况，刘钊先生称为"形近易混"，即"一个形体代表两个词，这种现象在早期文字中是存在的"，且刘先生讨论了不少字例，如"月、夕""月、肉""肉、口""田、

---

① 于省吾：《甲骨文字释林》，第 269 页。
② 李圃主编《古文字诂林》（七），第 122 页。
③ 裘锡圭：《文字学概要》，第 205 页。

周""三、乞""正、足""王、玉"等。①这些字例与我们所论"系、午"相较来看，当是"月、夕"最类似，系因它们都属于"形同义通"一类。

如上，表"系"的"⽊"和表"午"的"⽊"，同一个形体代表两个词，"形同义通"遂常常互作。如此，则卜辞之"⿱"既然可隶作"牢"，当然也可以隶作"宷"；又因上揭"宀""冂"可互作来看，"⿱"当是"⿱"之别体，亦即"网"字。值得注意的是，甲骨文"午"字除作"⽊"外，亦作"⼁""⼁"；系因"⽊"一形可代表"糸、午"，同理，遂造成"三形体代表两个词"，亦即二词（"糸、午"）三形（"⽊、⼁、⼁"）往往互作。

如"㝈"字，见《说文·大部》："奚，从大，㝈省声。㝈，籀文系字。"㝈，从"爪"从"絲"。其甲骨文作"⿰⿰⿰⿰⿰⿰"（《类纂》3173），可见"㝈"字诸形所从"糸"，作"⽊""⼁"两形。闻宥先生云："按'⽊''⼁'皆象交午之形（'⽊'与'⼁'同，古文空白填实任意作之也……），《仪礼》注所谓'一纵一横曰午'是也，其作'⽊''⼁'者，又通为象约束麻丝之形，以要束必交午始成，而要束之事，又莫著于麻丝也；其字后来孳乳为'糸'字，此观于《说文》'糸'之古文作'⽊'（《殷墟书契》卷七第三十五页有'午'作'⽊'与此全同）而可知也。古'糸''系'字又不分，以'糸'象约束，本有'系'义，而'⼃'字卜文金文皆无之，当是后来所加之偏旁，许君不达，误析为二……此观卜文孙之作'⿰'而又可知也。"②

闻宥先生所言甚确。如"孙"字，古玺文所见其从"糸""幺"，如"⿰"（《玺汇》1516）、"⿰"（《玺汇》3893）、"⿰"（《玺汇》3980）等；亦有从"⼁"形者，如"⿰"（《玺汇》1539）、"⿰"（《玺汇》1521）、"⿰"（《玺汇》1525）等。③此形"⼁"主笔为一竖，或正或左斜作，竖笔上部皆与"子"之中画相接，竖笔中部或加"点"或加"短横"，成"⼁"或"⼁"形。细究而言，"⼁"之竖笔上部与"子"之中画相接作"⿰"者，当是"午"字作"⼁"形之省变，竖笔中部或加"点"或加"短横"，作"⼁""⼁"者，似为"十"形。《仪礼·大射》"度尺而

---

① 刘钊：《古文字构形学（修订本）》，第149~156页。
② 闻宥：《殷墟文字孳乳研究》，于省吾主编《甲骨文字诂林》第4册，第3180页。
③ 如《玺汇》1522、1523、1528、1530、1532、1536、1537、1538等玺之"孙"字皆从"⼁"。

午"，郑玄云："一纵一横曰午。"可知，"午"乃射箭所履之地的标识，即"十"形。故玺文"孙"之所从"†""†"，可隶作"午"。"孙"，《说文·系部》："子之子曰孙。从子从系。系，续也。""系"，小篆作"𥾝"；"糸"，小篆作"糸"。如上揭闻宥先生以为"糸"有"系"义，二者不分，又林义光《文源》卷十云："孙，从子、糸，糸亦系属之义。"[1] 赵学清先生云："甲骨文作'𢆶''𢆶'，当为'糸'之初文。"[2] 可见，《说文》云"孙"从"系"当亦由"糸"而来。如此，玺文"𦭖"（孙）[3] 所从之"†"，乃"午、糸"互作所致。

类似的情况，再如"缾（瓶）"字。因"缶"字从"午"，且从"午"得声。[4] "缾"字从"缶"，其玺文作"𡎙"（《玺汇》0720）、"𦉢"（《玺汇》2567），楚简文作"𡎙"（《信阳》2.21）、"𡎙"（《信阳》2.14）。直观"缾"字诸形皆从"土"，隶定之即"坢"，实则皆从"午"。要之，此四形所从，当是分步替换而来：第一步，"缶"字省作"午"；第二步，"午"之"†"形讹作"土"，作"†""土"形（如简文"𡎙"）；第三步，土之"土"形再易作"土"形（如玺文"𦉢"）。这种情况与我们所论诸玺同文"𤲃""𤲃"所从之"土"同理。

如上，因"𢆶"一形可代表"糸、午"，又因二字"交午"之义相同，遂在甲骨文中往往"三形（𢆶、𢆶、†）示两词"。后至战国古文，如上揭玺文"孙"字，又玺文、简文"缾"字来看，"糸、午"在作为偏旁时常互作。

关于甲骨文"午"字数形"𢆶、𢆶、†"之关系，李孝定先生云："契文作上出诸形，当以'𢆶'者为初文，作'𢆶'者画其匡廓耳。作'†'者则由小点衍为横划为文字衍变通例，亦金文小篆作'午'若'午'者所自仿，其初义若何不可据知。……午有交午之义，盖由字形作'𢆶'得之，

---

[1] 林义光：《文源》，第203~204页。

[2] 赵学清：《说文部首通解》，中华书局，2019，第112页。

[3] 刘钊先生认为"孙"字从系不从系。于"孙"字作"𦭖"形，其从吴振武先生释，即以为其乃从"针"得声，如上所揭，我们以为或非是。刘钊：《古文字构形学（修订本）》，第90页。

[4] 李孝定：《金文诂林读后记》，台北：中研院历史语言研究所，1982，第208~209页。

卜辞皆用为支名,无他义。"①卜辞中"午"之"诸形"同版出现者常见,可见"一字多形"为卜辞刻写惯例,即殷商之际"午"字作"♦",古人不会识为"土",如上列之甲骨文"▨""▨"。至战国时期,再将"午"字作"↑",则容易理解为"形近讹混"。

由上可知,作为构件成字时,"糸"之"8、↓、↑"往往互作,综合闻宥和李孝定先生所论,此三形之关系可理解为:"8、↓"皆象交午之形,"交"义同,前者镂空作,后者填实作,成字不分先后;由"↓"而"↑",乃"小点衍为横划"之通例。另外,"午"亦作"个",遂将此形亦皆借以示"糸",如前揭金文"▨"。如此,则"糸、午"二字四形"8、↓、↑、个"互作。

分析看来,"緐"字和"孙"字诸形,主要系由"糸"之"8、↓"互作而成;而"鉼"数形,主要系由"午"之"↑、个"互作而成;而我们所论之甲骨文"▨""▨"、金文"▨""▨"、玺文"▨""▨"、陶文"▨""▨""▨"等诸形,系由"糸、午"之"8、↓、↑、个"互作而成;即甲骨文作"▨""▨"者,从"糸(午)"之"8""↑";金文作"▨""▨"者,从"糸(午)"之"个""↑";古玺文作"▨""▨"者,从"糸(午)"之"↑""↓";②陶文作"▨""▨""▨"③者,从"糸(午)"之"↑""个"。

故,上揭甲骨文"▨""▨"、金文"▨""▨"、玺文"▨""▨"、陶文"▨""▨""▨"等皆是一字,可隶作三形:絫、𢁡、呈。我们以玺文隶定体"呈"为标准形进行讨论。

玺文"呈",即"网"。《玉篇·网部》"罟"字,训"鱼网"。《甲骨文字诂林》释"网"按语云:"《广韵》及《太平御览》引《说文》网'庖羲所结绳以田以渔也,从冂,下象网交文也'。……王筠《释例》云:'网字全体象形,说曰从冂,非也'。王说与古文字形体合。"④王筠

---

① 于省吾主编《甲骨文字诂林》第4册,第3180页。
② 仍需说明的是,午之"↑""↓"二形之间,最为近似,然其之间之转化,乃一竖上置二原点作"↑",或是一竖上置二短横作"↓",作一竖上置一原点一短横作"↓"者少;而玺文所从似"土"之形即作"土",此即与上文所论"鉼"字者从"午"同一理,系先由"午"之"↑"至"土"形,而土又作"土",再以土之"土"形(如《玺汇》1666、2837玺)易"↓"形(如《玺汇》1662、1664玺)而成。
③ 该形"▨"比较特殊,其当是"个"之上弧笔与"ᴖ"(冂)重合所成。该字徐在国先生隶作"坕"。徐在国编《新出齐陶文图录》(五),学苑出版社,2014,第895页(0176号)。
④ 于省吾主编《甲骨文字诂林》第4册,第2832页。

所言可信。即我们所论之"冂"并非《说文》所言之"冂",实为"网"省,因从"午"已有交意,故只作"冂"表"覆"意,玺文"罒"者当为"网"之分化字中最为简省者。

以下再讨论该字在甲骨文、金文、陶文等中的辞例问题。

2. 释辞例

（1）甲骨文辞例

"罒"在卜辞中,多示地名。如:

辛□（卜）,□贞:（王其）步（于）罒□商,（亡）灾。（《合集》24229）

王叀罒田不冓雨。吉。（《合集》29248）

叀罒田亡戋。（《合集》29260）

□□卜,在罒彝。（《合集》29261）

可见,商王在"罒"地,或畋猎,或祭祀。赵诚先生云:"根据记载,商王到'牢'地田猎的卜辞有三十多条,可见经常去。很可能'牢'地是大邑商附近的一个田猎区。"[1] 另,"罒"在卜辞中,疑亦有不作地名者。如下:

癸丑卜,乙王其田罒,湄日亡（戋）。大吉。（《合集》29249）

王其田罒執,湄日亡戋。（《合集》29250）

贞:翌日,王其田罒,湄日不雨。（《合集》29263）

前例数条卜辞,其作"罒田",而此三条中其作"田罒",按"王叀罒田"是移位句,宾语前置,常然句是"王田罒",故辞意亦可理解为商王在"罒地"畋猎。又数条卜辞"罒"或为事网捕之官名。如下:

甲子卜,□。

---

① 赵诚编著《甲骨文简明词典》,第 110 页。

于罶亡弐。

于盂亡弐。

于向亡弐。

呈犬□告，王其从，亡弐。禽。（《合集》27920）

弜□，其每。

叀呈犬言从弗每。

其每。（《合集》27923）

庚☒呈犬☒。

禽。（《合集》27924）

按卜辞犬多用作牲，亦为方国名及人名。卜辞又以犬为职官名，陈梦家先生说："犬本为饲猎犬之官，进而为田狩之官，亦参加征伐事（《综述》五一四）。《存》二·八二一：盂犬告鹿，其从，禽？谓盂地司田猎之官告其有鹿，占问前往能否擒获。"[①]上列数条卜辞之"呈犬"，当即是职官名，如卜辞："呈犬□告，王其从，亡弐。禽。"即可理解为"呈"乃示地，即是说"呈地"畋猎之官告其有□（鹿等）；亦可理解为"网捕"，即司"网捕田狩"之官告其有□（鹿等）。下继看几条卜辞：

今日丁酉卜，王其窆麓僡，弗每。（《合集》30268）

于僡，弗每。（《合集》30278）

于僡。吉。（《合集》30280）

于盂僡，不雨。（《合集》30271）

王其乍僡于旅□邑□受☒。（《合集》30267）

僡呈亡灾。（《合集》30274）

☒其寻呈（僡）。（《合集》30275）

"僡"字，李孝定先生说："从土从俑，《说文》所无，鲁氏以为'塞'字音虽相近而形则相远。卜辞每云，'在某地名僡'、'乍僡'亦

---

① 于省吾主编《甲骨文字诂林》第2册，第1555~1556页。

无以证其为'塞'字。今仍就字形隶定作'僵',以为《说文》所无字。"[1]上列数条卜辞,第一条之"麓僵",赵诚先生说是地名。[2]第二、三条当亦是。第四、五条当是李孝定先生所言之"在某地名僵"和"乍僵"的用法。而第六条之"僵罒"和第七条之"罒(僵)",或"罒"为地名,或"僵"为地名,若为前者,则"罒"即有"网捕"意。按于省吾先生《释"累狄"》列举数条卜辞:

> 于霣累狄。
>
> 其累狄,才宰。
>
> 于僵累□狄。(《粹》1196)

对于此辞文,于省吾先生云:"此骨上下文已残。霣、宰、僵三者都是地名。狄字典籍通作偓。……总之,前引三段甲骨文,是占卜在哪个地方网兽之辞。'累狄'即'网偓',指网的偓仆以获兽言之。"[3]此三段辞文,"网"作"累"及"僵累"成词的用法极为重要,一者正可互证"累""累""罒""罒"皆为"网"字,二者亦可互证"僵累""僵罒"之"僵"皆为地名。即,前引卜辞"僵罒亡灾""其寻罒(僵)"皆是指在"僵地"进行"网捕"获兽。赵诚先生说:"'罒',网。或写作'罒',构形之意同,皆象张网之形,当为捕兽之网。卜辞用其本义……甲骨文还有一个'罒'字,可隶定作'罔'。从字形看,应该是网字的初形,但卜辞均用为动词。"[4]可见,"罒"示"网捕"正是"网"做动词的常态用法。

如上,"罒"在甲骨文中,用以示地、示官(网狩之官)、示事(网捕之事)。

(2)金文辞例

"罒"在金文中,作人名,或官名。如:

---

① 于省吾主编《甲骨文字诂林》第4册,第3135页。

② 赵诚编著《甲骨文简明词典》,第348页。

③ 于省吾:《甲骨文字释林》,第269~270页。

④ 赵诚编著《甲骨文简明词典》,第225页。

　　宀犬作父丁簋：宀犬作父丁鐈（饙）彝。（《集成》3608）
　　宀作父辛尊：宀作父辛旅。（《集成》5804）
　　犬宀册瓵：犬宀册作父己尊彝。（《近二》117）

　　上列金文"宀"作""""""，前贤均隶作"宁"。该字亦有下部所从似"土"者，如祖辛作宝尊彝"宀"字作""（《历代钟鼎彝器款识法帖》卷三）。

图6-2　祖辛作宝尊彝

　　"宀"字，《金文诂林》亦隶作"宁"，云："林洁明曰：'按字从宀从午，《说文》所无，金文用作人名，义不可知。'"[1] 又陈梦家先生云："郭沫若考释《粹》九三五[2]云：'犬中盖犬人之官名中者，《周礼》秋官有犬人职'。西周金文师晨鼎'官犬'次于小臣、善夫之后，郭氏亦释作犬人之官。这是正确的。我们以为武丁卜辞的多犬和乙辛卜辞的犬某都是犬人之官。"[3] 前引卜辞，既有"宀犬"之官，可能是司"宀地"畋猎之官，或是司"网捕田狩"之官。至此，在金文中，亦见"宀犬"连文，此中之"宀"，当作何解？我们认为有四种情况：第一，或同《粹》九三五辞"犬中"之"中"，乃官名"宀"者；第二，亦是地名，谓

---

① 周法高主编，张日昇、徐芷仪、林洁明编纂《金文诂林》第7卷，香港：香港中文大学出版社，1975，第4731页。
② 辞曰："戊辰卜，在凄，犬中告麋，王其射，亡戋？禽？"
③ 陈梦家：《殷虚卜辞综述》，第514页。

"罟地"之犬官；第三，"罟犬"（或"犬罟"）均属"犬某"，皆为犬人之官；第四，又罟作父辛尊可见，"罟"可单作，或人名，或亦为官名，司"网狩"之事。

（3）陶文辞例

"罟"在齐陶文中，为人名。如：

王卒左敀城圆（阳）櫨（枦）里罟。（《陶征》3.500、3.501）

图 6-3 王卒左敀城圆（阳）櫨（枦）里罟

城圆（阳）罟（枦）里罟。（《陶征》3.514~516）

城圆（阳）罟。（《陶征》3.528、3.529）

楚郭巷关里罟。（《陶征》3.374）

关里罟。（《陶征》3.380~397）

子衽里人罟。（《陶征》3.490）

豆里罟。（《陶征》3.592~603）

南里罟。（《陶征》3.669）

罟。（《陶征》3.1333）

上列诸陶文（字形见表6-1），末一字均为"罟"字。

"里"在陶文中习见，乃齐国基层一级建制，亦是陶工之聚居区；"城阳"在临淄城北；[①]"枦里"当同"杨里"，即以"里"中所植树木而

---

① 王恩田：《齐国地名陶文考》，《考古与文物》1996 年第 4 期。

得名，枦树即黄枦。① "豆"与"区、釜、钟"等均为齐量器。王恩田先生认为"'豆里'者，为生产豆的场家荟萃之地"。②

"王卒③+左敀（或右敀）+某里某"乃陶文固有格式之一，末一字为"五""罒""定""土"等。如前揭，我们释"敀"读"局"，陶文"王卒左敀城圎（阳）橺（枦）里罒"④即齐王室"王卒左局"所辖"城阳枦里"烧制之陶，主造陶工为"罒"。诸如"子祪里人罒""豆里罒"等陶文，当属民营制陶业产品，其陶文格式属"某里人某"和"某里某"类陶业工匠记名之固有格式。

《陶汇》所见齐陶文中，陶者名作"罒"者共41见，分属于9个"里"中。论来：第一，诸"里"之"罒"者，属同名，当不是一人；第二，齐陶文、玺文中50余次见此"罒"字，可知其在当时当为常用字，有广泛的"用字基础"。⑤

结合前疏，"罒"字在甲骨文中，用以示地、示官（网狩之官）、示事（网捕之事）；其在金文中，用作人名或官名；在齐陶文中广泛用作人名；同理，其在玺文中亦可用作人名或官名。以玺验之，其用作私名者，如《玺汇》2286、1229玺。我们所论诸玺，其用作官名。

以上，我们疏释了"罒"在甲文、金文、陶文中的有关情况，其在玺文中"示官"，下结合同文第二字讨论其具体之"官名"与"职责"。

---

① 参见李零《齐、燕、邾、滕陶文的分类与题铭格式——新编全本〈季木藏陶〉介绍》，《管子学刊》1990年第1期。

② 王恩田：《齐国地名陶文考》，《考古与文物》1996年第4期，第46页。

③ 许淑珍先生认为："'王卒左敀'中的'王卒'是制陶业主具有可以从军打仗的身份。'左敀'是军中编制。表明'五'这位民营制陶业主具有双重身份。"见许淑珍《齐国陶文的几个问题》，谢治秀主编《齐鲁文博·山东省首届文物科学报告月文集》，齐鲁书社，2002，第143页。

④ 对于陶文"王卒左敀城圎（阳）橺（枦）里罒"一类，孙敬明先生将其定为官营制陶业品，认为"王卒"即齐王统属之卒伍兵士，他们"平时生产，战时从戎"，既是陶工，又是兵士。参见孙敬明、李剑、张龙海《临淄齐故城内外新发现的陶文》，《文物》1988年第2期。

⑤ 论来，"罒"字于卜辞常见，示"网捕"等平常之事，此义一直沿袭至战国，故在陶文、玺文中成为示名、示官之"常用字"。

（二）释"罒"

诸形同文第二字作"▨"（《玺汇》0312）、作"罒"（《玺汇》0336）等，其从"网"从"又"，当隶作"罒"，乃"网"之异体。除0273玺"□箸罒鉨"只有"罒"字外，其余均作"罒罒"连文。如前所释"罒"乃"网"之异体，我们以为"罒罒"当读为"罗网"，且"罒罒"连文，均从"冂"，并非偶作。

（三）"罒罒"读"罗网"

"罒罒"可读作"罗网"，其职即《周礼》夏官之"罗氏"。

如前揭，闻宥先生认为"▨、▨、▨"为"网"字异体，后孳乳为"罗"，所言甚是。《说文·网》："羅（罗），以丝罒鸟也。从网从维。"从上揭甲骨文、金文辞例所见，"▨"本有"网狩"之义，用网狩猎可以捕兽、捕鱼，当然也可以捕鸟。即玺文"罒"，亦可读为"罗"。[①]正如孙诒让云："析言之，则罗专为捕鸟之罔；通言之，则凡罔并得称罗，大司马云'罗弊'是也。"[②]另外，就字形而言，玺文"罒"所从之"冂"示"覆"意，所从之"十"示"交"义，其与甲骨文"▨"示"网"义一脉相承。上揭传抄古文"罗"字数形"▨""▨""▨""▨"，可为确证。

《周礼·夏官》："罗氏，掌罗乌鸟。蜡，则作罗襦。中春，罗春鸟，献鸠以养国老，行羽物。"郑司农云："蜡，谓十二月大祭万物也。《郊特牲》曰：'天子大蜡，谓岁十二月，合聚万物而索飨之。'襦，细密之罗。"郑玄谓："蜡，建亥之月，此时火伏，蛰者毕矣，豺既祭兽，可以罗罔围取禽也。《王制》曰'豺祭兽，然后田'，又曰'昆虫已蛰，可以火田'。今俗放火张罗，其遗教。……春鸟，蛰而始出者，若今南郡黄雀之属。"[③]官"罗氏"又同"大罗氏"，《礼记·郊特牲》云："大罗氏，天子之掌鸟兽者也，诸侯贡属焉。草笠而至，尊野服也。罗氏致鹿

[①] 又从"网"之字，如《说文·网部》："罝，兔网也。"《说文·网部》："罜，鱼罒也。"《玉篇·网部》："罞，麋罒也。"可见，"网"之义后世所分渐细。然"罗"义又不同于其他字，如"天罗地网"即将"天地""罗网"对言。

[②] 孙诒让：《周礼正义》，第2713页。

[③] 孙诒让：《周礼正义》，第2450页。

与女，而诏客告也。以戒诸侯曰：'好田、好女者亡其国。天子树瓜华，不敛藏之种也。'"又《礼记·月令》："季春之月，田猎罝罘、罗网、毕翳、喂兽之药，毋出九门。"《桓子新论》曰："鹰鹯鸷鸟，而罗氏教之猎。"可见，罗氏所司职事大致有四。

第一，掌管用罗网捕捉鸟雀等事。即蜡祭之后，用细密的网捕鸟；仲春时捕惊蛰后始出的黄雀之类，进献鸠鸟行养国老礼，禽赐众官。

第二，掌管禁捕之事。罗氏虽在仲春二月捕鸟兽，但在季春三月鸟兽正在孵乳之时，需要禁捕，即"凡打猎所用的捕兽网、捕鸟网、长柄抄网、猎人掩蔽用具、毒害鸟兽药品，一律不准携出各处城门"。[1]

第三，掌管诸侯进献鸟兽等事。其掌受贡，并代天子行赐、宣告诏令（好田、好女者亡其国，勿贪恋财货，敛聚囤积，与民争利）。

第四，训练鹰鸷等猛禽，以助罗捕。

"罗氏"，《周礼·夏官司马》云："下士一人，徒八人。"可见，其人数不多，官职不高，但颇受朝廷倚重，其上可代天子受贡行赐宣诏，下可司禁网、训鸷、捕鸟。

罗氏所掌之事，当是随"礼"而行，如前述《周礼》："中春，罗春鸟，献鸠以养国老。"郑玄注曰："是时鹰化为鸠。鸠与春鸟变旧为新，宜以养老助生气。"《礼记·月令》："（仲秋之月）养衰老，授几杖，行糜粥饮食。"《礼记·郊特牲》："春飨孤子，秋食耆老。"孙诒让疏云："此中春养国老，即春入学合舞时之养老。《月令》仲秋养衰老及《郊特牲》秋食耆老，即秋颁学合声时之养老。盖春养用飨礼，秋养用食礼，即所谓周兼修三代之礼也。……《吕氏春秋·仲秋纪》高注云：'礼，大罗氏掌献鸠杖以养。'疑傅会此经献鸠为鸠杖，不为典要也。"[2]按周制，当有罗氏献鸠行养国老礼（献鸠授几杖），而至汉代则易为"献鸠杖"，汉《风俗通义》云："周官罗氏：'献鸠养老。'汉无罗氏，故作鸠杖以扶老。"[3]据学者统计，在江苏丹徒、浙江绍兴、湖北荆门、山东曲

---

① 王文锦：《礼记译解》，第 207 页。
② 孙诒让：《周礼正义》，第 2954 页。
③ 应劭：《风俗通义》，王利器校注，中华书局，1981，第 606 页。

阜、陕西西安等地均出土有春秋战国鸠杖（首），^①正为"罗氏"献鸠以行养老礼之物证。

"罗氏"之官名及所掌职事，皆因"罗鸟"而来。《尔雅·释器》："鸟罟谓之罗。"郭注云："谓罗络之。"《诗·王风·兔爰》毛传云："鸟网为罗。"孔疏引李巡云："鸟飞，张网以罗之。"《诗·王风·兔爰》："雉离于罗。"孙诒让云："凡捕鸟、捕兽、捕鱼，并有用罔，此官专掌捕鸟，故以罗氏名官"。^②又汉桓宽《盐铁论·通有篇》谓："罗人'设机陷，求犀象；张网罗，求翚翠'。"故"张网以罗鸟"盖"罗氏"之本义。有鉴于此，在玺文中均作"罗网"。下结合相关玺印，具体论之。

三 释玺义

《玺汇》0312"鉊（箕）闻（门）罒（罗）罭（网）"、0334"邪门罒（罗）罭（网）"。0312 玺首字，曹锦炎先生释"鉊（锜）"，读作"箕"，即箕邑，"地在今山东莒县北，县名因箕水而得名"。^③0334 玺首字，何琳仪先生释"邪"，^④疑即"琅邪"之"邪"，亦作"琅琊"，地在今山东胶南西南海滨。

此二玺作"某门罗网"，正可与《礼记·月令》"（季春之月）田猎置罘、罗网、毕翳、喂兽之药，毋出九门"交相互证。旧释说"某门"为齐国之地名，今释"罗网"即"罗氏"，可知玺文"某门"乃指"某地之城门"；"某门罗网"玺即季春三月齐地"箕邑""琅邪"掌禁止各种罗网、猎具、毒药携出各城门之官印。是知，此二玺为门、关"查检"专用玺。于此类古玺，有如叶其峰先生言："玺节虽非门、关所制，但它作为门、关查检往来货物的凭证，也可以认为它是门、关官署用玺的一种，是特殊的门关官署玺。"^⑤

《玺汇》0265"郕（夜）罒（罗）罭（网）鈢"、0336"武弜（强）

① 郭浩：《汉代王杖制度若干问题考辨》，《史学集刊》2008 年第 3 期。
② 孙诒让：《周礼正义》，第 2713 页。
③ 曹锦炎：《古玺通论》，第 133、126 页。
④ 何琳仪：《战国古文字典》，第 512 页。
⑤ 叶其峰：《古玺印通论》，第 17 页。

㠱（罗）罭（网）鉨"、0273"囗筈㠱（罗）鉨"，《玺典》3368"武平㠱（罗）罭（网）"。玺文"罗网"前均是齐国地名。

0265玺首字，[①]吴振武先生释"邪"，乃"夜邑"之"夜"的古写，其地在今山东省掖县。[②]

0336玺首字为"武"，第二字作"㡌"，裘锡圭先生释为"武强"，他说："西汉时为侯邑，故城在今河北省武强县附近。"[③]吴振武先生从裘锡圭先生释，另认为"武强"之地亦可能"在今山东省邹平县东长山，南朝宋置县，战国时在齐境内"。[④]我们以为其地另有其他，如胡三省："《五代志》曰'齐废郡为武强县，至隋，属信都郡'。"[⑤]隋之"信都郡"，即今在今河北省冀州区一带，战国时期属齐境。

0273玺首字，徐在国先生释"劂"，认为其从"穴""劂"声，他说："劂，地名。《春秋公羊传·成公六年》：'劂者何？朱娄之邑也。'其地王献唐先生怀疑在山东邹县附近，战国时应属齐。"[⑥]第二字，《玺典》释为"筈"。[⑦]

《玺典》3368玺首二字为"武平"。疑其地即"武强"、武邑县附近。

如上，诸玺同文二字读作"罗网"，职同周官"罗氏"，掌"网捕""禁捕""训练猛禽""代天子受贡"等事。《玺汇》0265、0336、0273玺和《玺典》3368玺，即齐地"夜邑""武强""囗筈邑""武平"职掌"罗鸟网捕"等事之官玺。

韩天衡、孙慰祖先生的《古玉印精萃》辑有一印（见图版⑩），[⑧]吴振武先生释为"田帀（师）宝囗"，认为"宝"读作"幂"，其与《周

---

① 此字陈介祺曾释为"麦"。参见丁佛言《说文古籀补补》，第25页。

② 吴振武：《〈古玺汇编〉释文订补及分类修订》，常宗豪主编《古文字学论集（初编）》，第490页。

③ 参见李家浩《战国邙布考》，《古文字研究》第3辑，中华书局，1980，第163页；裘锡圭《古文字论集》，第58页。

④ 吴振武：《齐官"宝冢"考》，吴荣曾主编《尽心集——张政烺先生八十庆寿论文集》，第153页。

⑤ 司马光：《资治通鉴》卷一六七，高祖武皇帝二年，第5180页。

⑥ 徐在国：《释齐官"祈望"》，香港中文大学中国语言及文学系编《第四届国际中国古文字研讨会论文集》，第565~572页。

⑦ 徐畅编著《古玺印图典》，第174页。

⑧ 韩天衡、孙慰祖编订《古玉印精萃》，第7页。

礼》之"冥氏"相当,职"管捕捉禽兽"。因末一字残损严重,吴先生认为可能是"罞",该字见《篇海》,音"蒙",训"覆网"。玺文即"田币(师)罜罞",吴先生说:"'罜罞'看成是田师的属官……'田师'(同《周礼》之'甸师')解释为'主共野物官之长'。"[①]我们以为,此玺可释作"田币罜(罗)罞(网)","田师"职掌畋猎,"罗网"职掌网捕,此玺正是商之"犬罜"、周之"犬罜"等官之沿袭。

---

① 吴振武:《齐官"罜罞"考》,吴荣曾主编《尽心集——张政烺先生八十庆寿论文集》,第154~159页。

余　论

一　古玺文异释概说

（一）关于"异释"的认识

我们既然以"异释"为题，那么就要回答何为"异释"，如何看待"异释"等问题。

异释，顾名思义，即不同之解释。古玺文异释，即对于某一"古玺文"在形、音、义等方面存在若干种不同的释法。

著名古文字学家于省吾先生，一贯提倡"以形为主"的考释方法。对于此种方法，林沄先生认为："其实质就是在考释古文字时，把客观存在的字形作为主要出发点。也就是说，把研究的基点放在找出不识的古文字跟已识的字在字形上的联系。根据确定无疑的字形联系，才可以从本来已识之字的音和义而推知本来不识的古文字的音和义。当然，提倡'以形为主'并不否定辞例在考释古文字中的作用。只是主张在考虑问题时把字形放在第一位。"①"辞例"一般包括"字形"及其"文句"出处；对于古玺文考释而言，即是印面文字，内容大致就是官名、职事、地名、人名等，这样即圈定了一个范围，但是由于对构形理解上的不同，释读仍然存在多种可能性。正如林沄先生曾指出："某个未识之字往往可以发现跟不止一个已识之字在字形上都有一定的相同之处。从而跟不止一个已识的字都可以说有字形上的联系。因此，从文

---

① 林沄：《古文字研究简论》，吉林大学出版社，1986，第37页。

字联系的观点看，未识的古文字究竟是什么字，也往往不是只有一种可能性。"① 这样说来，倘从"以形为主"出发，学者因认识不同，单就"字形"一方面，即会产生种种可能性。如此，古玺文"异释"至少包括以下三个层面。

第一，对古玺文"隶定"不同。此一差异是对"字形"认识不同导致。

第二，隶定相同，然"声读"不同；隶定不同，"声读"亦不同。此一差异是对"字音""字义""字源""字用"等认识不同导致。

第三，对玺文所涉之"地域系分""官私之别""官吏官名""执掌职责""地望所在"等认识不同，导致种种释说。

考释古玺文，周到而稳妥的做法当然是从"形、音、义"三方面来考虑，但是反过来看，造成"异释"也是由此三点而起，特别表现在"形"之一面。造成"异释"之字，往往都是疑难字，以之为"古奥"。说它"古"系因有两千余年时间之隔，言之"奥"系因在战国时期既已"文字异形"，即纵向对比传统系联性弱，横向对比差异性较大。某些字形可能仅存于某一古玺，亦不见于其他战国文字材料，即可资参照的对象极其有限；加之古玺之"凭信"的本质要求，其文字自体现出某种"独有个性"，亦要兼顾"难以伪造""印面狭小""审美取向"等其他因素。纵然难识，但玺文之"形"客观存在，我们"未识"的部分主要在于不知其"形"对应的是哪个已识字？其所代表的"音、义"是什么？欲知其"音、义"，又必由已识字之"音、义"去求，即由"形"之"歧"种种，叠加"音、义"之"歧"再种种，则异释纷纭。

（二）对待"异释"的态度

陈世辉、汤余惠先生《古文字学概要》指出："古玺文字如同他种战国文字一样，形体变化多端。同一形体往往存在若干种释法的可能。加之玺印（尤其是私名玺）大多无文义、文例可循，不容易得到辞义方面的验证。所以有些在文字形体上似乎说得过去的看法，一时还难以被

---

① 林沄：《古文字研究简论》，第39页。

人们所接受。将来出土的古文字材料多了，或许可以得到验证。"① 陈、汤二先生所言，是就古玺文字整体而言，推及古玺"异释"文字，更是如此。系因"难识"导致种种可能性，借由此"种种可能性"尝试出"种种释说"，借助考古发掘等新资料，或在旧资料中有所新发现，以此继之，以更多有益之"尝试"，终及真相。

既然古玺文存在"难识"之字实属客观存在，那么相对应之"异释"众多亦属自然，当客观对待。

二 古玺文"异释"汇考理论浅识

本部分所论，是结合旧释所归结的一些粗浅认识，包括古玺文"异释"考释的有关方法和思路。

（一）"异中求同"和"同中求异"

"异释"汇考实质上多在于"异中求同"，同时兼顾"同中求异"。以下分别探讨之。

1. 异中求同

称为"异中求同"，至少包括两个层面。

第一，"字形"层面。一个有分歧的"玺文"一定与已识之字在字形上"有某种差异"，也就是说"确定未识之字和已识之字在字形上的联系，并非简单的等同，而是'异中求同'"。② 反过来说，如果"疑难"玺文与"已识之字"在字形上近同明显，就容易释得，自不会造成"异释"（仅就字形而言）；既然形成种种分歧，正好说明其与已识之字在字形上近同性不高，或有一定差异。故而，对待"异释"玺文字形应基于"异中求同"来考虑，过分苛求完全一致是不符合实际的。

第二，"异释"层面的"异中求同"。旧释对某一玺文众说纷纭，其分歧焦点在于一家有一家之说，某一说无法兼容其他说；但若"异中求同"发现"异释"的一些"共同倾向"，正可启示新释。以本书第

---

① 陈世辉、汤余惠:《古文字学概要》，第 128 页。
② 林沄:《古文字研究简论》，第 39 页。

二章释玺文、陶文贯见之"敁、夠、均、徇"来看，李学勤先生以为"均"读"夠"，"敁均"乃"敁"之繁称；曹锦炎先生认为"敁（敁）"为职官，"夠"读"节"乃"鉌"之别称；其他释说多提及"敁"为"军营""军署""基层行政机构"等。分析看来，一者，今释"敁、夠、均、徇"皆读"局"，"敁均"乃同义连文，省称之则"敁"，抑或"均"，可见李学勤先生所释甚是。二者，若将"左司马敁""左司马夠""左司马鉌"相较，直观而言"敁、夠、鉌"之用法一致，系因如此曹锦炎先生以为"夠"读"节"乃"鉌"之别称；新释"敁、夠"读"局"，可知"左司马敁""左司马夠"乃官署玺，"左司马鉌"乃官职玺，此见曹锦炎先生的"直觉"是对的。三者，"敁"读"局"，即曹局，则旧释提及之"敁"为"军营""军署""基层行政机构"等判断基本可信。不难发现，从"异中求同"出发归纳异释之"共同倾向"，目的在于发现其中隐含的某些基本"判断"和"直觉"，借以考得新释。

严格地讲，上述两个层面的"异中求同"，皆源于"比较"。"字形"层面的"异中求同"大致可归为一般意义上的"字形比较法"；[①]系因我们研究对象之特殊性，仅就"异释"玺文而言，既可成为一种具体考释方法，亦可视为对待"异释"玺文"异中求同"的一种态度。[②]"异释"层面的"异中求同"，除可运用于具体考释外，亦可理解为一种悬空的观照方式，即基于悬空的整体思维进行选择性归类，异中言异，异中求同，发现一定程度之"共同倾向"。当然，此"共同趋向"有时是正面的，有时可能正好相反，但无论哪种情况，均可从中发现一些启示。

2. 同中求异

异中求同外，当然，亦要注重"同中求异"。

某些释说，可能已有一定之影响，但是既然存在"异释"，就应谨慎对待，唯以求真视之，避免盲从。若要新释，有时需脱离旧释之"笼

---

① 参见黄德宽《古文字学》，上海古籍出版社，2015，第 19~24 页。
② 即前文所言之需基于"异中求同"来考虑，过分苛求"完全一致"是不符合实际的。

罩"而看待旧说。也就是说，直观旧释具体释读可能不同，但实际上大致属于一类，这种情况可理解为旧释的"共同之处"，抽离思维，重新审视，所得新释可能与旧释无涉，此即所谓"同中求异"。如本书第六章第一节，讨论了《玺汇》0158 玺"🐛"、0159 玺"🐛"、0161 玺"🐟"同文。旧释为"铸"，或释"镂"，直观此二者不同，实际上均属于"铜铸镂刻"一类。同文三形，可见其上部形近，旧释多隶定为"陋"；下部迥异，对于此异旧释多以不同隶定体释之，何琳仪先生则以"装饰部件"解之。我们释此同文为"鲁（鱼）"，三形均为"鱼"之整体象形，下部象"鱼尾"，其"异"正是"鱼"孳乳为"鲁"之痕迹，非"装饰部件"。可见，新释对旧释诸说共同之处，均谨慎对待。

（二）形同义通者作为构件互作

释读古玺文时，以前多惯以"偏旁"论之。20 世纪 90 年代以来，以"汉字构形"研究为热点，其将字形拆分为若干"构件"论之。我们以为二者各有千秋，当综合运用。在此，我们以前论第六章第二节"箕门罗网"玺释"罒"为例，探讨如下。

如前揭，《玺汇》0312 玺等同文作"🔲""🔳""🔲"等，显见其字形并不复杂，但异释纷纭。如释"宅""全""堂""坐""社"等。按照上揭"异中求同"可见，认为其从"土"者或为"共同倾向"，然此"共同倾向"却不可信。对此同文考释，即涉及"形同义通构件互作"的方法，简述如次。

我们将同文诸形，隶作"罒"，释"网（罗）"。首先将"🔲"拆分为"冂""土"两个构件，继证"冂"为"网"省，"土"非"土"，实为"糸"，系因自甲骨文起"糸、午"义"交午"同，遂导致"三形（🐛、🕯、🕯）示两词"；西周金文"午"又作"🕯"。战国古玺文沿袭甲骨文、金文而来，虽"糸、午"早已分化，然在用法上有时相通，遂将此形借以示"糸"，如此，则"糸、午"二字四形"🐛、🕯、🕯、🕯"互作。此即，玺文"🔲"直观以为从"土"，实际上是午之"🕯"讹作"土"，从"午（糸）"已有交意，作"冂"表其覆意，玺文"罒"者当为"网"之分化字中最为简省者，于玺文读为"罗"。

在字形上得以初步判断后，我们继而对有关"畏"字之甲骨文、金文、陶文辞例进行了分析，考得"畏"字在甲骨文中，用以示地、示官（网狩之官）、示事（网捕之事）；在金文中，作人名，或官名；在齐陶文中广泛用作人名。系因如此，其在玺文中亦可用作人名、官名。综合看来，"畏"字于卜辞常见，示"网捕"等平常之事，此义一直沿袭至战国，故在陶文、玺文中成为示名、示官之"常用字"。

如上所述，称"糸、午"的四形为"构件"，实际上也是偏旁，将其与已识字进行对比，亦可称为"偏旁分析法"。[①]另外，我们所言"形同义通构件互作"的情况，与裘锡圭先生所言"同为表意字的同形字"、刘钊先生所言"形近易混"均有相似之处，但是又不完全相同。有关该字在甲骨文、金文、陶文、玺文等辞例之具体用法分析，亦可称为"辞例归纳法"。[②]由此可见，在"异释"具体考释时，并没有可直达结果的路径，已有的方法只可作为借鉴，还需"就印论印"，非多种方法综合运用而不得。

另外，单以"构形"言字，优点是易于发现差异，然有时难免割裂某种字际联系。朱疆《古玺文字量化研究及相关问题》共统计出"构件替换"相关字例31种，他认为"孙"字"𦀕""𣄥"所从，是"幺、十"之间的替换。[③]如前文所揭，"孙"之所从"𠂤""𠂤"，可隶作"午"，"糸、午"形同义通互作，"𣄥"所从仍是"糸"，非是"十"。赵学清先生指出，在不影响释读的情况下构件会容易发生替换，[④]当然，前提是在同一时代。如卜辞中"午"之"诸形"同版出现者常见，即殷商之际"午"字作为构件时，"𠂤"作"𠂤"，古人不会识为"土"，如上列之甲骨文"𩰚""𩰚"。战国时期，再将"午"字作"𠂤"，则容易理解为"形近讹混"。

---

① 即"偏旁分析的实质，是把合体字拆开来，进行局部的对照。用已知的合体字的偏旁与未知的合体字偏旁对照，用已知的独体字（或合体字偏旁）与未知的合体字偏旁（或独体字）对照，都属于偏旁分析的范围。"陈世辉、汤余惠：《古文字学概要》，第150页。

② 参见黄德宽《古文字学》，第27~31页。

③ 朱疆：《古玺文字量化研究及相关问题》，博士学位论文，华东师范大学，2005，第60页。

④ 由赵学清师面告。

（三）简省（繁化）对比同理推释

何琳仪先生曾言："'战国文字分域'是'同中求异'的分析，'战国文字形体演变'则是'异中求同'的归纳。为了全面深入地了解战国文字，这种分析和归纳都是十分必要的。"[1]古玺文作为战国文字的重要组成部分，自然符合何先生所言。如前所揭，同中求异，异中求同，关键都在于比较，包括纵向（不同时代）、横向（不同系域）对比，综合观察，即可发现文字演变的一些规律。一般可分为"简化"、"繁化"、"异化"、"同化"和"特殊符号"等。[2]下以"特殊符号"为例略做讨论。

如本书第四章所揭，何琳仪先生以为玺文"𤈷、𤉷"所从"𢆷、𢆘"，乃"装饰符号"。我们所识与何先生不同，将"𤈷""𤉷"置于一起对比，基本思路是：发现"同形"构形，继而同理推释。即"𤈷"之所从"𢆷"者，亦如"谷"字，《玺汇》3316玺"𠔃"、3141玺"𠔃"、3434玺"𠔃"，又3098玺"欲"字"𣢜"。谷，《说文》曰："泉出通川为谷。从水半见，出于口。"可见，许慎将"𢆷"释为"水半"，朱歧祥先生释"𢆘、谷"同字，是此推理，则"𤈷、𤉷"一字，相较互证"𢆷、𢆘"单双无别，即"𤈷"字从"水半"作"𢆷"，"𤉷"从"水半再省"作"𢆘"，水字作水全、水半、再省无别，且往往互作。同理再推，则"𤈷"从"水半"，"𤉷"从"水半再省"，即"𤈷、𤉷"所从"𢆷、𢆘"者，非"装饰符号"；"𤈷、𤉷"可释为"㳄"。纵观上述考释过程，即将"𢆘、谷""𤈷、𤉷""𤈷、𤉷"置于一起讨论是对比，诸形皆从"𢆷、𢆘"是可通之处，"𢆘"为"𢆷"省，此谓之"简省对比同理推释"。

旧释予以"饰笔"解释的，还有第四章所论之《玺汇》0198玺"𨽯"、0199玺"𨽯"、0200玺"𨽯"、0201玺"𨽯"、0202玺"𨽯"、0322玺"𨽯"，《吉玺》1"𨽯"，以及《玺汇》0148玺"𨽯"、0272玺"𨽯"，又莒钟铭"𨽯"，等等。对于诸形考释，基本思路亦是：发现"同文"构形，继而同理推释。系因《玺汇》0198玺、0199玺、0200玺、0201玺、0202

① 何琳仪：《战国文字通论（订补）》，第251页。
② 参何琳仪《战国文字通论》"战国文字形体演变"章，第184~284页。

玺、0322 玺、《吉玺》1、0272 玺、0148 玺、莒钟铭所从"🔲、🔲、🔲、🔲、🔲、🔲、🔲、🔲、🔲、🔲"皆是同文，尤其是 0202 玺"🔲"和 0148 玺"🔲"完全一致，借由 0272 玺"🔲"释"匋"业已定论，莒钟铭作"🔲"释"竘"多无异议，同理推得诸形所从皆为"勹"。分析看来，"勹"之诸形，显见皆有"饰笔"，值得注意的是上揭九方古玺及莒钟皆是齐国器物，此正可印证尾部略加"饰笔"乃齐系古文之特有写法，其无碍于玺文释读，可归为"无义繁化"。纵观上述考释过程，其核心亦是"对比"，此谓之"无义繁化对比同理推释"。

上述两种情况，其玺文共同点是都属于旧释所言之"装饰符号"，但从我们的新释来看，第一种并非"装饰符号"，实则是玺文的关键构形；第二种确是"无义繁化"类的"装饰符号"，但因皆有"饰笔"且皆为"齐器"，正构成玺文诸形对比之基础。故，凡此二者合而谓之"简省（繁化）对比同理推释"。

（四）相讹反证法

如前文第三章第二节之释"晍"所揭，我们释 1682、0397、2294、2243 玺同文"晍"读"商"。系因从日从帝之"晍"与从日从章之"暲"，盖本为一源，"日章"系由"日辛"而来，而"日帝"系由"日章"而来，遂以"帝"易"章"而成"晍"。分析看来，前提是"章"与"商"相通，加之"適"字通作"商（啇）"，音"帝"，以致"商"与"適、商（啇）、帝"往往互讹，典籍习见。即玺文"晍"者，所从之"帝"，实为"商"之讹，故"晍"当读为"商"。

如上疏释过程，关键一步证"晍"由"暲"而来，既运用了通常之考释方法"通假"，即"章""商"相通，又运用了"相讹反证法"，即"商""帝"往往互讹。可见，"通假"是从正面发现相似，"相讹"是发现相似互讹而从反面推证。

（五）字内字外综合互证

考释古玺文，有时需要"印外求印"。正如在讨论玺印起源时，诸如罗福颐、沙孟海、钱君匋等先生均将其与社会历史发展、政治制度、经济等结合起来，这是值得借鉴的。玺印本就是文化的产物，其不可能脱离社会实际，今日如此，古代亦然。

于省吾先生曾指出："不应孤立地研究古文字，需要从社会发展史的角度，从研究世界古代史和少数民族志所保存的原始民族的生产、生活、社会意识等方面来追溯古文字的起源，才能对某些古文字的造字本义有正确的理解，同时也有助于我们去正确释读某些古文字资料。"[①] 于省吾先生提倡的这种方法，黄德宽先生将其概括为"综合论证法"，他说："古文字本身这一特性表明，通过对古代历史、文化、习俗等方面的考察，有可能为释读疑难字，探求构字本义提供线索，这正是问题的两个方面，也是'综合论证法'赖以建立的基本依据。"[②]

前贤通过实践和理论归纳总结的"综合论证法"，我们在具体实践中亦应学而用之，此当可分为"内综合"和"外综合"两个方面。所谓"内综合"实际上包括字形对比联系（纵横向）、音声释读、字义辞例等诸多方面的互为补充，统合"形、音、义"之综合考量。谓之"外综合"当即是于省吾、黄德宽等先生所言之"综合论证法"，其是基于多种考释方法之上，着眼于人类文化之深层次予以考察。本书第三章即是由"日名制"这一看似与古玺文无关之命名制度入手，而有了一些发现和突破。

借由诸先公、先王名号可见，商代盛行日名制，两周金文亦屡见日名制相关铭文，其中以著名的"商三戈"为代表，此即启发我们玺文屡见之"日庚都"当亦是"日名制"之产物。借由"日庚"得释，同理推及，得释"旯""日辛"等。分析看来，一则，玺文"日庚"得释仰赖于"综合论证法"；然反过来看，玺文"旯""日辛"等亦得释，又可印证"日庚"之释，即构成同类玺文相较互证，此谓之"字外综合互证"。二则，对于"旯""日辛"等考释时，已然涉及具体之"形、义、音"等内容，当谓之"字内综合互证"。凡此二者，谓之"字内字外综合互证"。

---

① 于省吾：《于省吾自传》，《晋阳学刊》1982 年第 2 期。
② 参见黄德宽《古文字学》，第 31~32 页。

再如我们考得《玺汇》0158 玺释"浮阳渔师鉨"、0159 玺释"涿渔师鉨"、0363 玺释"盘水山金贞瑞",借由玺文"渔师""山金"自然就要问"浮阳""涿"地可产"鱼","盘水山"可产"金"(铜)?继而再证:"浮阳"地即今河北省沧州市东南,是地濒临渤海,"涿"地乃燕之"涿邑",即今河北省涿州市,是地自古多河流,二地渔业盛行;"盘水"即"盘山水"之专称,"盘山",又名"无终山",地望乃战国之际"无终邑"所在,即今天津市蓟州区西北"盘山",《管子》《水经注》等典籍记载"无终山"出"白金""山金"。以此三玺为例,意欲表明"字内字外综合互证"尚需以释得结果而反证所释之可靠性。

当然,本书其他章节亦可得见此法之运用。正如前文所言,一章之内前半部分属考释实践并理论提炼,后半部分属于理论归类再考释应用予以验证,可以联系互证。这种前后互证的做法,亦属综合互证的范畴,这是贯穿于本书始终的。

三 存疑与展望

(一)存疑

本书对于每一释均倾力悉心证之,力争做到据实以言,言则可征,征而能合。然因选题之特殊性,讨论对象多属"难题",笔者自知才蔽识浅,释读结论亦属对异释玺文之尝试性探究,一者未敢确然,二者亦有存疑之处。

1. 关于《玺汇》0293 玺"日庚都萃车马"之域属

本书第三章释《玺汇》0293 玺"日庚都萃车马"之"日庚都"的地理位置时,疑为《左传》所载之"庚宗",因曰"都"即有"宗庙"之意,故在玺文中省"宗"字作"日庚都",若此,其地可能即春秋战国之际的泗境,近鲁都曲阜;此释与旧释说其出土于"山东潍县"为"齐玺"者相合。另一说其出土于"河北易州",且该印文字风格与燕系文字几近,加之辽宁喀左(地属燕国)又出土一陶"日庚都王勹鍴",此见 0293 玺当是燕玺。如此,关于 0293 玺之分域,本书暂阙疑待考。

2. 关于 0158 玺 "🦋"、0159 玺 "🐚"、0161 玺 "🐟" 同文

一如前揭，关于 0158 玺 "🦋"、0159 玺 "🐚"、0161 玺 "🐟" 同文，我们立足于 "形际关系"，以 "🦋、🐚" 释 "鲁"，以 "🐟" 释 "鱼"，较好地解释了三形之间字形上的差异。旧释 "娄" 如中山王铜器铭文 "𪊷（数）" 作 "🪶"，其从 "娄" 作 "🐛"，与玺文 "🦋、🐚、🐟" 上部所从形近，然此释不足之处是不能解释同文下部之异。正如前述林沄先生所言："从文字联系的观点看，未识的古文字究竟是什么字，也往往不是只有一种可能性。" 因此，释 "娄" 在形上是有可能性的，本书存疑为是。①

（二）展望

古玺文中仍有不少未识字，已识字中亦有不少 "异释" 字，借由新材料的不断发现，一些前贤 "释说" 亦需校订补正，诸多未解问题皆需努力求解。正如甲骨文释读一样，路阻且长，尚需鼓励更多青年才俊、有志之士乐坐此 "冷板凳"，继往圣之绝学。

一如前揭，有关古玺之著录，古谱多佚，历史使然，毋多苛求。然当今之世，较之以往，仰赖于印刷技术之提升，著录数量之众、普及之广，盖历代鲜靓，且大有更进之势，此为极有益之一面。然则，或亦因仰赖今之印刷技术，著录逾众，普及逾广，或贻害殆亦多。系因 "门槛" 过低，不少普录于玺文注释，或错释，或漏释，或臆解，此为贻害者一；又一些学者所出谱录，于诸多 "异释" 玺文，仅以己释一解为之，易误导读者，遂不免 "一叶障目"，此殆贻害者又一。

当然，亦有顾全者，如肖毅先生之《古玺文分域研究》，即在给出己释之同时，亦能言及其他 "异释"，诚为可贵。于此，仅希望以后再出著录者，能兼及众家之释，较全面系统地展现古玺文之研究成果。若能再兼及纽制、质料、尺寸、藏所、出土等信息，当更可推崇。

---

① 玺文释 "娄" 亦可参见苏建洲之说。苏建洲：《〈上博三·仲弓〉简 20 "数" 字解兼论秦汉文字的 "娄"》，《古文字研究》第 29 辑，中华书局，2012。

引书简称表

（大致按照甲骨文、金文、玺文、陶文、简文等顺序排列）

《乙编》　　《殷虚文字乙编》
《合集》　　《甲骨文合集》
《屯南》　　《小屯南地甲骨》
《类纂》　　《殷墟甲骨刻辞类纂》
《综述》　　《殷虚卜辞综述》
《集成》　　《殷周金文集成》
《近二》　　《近出殷周金文集录二编》
《历款》　　《历代钟鼎彝器款识法帖》
《历博》　　《中国历史博物馆藏法书大观》第3卷《陶文砖文瓦文》
《玺汇》　　《古玺汇编》
《玺文》　　《古玺文编》
《玺典》　　《古玺印图典》
《汇考》　　《古玺汇考》
《篆全》　　《篆刻全集》
《秦风》　　《秦代印风》
《吉玺》　　《吉林大学藏古玺印选》
《辑存》　　《古代玺印辑存》
《珍战》　　《珍秦斋藏印·战国篇》

《戎晋》	《戎壹轩藏三晋古玺》
《大系》	《中国封泥大系》
《战字》	《战国文字字形表》
《陶汇》	《古陶文汇编》
《陶征》	《古陶文字征》
《陶录》	《陶文图录》
《新陶录》	《新出齐陶文图录》
《新季木》	《新编全本季木藏陶》
《币文》	《古币文编》
《先秦币》	《先秦货币文编》
《侯马》	《侯马盟书》
《包》	《包山楚简》
《仰》	《长沙仰天湖出土楚简研究》
《郭·性》	《郭店楚墓竹简·性自命出》
《郭·六》	《郭店楚墓竹简·六德》
《郭·穷》	《郭店楚墓竹简·穷达以时》
《郭·忠》	《郭店楚墓竹简·忠信之道》
《郭·老甲》	《郭店楚墓竹简·老子甲》
《郭·老乙》	《郭店楚墓竹简·老子乙》
《睡·日甲》	《睡虎地秦墓竹简·日书甲种》
《睡·日乙》	《睡虎地秦墓竹简·日书乙种》
《睡·秦》	《睡虎地秦墓竹简·秦律十八种》
《睡·为》	《睡虎地秦墓竹简·为吏之道》
《上博·容》	《上海博物馆藏战国楚竹书》(二)《容成氏》
《上博·从甲》	《上海博物馆藏战国楚竹书》(二)《从政（甲篇）》
《上博·曹》	《上海博物馆藏战国楚竹书》(四)《曹沫之陈》
《上博·季》	《上海博物馆藏战国楚竹书》(六)《孔子见季桓子》
《清华一》	《清华大学藏战国竹简》(壹)
《清华三》	《清华大学藏战国竹简》(叁)
《清华四》	《清华大学藏战国竹简》(肆)

《清华五》　　　《清华大学藏战国竹简》（伍）

《海》　　　　　《集篆古文韵海》

《系传》　　　　《说文解字系传》

《义证》　　　　《说文解字义证》

《释文》　　　　《经典释文》

附录　古玺文异释汇考·释文检索表

（依章节顺序排列）

出处	释文	页码	备注
《玺汇》0328	尚徇（局）玺	41、48、51、61~63	
《玺典》3216	攽（局）鉨	41、166	
《新季木》0884	工坶（？局）	41	
《陶汇》3.742	左攽（局）	41	
《秦印文字汇编》157	闵（门）徇（局）	63	
《玺典》3215	司马攽（局）鉨	41	
《玺典》3223	司马攽（局）鉨	41	
《玺典》3224	司马攽（局）鉨	41	
《玺典》3225	司马攽（局）鉨	41	
《玺典》3226	司马攽（局）鉨	41	
《汇考》36	司马攽（局）鉨	41	
《玺典》3230	左司马攽（局）	41	
《玺典》8733	左司马攽（局）	41	
《玺典》3231	左司马竘（局）	41	
《玺典》3232	左司马竘（局）	41	
《玺典》3233	左司马竘（局）	41	
《玺典》3227	右司马攽（局）	41	

出处	释文	页码	备注
《玺典》3228	右司马敀（局）	41	
《篆全》1.23	右司马䪍（局）	41、51	
《玺典》3229	敝陵右司马敀（局）鈢	41	
《玺典》3860	右司工均（局）	41、45	
《玺典》3221	司马闻（门）敀（局）	41	
《玺典》3222	左司马闻（门）䪍（局）信鈢	41、51	
《玺汇》0285	左闻（门）敀（局）鈢	41	
《玺典》3234	砧闻（门）敀（局）鈢	41	
《玺典》3488	酃均（局）閈（门）	41、51	
《陶汇》3.406	均（局）閈（门）不放	66	
《陶汇》3.407	均（局）閈（门）不放	66	
《玺典》3220	呈敀（局）	41	
《玺典》3217	辅乡右敀（局）	41	
《玺典》3218	鞁□左敀（局）	41	
《玺典》3219	詥訊敀（局）鈢	41	
《陶录》2.23.3	南宫左敀（局）	41	
《玺典》9334	王卒左敀（局）城圊橔里定	42	
《玺典》9331	右敀（局）□衡（乡）尚毕里季䚾	41	
《陶录》2.297.1	☑左敀（局）□圊橔里呂（罗）	41	
《陶汇》3.17	☑右敀均（局）亳釜	42、51	
《新陶录》1244	□䪍（局）所为匋□	42	
《玺典》9335	王卒左敀（局）昌里支	42	
《玺典》3298	左里敀（局）	42	
《玺典》3265	右里敀（局）鋆	42	
《集成》10366~7	右里敀（局）鋆	42	

续表

出处	释文	页码	备注
《新陶录》0353	□衢（乡）陈憗左敀（局）橢均（局）釜	42	
《陶录》2.24.1	▨狀▨左里敀（局）	42	
《新陶录》0352	平门内陈齋左里敀（局）亳區	43	
《陶汇》3.16	王孙陈棱右敀均（局）亳區	42、51	
《陶录》2.3.2	内郭陈齋叁立事左里敀（局）亳豆	43	
《陶录》2.7.2	句华门陈棱再鄙廪均（局）亳釜鎣	42	
《陶汇》4.1	廿二年正月左匋君／左匋攻敀／左匋攻俫汤敀（局）国	43	
《陶汇》4.2	廿一年八月右匋君／俫疾敀（局）貲／右匋攻汤	43、50	
《陶汇》4.7	左匋俫易敀（局）国／左匋君□足器鍴／左匋攻敀	43	
《陶汇》4.11	十六年十月左匋君／□駿敀（局）鋆／右匋攻劁	43	
《包》简 142/143	君夫人之敀（局）伦（仓）	43	
《上博·容》简 8	攽敀（迫）以不逆	44、50、58、59	
《上博·季》简 11	夫敀（局）邦其	44、59	
《仰》25.18	鲁敀（伯）之▨	44、50、59	
《郭·穷》7	为敀（局）毉（牧）牛	44、50、59、61	
《玺汇》2280	芭日庚	81~83、88	
《玺汇》1453	陈日庚	82、83	
《玺汇》2740	盍日庚	82、83	
《玺汇》0293	日庚都萃车马	2、15、72、73、75~77、79~81、83、86~88、90、99、206	
《玺汇》0059	庚都右司马	75、77、79、81、88	
《玺汇》0117	庚都广（尉）	75、77、79、81、88	

出处	释文	页码	备注
日本私人藏	庚都右司肆鉥	75、81、88	
《玺典》3929	日庚都王勹鍴	75、81、87、88	
《玺汇》0670	长旱（昌）	91、93	
《玺汇》0962	肖旱（昌）	91、93	
《玺汇》1732	事旱（昌）	91~93	
《玺汇》2275	蘁旱（昌）	91、93	
《玺汇》2875	□旱（昌）	91~93	
《珍战》83.110	噩旱（昌）	91~93	
《玺汇》3042	繁日辛（繁辛）	93~95	
《玺汇》4035	邯丹晷（章）	94、96	
《玺汇》0963	肖晷（章）	94、96	
《玺汇》4009	乘马晷（章）	94、96	
《玺汇》1746	事晷（章）	94、96	
《玺汇》1747	事晷（章）	94、96	
《玺汇》1709	梁晷（章）	94、96	
《玺汇》1167	吴晷（章）	94、96	
《玺汇》1644	左晷（章）	94、96	
《玺汇》1639	吕晷（章）	94、96	
《玺汇》1076	矢晷（章）	94、96	
《玺汇》1272	半晷（章）	94、96	
《玺汇》2044	□晷（章）	94、96	
《玺汇》2644	痾晷（章）	94、96	
《玺典》6939	廄晷（章）	94、96	
新见玺	乐晷（章）	94、96	
《玺汇》1682	奇帚（商）	82、96~98、204	

续表

出处	释文	页码	备注
《玺汇》0397	王帚（商）	82、96~98、204	
《玺汇》2294	芫益帚（商）	96~99、204	
《戎晋》73	钜帚（商）	96、99	
《玺汇》2243	鄙（鄗—商）痣	98、99、204	
《玺汇》0363	洀（盘）杢（水）山金贞鍴（瑞）	17、101~104、106~112、114~120、135、152、206	
《玺汇》5437	杢（水）	109、110	
《玺汇》2508	銮洀	101、104、120、121	
《玺汇》3313	赵朱	104、120~122	
《玺汇》5361	赵	104、120~122	
《玺汇》2316	阳汎（洀）府	121	
《玺汇》0329	眲悦邦	104、106、121	
《玺汇》1856	事肝—千在 / 事千舟—千在	121	
《玺汇》2657	関朝	104、106、121	
《珍战》78	孙朝	104、121	
《玺汇》4065	韩城朝	104、106、121	
《玺汇》3094	鮂绐	104、121	
新见玺	事朝	104、121	
新见玺	鰞頭	121	
《玺汇》0123	䇂（容）谷枢广（尉）	87、122、124	
《玺汇》3549	䇂（容）谷地	124	
《玺汇》0218	所舍（舍）之鉢	124~126	
《玺汇》0112	谷（余）啬夫	126、127、134	
《玺汇》0046	阳州左邑右浕（长）司马	127~132	
《玺汇》0353	邬（句）罕（浕）五（伍）浕（长）□	42、127、128、131、132	
守丘刻石铭	敢谒后长贤者	131	后六字

出处	释文	页码	备注
《玺汇》0921	肖（赵）浿	127、128、130、133	
《玺汇》1514	孙浿	127、128、130、133	
《玺汇》0680	长浿	127、128、130、131、133	
《玺典》5831	长浿	128、133	
《玺汇》1495	畋浿	127~129、133	
《玺汇》2268	霍浿	127、128、130、133	
《玺汇》2893	文是浿	127、128、133	
《玺汇》3022	周浿	127、128、130、133	
《玺汇》4070	浿（长）阴盍	127、128、130、131、133	
《玺汇》4071	浿（长）阴𦙶	127~130、133	
《玺汇》4072	浿（长）阴疣	127~129、133	
《玺汇》2027	鄆（董）浿	127、128、133	
《玺典》6729	鄆（董）浿	128、133	
《玺典》9111	梁浿（长）	128、133	
《玺汇》1831	事豫	133~135	
《玺汇》1839	事豫	133~135	
《玺汇》1492	畋豫	133~135	
《玺汇》2083	鄅豫	133~135	
《玺汇》3485	安水	109、135	
《玺汇》5442	谷	135	
《玺汇》5462	水	135	
《玺汇》5444	沝	135	
《玺汇》5469	沝	135	
《玺汇》5455	酉	136	
《玺汇》5456	酉	136	

续表

出处	释文	页码	备注
《玺汇》5457	酉	136	
《玺汇》0198	易（阳）都邑坚遡（麴）盐之鉨	1、13、17、137~141、143~148、152、153、203	
《玺汇》0199	遡（麴）盐之鉨	1、17、37、38、137、140、144、145、149、152、153、203	
《玺汇》0200	遡（麴）盐之鉨	1、17、137、139、144、145、149、152、153、203	
《玺汇》0201	遡（麴）盐之鉨	1、17、137、139、140、144、145、149、152、153、203	
《玺汇》0202	遡（麴）盐之鉨	1、17、137、139、140、144、145、149、152、153、203	
《吉玺》1	遡（麴）盐之鉨	1、17、137、140、144、145、152	
《玺汇》0294	须久或丘立盐旂	140、141、152、153	
《玺汇》0322	繇巷遡（麴）盐金鉨	1、17、137、138、140、144、145、152、203、204	
《玺汇》0148	匋（䢵）右攻（工）帀（师）	17、137、145、153、157、158、203、204	
《玺汇》0158	甫（浮）易（阳）鲁（渔）帀（师）鉨	2、15、17、37、159~162、164~171、175、201、206、207	
《玺汇》0159	郐（涿）鲁（渔）帀（师）鉨	15、19、159、160、162~171、175、201、206、207	
《玺汇》0060	甫（浮）易（阳）都右司马	160~163、171、175	
《玺汇》0192	甫（浮）易（阳）都封人	160~163、171、175	

出处	释文	页码	备注
《玺考》79 页	甫（浮）易（阳）都鉨	175	
《玺汇》0010	郣（涿）都司徒	160、162、163、171、175	
《古玺通论》图 204	郣（涿）都吴（虞）	160、162、163、171、175	
《玺汇》0161	鱼巽客鉨	2、17、159、160、162~169、172~175、181、201、207	
《玺汇》3247	毛鄅	165、168	
《玺汇》0312	鉊（箕）闻（门）罗（罗）罦（网）	2、17、159、176、178、179、181、192、194、201	
《玺汇》0334	邪（琊）门罗（罗）罦（网）	151、176、181、194	
《玺汇》0265	郯（夜）罗（罗）罦（网）鉨	176、179、181、194、195	
《玺汇》0336	武玾（强）罗（罗）罦（网）鉨	176、179、181、192、194、195	
《玺汇》0273	□箬罗（罗）鉨	176、179、181、192、195	
《玺典》3368	武平罗（罗）罦（网）	176、181、195	
《古玉印精萃》7 页	田市（师）罗（罗）罦（网）	195	

参考文献

古籍

陈桥驿校证《水经注校证》，中华书局，2007。

顾栋高：《春秋大事表》，中华书局，1993。

顾祖禹：《读史方舆纪要》，贺次君等点校，中华书局，2005。

孔广森：《大戴礼记补注》，王丰先点校，中华书局，2013。

马瑞辰：《毛诗传笺通释》，中华书局，1989。

皮锡瑞：《今文尚书考证》，吴仰湘编，中华书局，2015。

阮元校刻《十三经注疏》，中华书局，2009。

孙希旦：《礼记集解》，中华书局，1989。

王鸣盛：《尚书后案》，陈文和主编，中华书局，2010。

吴大澂辑《说文古籀补》，中华书局，1988。

字书谱录

陈介祺：《十钟山房印举》（据 1922 年涵芬楼影印），中国书店，1985。

高明编著《古陶文汇编》，中华书局，1990。

甘肃省文物考古研究所编《居延新简释粹》，薛英群等注，兰州大学出版社，1988。

故宫博物院编《古玺汇编》，文物出版社，1981。

故宫博物院编《古玺文编》，文物出版社，1981。

顾廷龙：《古陶文香录》，北平研究院，1936 年石印本。

黄德宽主编，徐在国等编《战国文字字形表》（全 3 册），上海古籍出版社，2017。

韩天衡、孙慰祖编订《古玉印精萃》，上海书店，1989。

湖北省荆沙铁路考古队编《包山楚简》，文物出版社，1991。

金祥恒编《陶文编》，台北：艺文印书馆，1964。

荆门市博物馆编《郭店楚墓竹简》，文物出版社，1998。

康殷、任兆凤主编《印典》（全4册），国际文化出版公司，1993。

李圃主编《古文字诂林》（五）（六）（七）（九），上海教育出版社，2002、
   2004。

罗福颐编《汉印文字征》，文物出版社，1978。

罗福颐主编《故宫博物院藏古玺印选》，文物出版社，1982。

马承源主编《上海博物馆藏战国楚竹书》（二）（五），上海古籍出版社，
   2001、2005。

任红雨主编《中国封泥大系》，西泠印社出版社，2018。

容庚：《金文编》，中华书局，1985。

商承祚编著《战国楚竹简汇编》，齐鲁书社，1995。

萧春源主编《珍秦斋藏印·战国篇》，澳门：澳门基金会，2001。

徐畅编著《古玺印图典》，天津人民美术出版社，2016。

徐畅主编《先秦玺印》，荣宝斋出版社，2003。

徐谷甫、王延林编《古陶字汇》，上海书店出版社，1994。

许雄志编《秦印文字汇编》，河南美术出版社，2001。

张小东主编《戎壹轩藏三晋古玺》，西泠印社出版社，2017。

张振谦主编《齐鲁文字编》，学苑出版社，2014。

专著

曹锦炎：《古玺通论》，上海书画出版社，1996。

曹锦炎：《古代玺印》，文物出版社，2002。

曹锦炎：《古玺通论（修订本）》，浙江大学出版社，2017。

曹锦炎主编《黄宾虹古玺印释文选》，上海书画出版社，1995。

陈邦怀：《古玺发微》，石印自刊本，1934。

陈根远：《印章鉴藏》，辽宁画报出版社，2001。

陈光田：《战国玺印分域研究》，岳麓书社，2009。

陈汉平：《屠龙绝绪》，黑龙江教育出版社，1989。

陈继揆：《十钟山房印举考释》，陈进整理，天津人民美术出版社，2018。

陈梦家：《殷虚卜辞综述》，中华书局，1988。

陈桥驿编著《水经注地名汇编》，中华书局，2012。

陈世辉、汤余惠：《古文字学概要》，吉林大学出版社，1988。

陈伟：《包山楚简初探》，武汉大学出版社，1996。

陈炜湛、唐钰明：《古文字学纲要》，中山大学出版社，1988。

陈直：《汉书新证》，天津人民出版社，1959。

陈直：《史记新证》，中华书局，2006。

丁佛言：《说文古籀补补》，中华书局，1988。

傅嘉仪：《秦封泥汇考》，上海书店出版社，2007。

高鸿缙：《中国字例》，台北：三民书局，1960。

高明、葛英会：《古陶文字征》，中华书局，1991。

故宫博物院编《你应该知道的 200 件官印》，紫禁城出版社，2008。

顾颉刚、刘起釪：《尚书校释译论》，中华书局，2005。

韩天衡编订《历代印学论文选》，西泠印社，1999。

何琳仪：《战国文字通论》，中华书局，1989。

何琳仪：《战国古文字典》，中华书局，1998。

何琳仪：《战国文字通论（订补）》，上海古籍出版社，2017。

后晓荣、丁鹏勃、渭父编著《中国玺印真伪鉴别》，安徽科学技术出版社，2001。

胡安顺：《音韵学通论》，中华书局，2003。

黄宾虹：《陶铢文字合证》，神光书社，1930。

黄宾虹：《宾虹草堂玺印释文》，西泠印社，1958。

黄德宽：《古文字学》，上海古籍出版社，2015。

黄德宽主编《安徽大学汉语言文字研究丛书·何琳仪卷》《安徽大学汉语言文字研究丛书·徐在国卷》，安徽大学出版社，2013。

黄侃：《尔雅音训》，黄焯辑，黄延祖重辑，中华书局，2007。

季旭昇：《说文新证》，台北：艺文印书馆，2004。

李家浩：《著名中年语言学家自选集·李家浩卷》，安徽教育出版社，2002。

李孝定：《金文诂林读后记》，台北：中研院历史语言研究所，1982。

李学勤：《东周与秦代文明》，文物出版社，1984。

李学勤：《古文字学初阶》，中华书局，2013。

林乾良：《中国印》，西泠印社出版社，2008。

林义光：《文源》，林志强标点，上海古籍出版社，2017。

林沄：《古文字研究简论》，吉林大学出版社，1986。

刘江：《中国印章艺术史》，西泠印社出版社，2005。

刘钊：《古文字构形学（修订本）》，福建人民出版社，2011。

刘正：《金文学术史》，上海书店出版社，2014。

罗福颐：《古玺印概论》，文物出版社，1981。

罗福颐：《近百年来对古玺印研究之发展》，西泠印社，1982。

罗福颐：《古玺印考略》，罗随祖重订，紫禁城出版社，2010。

罗福颐、王人聪：《印章概述》，生活·读书·新知三联书店，1963。

马非百：《管子轻重篇新诠》，中华书局，1979。

马叙伦：《说文解字六书疏证》，上海书店出版社，1985。

那志良：《鈢印通释》，台北：台湾商务印书馆，1970。

钱君匋、叶璐渊：《中国鈢印源流》，香港：上海书局，1974。

强运开辑《说文古籀三补》，商务印书馆，1935。

邱传亮：《楚官玺集释》，学苑出版社，2017。

裘锡圭：《古文字论集》，中华书局，1992。

裘锡圭：《裘锡圭学术文化随笔》，中国青年出版社，1999。

裘锡圭：《文字学概要》，商务印书馆，1988。

沙孟海：《印学史》，西泠印社，1999。

孙家潭：《大风堂古印举：孙家潭藏古玺印杂记》，西泠印社出版社，
　　2009。

孙慰祖：《孙慰祖论印文稿》，上海书店出版社，1999。

孙慰祖：《可斋论印新稿》，上海辞书出版社，2003。

孙慰祖：《历代玺印断代标准品图鉴》，吉林美术出版社，2010。

唐兰：《古文字学导论》，齐鲁书社，1981。

田炜：《古玺探研》，华东师范大学出版社，2010。

王长丰：《殷周金文族徽研究》（上），上海古籍出版社，2015。

王国维：《观堂集林（附别集）》，中华书局，1959。

王辉：《秦文字集证》，台北：艺文印书馆，1999。

王辉：《古文字通假字典》，中华书局，2008。

王力：《同源字典》，商务印书馆，1982。

王人聪：《新出历代玺印集录》，香港中文大学文物馆专刊之二，1982。

王人聪：《新出历代玺印集释》，香港中文大学文物馆专刊之三，1987。

王伟：《秦玺印封泥职官地理研究》，中国社会科学出版社，2014。

王献唐：《五镫精舍印话》，齐鲁书社，1985。

吴大澂：《吴大澂书信四种》，陆德富、张晓川整理，凤凰出版社，2016。

吴良宝：《战国楚简地名辑证》，武汉大学出版社，2010。

吴明：《古玺起源的社会因素及其考辨》，油印单行本。

吴晓懿：《战国官名新探》，安徽师范大学出版社，2013。

吴砚君编著《倚石山房藏战国古玺》，西泠印社出版社，2019。

吴振武：《〈古玺文编〉校订》，人民美术出版社，2010。

肖晓晖：《古玺文新鉴》，世界图书出版公司，2005。

萧毅（肖毅）：《古玺读本》，凤凰出版社，2017。

肖毅：《古玺文分域研究》，崇文书局，2018。

小鹿（周晓陆）编著《古代玺印》，中国书店，1998。

杨伯峻、徐提：《春秋左传词典》，中华书局，1985。

杨守敬、熊会贞疏《水经注疏》（京都大学藏钞本），辽海出版社，2012。

叶其峰：《古玺印与古玺印鉴定》，文物出版社，1997。

叶其峰：《古玺印通论》，紫禁城出版社，2003。

于省吾主编《甲骨文字诂林》，中华书局，1996。

于省吾：《甲骨文字释林》，商务印书馆，2010。

张富祥：《日名制·昭穆制·姓氏制度研究》，上海古籍出版社，2014。

张光直：《中国青铜时代》，生活·读书·新知三联书店，1983。

张亚初、刘雨：《西周金文官制研究》，中华书局，1986。

章太炎讲授《章太炎说文解字授课笔记》，王宁主持整理，中华书局，
　　2008。

赵诚编著《甲骨文简明词典》，中华书局，2009。

赵平安：《金文释读与文明探索》，上海古籍出版社，2011。

赵学清：《战国东方五国文字构形系统研究》，上海教育出版社，2005。

赵学清：《说文部首通解》，中华书局，2019。

周宝宏：《古陶文形体研究》，社会科学文献出版社，2002。

周法高主编，张日昇、徐芷仪、林洁明编纂《金文诂林》，香港中文大
　　学出版社，1975。

庄新兴：《战国玺印分域编》，上海书店出版社，2001。

论文

曹锦炎：《释韋——兼释续、渎、窦、鄲》，《史学集刊》1983 年第 3 期。

曹锦炎：《释战国陶文中的"敀"》，《考古》1984 年第 1 期。

曹锦炎：《释三方春秋时代的古玺》，《西泠艺报》1993 年 2 月 25 日，第 4 版。

陈根远、陈洪：《新出齐"陈棱"釜陶文考》，《考古与文物》1995 年第 3 期。

党顺民：《咸阳渭河沙坑出土的楚国"蚁鼻"钱浅议》，《收藏》2018 年第 12 期 。

董珊：《战国古玺文字分国偏旁表谱》，中国古文字研究会第九届年会，1992。

范常喜：《清华简、金文与〈管子·小问〉"洇"字合证》，"出土文献与传世典籍的诠释"国际学术研讨会，2017。

高明：《从临淄陶文看衢里制陶业》，《古文字研究》第 19 辑，中华书局，1992。

高明：《说"玺"及其相关问题》，《考古》1996 年第 3 期。

葛英会：《战国齐玺"徙盯"玺与"爰土易居"》，《中国历史博物馆馆刊》1991 年第 15~16 期。

葛英会：《古陶文研习札记》，北京大学考古学系编《考古学研究》（一），文物出版社，1992。

韩天衡：《九百年印谱史漫说》，《中国书法》2016 年第 16 期。

何琳仪：《长沙铜量铭文补释》，《江汉考古》1988 年第 4 期。

何琳仪：《楚官肆师》，《江汉考古》1991 年第 1 期。

何琳仪：《古陶杂识》，《考古与文物》1992 年第 4 期。

何琳仪：《古玺杂识再续》，《中国文字》新 17 期，台北：艺文印书馆，1993。

何琳仪：《战国官玺杂识》，《印林》1995 年第 2 期。

何琳仪：《释洇》，《华夏考古》1995 年第 4 期。

何琳仪、冯胜君：《燕玺简述》，《北京文博》1996 年第 3 期。

何毓灵、岳占伟：《论殷墟出土的三枚青铜印章及相关问题》，《考古》

2012 年第 12 期。

侯乃峰：《也说清华简〈赤鸠之集汤之屋〉篇的"洓"》，《中国文字研究》第 24 辑，上海书店出版社，2016。

黄宾虹：《古鉢用于匋器文字》，《艺观》1929 年第 3 期。

黄盛璋：《所谓"夏虚都"三玺与夏都问题》，《中原文物》1980 年第 3 期。

黄盛璋：《平山战国中山石刻初步研究》，《古文字研究》第 8 辑，中华书局，1983。

黄盛璋：《我国印章的起源及其用途》，《中国文物报》1988 年 4 月 15 日。

金夷、潘江：《再论中国玺印的起源——兼说所谓商玺的真伪》，《考古与文物》1996 年第 1 期。

李家浩：《战国货币文字中的"另"和"比"》，《中国语文》1980 年第 5 期。

李家浩：《楚国官印考释（两篇）》，《语言研究》1987 年第 1 期。

李家浩：《战国官印考释（两篇）》，《文物研究》1991 年第 7 期。

李家浩：《战国官印考释（六篇）》，中国古文字研究会第九届年会，1992。

李家浩：《十一年皋落戈铭文释文商榷》，《考古》1993 年第 8 期。

李家浩：《燕国"洓谷山金鼎瑞"补释——为纪念朱德熙先生逝世四周年而作》，《中国文字》第 24 期，台北：艺文印书馆，1998。

李家浩：《战国官印"尚路玺"考释》，《揖芬集——张政烺先生九十华诞纪念文集》，社会科学文献出版社，2002。

李家浩：《战国官印考释（三篇）》，《出土文献研究》第 6 辑，上海古籍出版社，2004。

李零：《齐、燕、邿、滕陶文的分类与题铭格式——新编全本〈季木藏陶〉介绍》，《管子学刊》1990 年第 1 期。

李晓东：《中山国守丘刻石及其价值》，《河北学刊》1986 年第 1 期。

李学勤：《战国题铭概述（上）》，《文物》1959 年第 7 期。

李学勤：《中国玺印的起源》，《中国文物报》1992 年 7 月 26 日。

李学勤：《燕齐陶文丛论》，《上海博物馆集刊》第 6 期，上海古籍出版社，1992。

李学勤：《戎生编钟论释》，《文物》1999 年第 9 期。

李学勤：《秦封泥与齐陶文中的"巷"字》，《陕西历史博物馆馆刊》第 8 辑，三秦出版社，2001。

李学勤：《试说传出殷墟的田字格玺》，《中国书法》2001 年第 12 期。

李运富：《战国文字"地域特点"质疑》，《中国社会科学》1997 年第 5 期。

林素清：《〈古玺文编〉补正》，《金祥恒教授逝世周年纪念论文集》，1990。

刘钊：《"集"字的形音义》，《中国语文》2018 年第 1 期。

陆德富：《齐国古玺陶文杂释二则》，《考古与文物》2016 年第 1 期。

罗卫东：《金文"萃"及"某萃"补论》，《励耘语言学刊》2015 年第 2 期。

马承源：《新获西周青铜器研究二则》，《上海博物馆集刊》第 6 期，上
海古籍出版社，1992。

马承源：《晋侯稣编钟》，《上海博物馆集刊》第 7 期，上海书画出版社，
1996。

马国权：《古玺文字初探》，中国古文字研究会第三届年会，1980。

马良民、言家信：《山东邹平县苑城村出土陶文考释》，《文物》1994 年
第 4 期。

牛济普：《古玺初探》，《河南文博通讯》1979 年第 4 期。

牛新房：《古玺文字考释（三则）》，《中国文字研究》第 13 辑，2010 年。

彭振贵：《古玺文辨释》，《衡阳师范学院学报》1993 年第 2 期。

骈宇骞：《试释楚国货币文字"巽"》，中国古文字学年会，1979。

裘锡圭：《战国文字中的"市"》，《考古学报》1980 年第 3 期。

裘锡圭：《战国玺印文字考释三篇》，《古文字研究》第 10 辑，中华书
局，1983。

裘锡圭：《浅谈玺印文字的研究》，《中国文物报》1989 年 1 月 20 日，第
3 版。

裘锡圭：《"司马闻""闻司马"考》，《古文字论集》，中华书局，1992。

裘锡圭：《啬夫初探》，中华书局编辑部编《云梦秦简研究》，中华书局，
1981。

裘锡圭：《谈谈编纂古汉语大型辞书时如何对待不同于传统说法的新
说》，《辞书研究》2019 年第 3 期。

任玉华：《〈齐民要术〉中的女麴》，《华夏文化论坛》2013 年第 1 期。

沈兼士：《右文说在训诂学上之沿革及其推阐》，《庆祝蔡元培先生
六十五岁论文集》，国立中央研究院，1933。

施谢捷：《〈古玺汇编〉释文校订》（1994 年修订稿），《印林》1995 年
第 5 期。

施谢捷：《〈古玺汇编〉释文校订》（1996 年修订稿），广东炎黄文化研究会编《容庚先生百年诞辰纪念文集（古文字研究专号）》，广东人民出版社，1998。

施谢捷：《谈〈古玺汇编〉存在的几个问题》，《出土文献与古文字研究》第 1 辑，复旦大学出版社，2006。

石志廉：《馆藏战国七玺考》，《中国历史博物馆馆刊》1979 年第 1 期。

石志廉：《战国古玺考释十种》，《中国历史博物馆馆刊》1980 年第 2 期。

史树青：《从"夏虚都"三玺谈夏朝的都城》，《光明日报》1978 年 2 月 10 日。

史树青：《"夏虚都"三玺考释》，《河南文博通讯》1978 年第 2 期。

孙敬明：《齐陶新探》，《古文字研究》第 14 辑，中华书局，1986。

孙敬明、李剑、张龙海：《临淄齐故城内外新发现的陶文》，《文物》1988 年第 2 期。

汤余惠：《论战国文字形体研究中的几个问题》，《古文字研究》第 15 辑，中华书局，1986。

汤余惠：《洀字别议》，广东炎黄文化研究会编《容庚先生百年诞辰纪念文集（古文字研究专号）》，广东人民出版社，1998。

王恩田：《齐国地名陶文考》，《考古与文物》1996 年第 4 期。

王恩田：《莒公孙潮子钟考释与臧家庄墓年代——兼说齐官印"阳都邑"巨玺及其辨伪》，《远望集：陕西省考古研究所华诞四十周年纪念文集》上卷，陕西人民美术出版社，1998。

王恩田：《阳都邑洀盟玺简释》，复旦大学出土文献与古文字研究中心，http://www.gwz.fudan.edu.cn/Web/Show/2478，2015 年 3 月 31 日。

王贵民：《商周庙制新考》，《文史》第 45 辑，1998 年。

王辉：《秦印探述》，《文博》1990 年第 5 期。

王辉：《古玺印文字杂识（18 则）》，《陕西历史博物馆馆刊》第 9 辑，三秦出版社，2002。

王辉：《清华简"埶洀我羹"与"谁侜予美"合证》，《说文论语》第 3 辑，澳门汉字学会，2018。

王辉、萧春源：《珍秦斋藏王二十三年秦戈考》，《故宫博物院院刊》2004 年第 4 期。

王人聪：《释玺》，《故宫博物院院刊》1995 年第 S1 期。

王人聪:《中国玺印的发展》,《古玺印与古文字论集》,香港:香港中文大学文物馆,2000。

吴振武:《〈古玺汇编〉释文订补及分类修订》,常宗豪主编《古文字学论集(初编)》,香港:香港中文大学出版社,1983。

吴振武:《古玺合文考(十八篇)》,《古文字研究》第 17 辑,中华书局,1989。

吴振武:《战国玺印中的"虞"和"衡鹿"》,《江汉考古》1991 年第 3 期。

吴振武:《燕国铭刻中的"泉"字》,《华学》第 2 辑,中山大学出版社,1996。

吴振武《释双剑誃旧藏燕"外司圣鼏"玺》,《于省吾教授诞辰 100 周年纪念文集》,吉林大学出版社,1996。

吴振武:《〈燕国铭刻中的"泉"字〉补说》,张光裕、黄德宽主编《古文字学论稿》,安徽大学出版社,2008。

吴振武:《关于战国"某某金玺"的一个解释》,《简帛》第 9 辑,上海古籍出版社,2014。

肖易夫:《文物中见到的古代冶铸》,《文物天地》1991 年第 6 期。

徐畅:《商代玺印考证》,全国首届书学研讨会,1986。

徐畅:《商晚三玺的再探讨》,《中国书法》2012 年第 11 期。

徐在国:《释齐官"祈望"》,香港中文大学中国语言及文学系编《第四届国际中国古文字研讨会论文集》,2003。

许淑珍:《齐国陶文的几个问题》,谢治秀主编《齐鲁文博·山东省首届文物科学报告月文集》,齐鲁书社,2002。

叶其峰:《试释几方工官玺印》,《故宫博物院院刊》1979 年第 2 期。

叶其峰:《战国官玺的国别及有关问题》,《故宫博物院院刊》1981 年第 3 期。

岳占伟、岳洪彬、何毓灵:《河南安阳市殷墟刘家庄北地制陶作坊遗址的发掘》,《考古》2012 年第 12 期。

于茀:《清华简〈赤鹄之集汤之屋〉补释》,《北方论丛》2017 年第 2 期。

曾宪通:《论齐国"誓盟之玺"及其相关问题》,《华学》第 1 辑,中山大学出版社,1995。

赵超:《"铸师"考》,《古文字研究》第 21 辑,中华书局,2001。

赵平安:《战国文字中的盐字及相关问题研究》,《考古》2004 年第 8 期。

赵平安:《论燕国文字中的所谓"都"当为"郑"（县）字》,《语言研究》2006 年第 4 期。

张卉、吴毅强:《戎生编钟铭文补论》,《考古与文物》2011 第 3 期。

张生汉:《释"玓突"》,《中国语文》2011 年第 5 期。

张学考:《河北满城发现金代"麹使司印"》,《文物》1990 年第 5 期。

郑超:《楚国官玺考述》,《文物研究》1986 年第 2 期。

朱德熙:《战国陶文和玺印文字中的"者"字》,《古文字研究》第 1 辑,中华书局,1979。

朱德熙:《古文字考释四篇》,《古文字研究》第 8 辑,中华书局,1983。

朱德熙:《战国文字中所见的有关殿的资料》,常宗豪主编《古文字学论集（初编）》,香港:香港中文大学出版社,1983。

朱德熙、裘锡圭:《战国文字研究（六种）》,《考古学报》1972 年第 1 期。

朱立伟:《关于燕国兵器铭文中的地名问题》,于全有主编《中国语言学研究》,吉林文史出版社,2006。

朱歧祥:《甲骨学论丛》,李圃主编《古文字诂林》（九）,上海教育出版社,2004。

学位论文和出站报告

陈聪:《晋系玺印文字构形研究》,硕士学位论文,河北大学,2015。

陈光田:《战国古玺分域集释》,博士学位论文,厦门大学,2005。

董珊:《战国题铭与工官制度》,博士学位论文,北京大学,2002。

黄圣松:《东周齐国文字研究》,硕士学位论文,台湾政治大学,2002。

胡长春:《新出殷周青铜器铭文研究》,博士学位论文,安徽大学,2004。

林君:《〈古玺汇编〉文字构形研究》,硕士学位论文,厦门大学,2011。

林素清:《先秦古玺文字研究》,硕士学位论文,台湾大学,1976。

刘笛:《燕官玺集释》,硕士学位论文,安徽大学,2015。

刘建峰:《战国玺印文字构形分域研究》,博士学位论文,山东大学,2012。

刘洪涛:《论掌握形体特点对古文字考释的重要性》,博士学位论文,北京大学,2012。

刘钊:《古文字构形研究》,博士学位论文,吉林大学,1991。

陆德富:《战国时代官私手工业的经营形态》,博士学位论文,复旦大学,2011。

孟丽娟:《三晋官玺集释》,硕士学位论文,安徽大学,2014。

施谢捷:《古玺汇考》,博士学位论文,安徽大学,2006。

孙刚:《齐文字编》,硕士学位论文,吉林大学,2008。

孙刚:《东周齐系题铭研究》,博士学位论文,吉林大学,2012。

田炜:《古玺探研》,博士学位论文,中山大学,2008。

王爱民:《燕文字编》,硕士学位论文,吉林大学,2010。

文炳淳:《战国楚玺文字研究》,博士学位论文,台湾大学,2002。

吴振武:《〈古玺文编〉校订》,博士学位论文,吉林大学,1984。

肖毅:《〈古玺汇编〉释文订补(摘录)》,硕士学位论文,武汉大学,
　　1998。

肖毅:《楚系古玺研究》,博士后出站报告,武汉大学,2004。

许慜慧:《古文字资料中的战国职官研究》,博士学位论文,复旦大学,
　　2014。

郑超:《齐国文字初探》,硕士学位论文,中国社会科学院研究生院,
　　1984。

朱疆:《古玺文字量化研究及相关问题》,博士学位论文,华东师范大
　　学,2005。

朱晓寒:《齐官玺集释》,硕士学位论文,安徽大学,2015。

后 记

拙著即将出版，容我再说些感谢的话。

这本小书是在本人的博士学位论文《古玺文异释汇考》主体内容上形成的，今要付梓，要感谢的人诚有很多。

感谢赵学清师，纳我入门，自此先生辛劳不止，从本书选题、论证、修改，到出版推荐，乃至于赐序，无一不得益于先生，师之大恩时刻在心。感谢师母蒋鹏举先生，师母亦如师，慈心意暖，春风入怀。感谢老领导冯旭东先生、汤建钢先生一直以来的关爱关怀。感谢朱歧祥先生、李葆嘉先生、王辉先生、王伟先生在不同阶段的鼓励和帮助。感谢陈学超先生、胡安顺先生、党怀兴先生，谆谆教诲，言犹在耳。感谢博士论文盲审时诸位评议专家的公允与鼓励。感谢答辩及预答辩专家杨逢彬先生、孟蓬生先生、赵小刚先生、肖毅先生、杜敏先生、黑维强先生、惠红军先生，疫情期间，蒙受教益，铭感五内。感谢已故书法家张肇思先生，先生儒雅，一如墨香。感谢王鸿老师、侯立老师。

感谢吾之父母，感谢吾妻李洁，感谢吾女李玉琪，感谢至亲之爱与支持。

感谢诸位同门，马静、蔡红、刘键、张文倩，同道深情，思之如饴。

感谢大兄陈强、师弟刘志刚、师弟祖全盛在读博时的陪伴。

感谢北京语言大学黄理兵教授（中组部选派伊犁师范大学援疆干部）的鼓励，忘年情谊，诗来酒往。

感谢中国书法家协会理事、新疆生产建设兵团书法家协会主席孙朝军先生惠赐书名题签。

感谢社会科学文献出版社为拙著提供出版的机会，感谢历史学分社社长郑庆寰先生，感谢责任编辑郑彦宁、宋超的付出，让本书增色不少。

拙作出版阶段，友生李宁、刘伟唯、齐浩良、迪丽乎玛尔·尤奴斯、唐茹娟、胡晓琴、杨柯、段雪飞、冯延缜帮忙校读了部分内容，于此一并表示谢意。

今春至今，访学于浙江师范大学，有幸结识了殷晓杰先生、陈年福先生，感谢二位的提携与指导。此间，幸而与浙江师范大学出土文献与汉字研究中心的张磊老师、李义敏老师、鲍宗伟老师、高玉平老师等相识相知，感谢诸位的高情厚谊。能在研究中心的书香里校对书稿，诚是一番欣事。

置身婺学故里，金华山第三十六小洞天，深感学海无涯。

诚因本人愚且学浅，小书疏失难免，有请阅者诸贤谅解并指正。

晤言堂李一通文亮于金华山

2023 年 5 月 16 日

图书在版编目（CIP）数据

古玺文异释研究 / 李文亮著 . -- 北京：社会科学
文献出版社，2023.10（2025.9 重印）
ISBN 978-7-5228-1805-4

Ⅰ. ①古… Ⅱ. ①李… Ⅲ. ①古印文字－研究－中国
Ⅳ. ① K877.6

中国国家版本馆 CIP 数据核字（2023）第 087103 号

古玺文异释研究

著　　者 / 李文亮

出 版 人 / 冀祥德
责任编辑 / 郑彦宁　宋　超
责任印制 / 岳　阳

出　　版 / 社会科学文献出版社·历史学分社（010）59367256
　　　　　　地址：北京市北三环中路甲 29 号院华龙大厦　邮编：100029
　　　　　　网址：www.ssap.com.cn
发　　行 / 社会科学文献出版社（010）59367028
印　　装 / 唐山玺诚印务有限公司

规　　格 / 开　本：787mm×1092mm　1/16
　　　　　　印　张：16.25　插　页：1　字　数：237 千字
版　　次 / 2023 年 10 月第 1 版　2025 年 9 月第 2 次印刷
书　　号 / ISBN 978-7-5228-1805-4
定　　价 / 98.00 元

读者服务电话：4008918866